Norbert Griebl

# DIE HEILIGEN PFLANZEN UNSERER AHNEN

Volksmedizin | Pflanzenzauber | Praktische Anwendung

Leopold Stocker Verlag

Graz – Stuttgart

Umschlaggestaltung
DSR Werbeagentur Rypka GmbH/Thomas Hofer
8143 Dobl/Graz, www.rypka.at
Titelbild: Norbert Griebl

Bildnachweis:
Harald Bethke, www.zauber-alter-baeume.de: S. 65, 268
Michael Gippert: S. 263
David Thiérrée: S. 246
Voenix, www.voenix.de: S. 13, 73, 100,
175, 193, 205, 267, 278
Bernd Widmer: S. 263
Archiv Leopold Stocker Verlag: S. 17, 37, 56, 58, 62, 68, 82, 96,
126, 161, 200, 211, 214, 231, 238, 253 rechts
Die restlichen Bilder wurden dem Verlag dankenswerterweise
vom Autor zur Verfügung gestellt.

Bibliografische Information der Deutschen Nationalbibliothek
Die Deutsche Nationalbibliothek verzeichnet diese Publikation in
der Deutschen Nationalbibliografie;
detaillierte bibliografische Daten sind im Internet unter
http://dnb.d-nb.de abrufbar.

Hinweis: Dieses Buch wurde auf chlorfrei gebleichtem Papier
gedruckt. Die zum Schutz vor Verschmutzung verwendete
Einschweißfolie ist aus Polyethylen chlor- und schwefelfrei hergestellt. Diese umweltfreundliche Folie verhält sich grundwasserneu-
tral, ist voll recyclingfähig und verbrennt in Müllverbrennungsan-
lagen völlig ungiftig.

*Auf Wunsch senden wir Ihnen gerne kostenlos unser
Verlagsverzeichnis zu*
Leopold Stocker Verlag GmbH
Hofgasse 5 / Postfach 438
A-8011 Graz
Tel.: +43 (0)316/82 16 36
Fax: +43 (0)316/83 56 12
E-Mail: stocker-verlag@stocker-verlag.com
www.stocker-verlag.com

ISBN 978-3-7020-1356-1

Layout und Repro:
DSR Werbeagentur Rypka GmbH, 8143 Dobl/Graz
Druck: Druckerei Theiss GmbH., A-9431 St. Stefan

# INHALT

Zum Geleit ................................6

Spitz-Ahorn ..........................9

Echter Alant.........................12

Wild-Apfel ...........................15

Arnika..................................18

Kolben-Bärlapp.....................21

Bärlauch ..............................23

Echter Beifuß ........................26

Echter Beinwell .....................29

Besenginster .........................32

Bilsenkraut............................35

Hänge-Birke..........................38

Große Brennnessel ................41

Rot-Buche.............................45

Diptam.................................48

Eberesche.............................51

Stängellose Eberwurz .............54

Edelweiß ..............................57

Heilender Ehrenpreis..............60

Eibe ....................................63

Stiel-Eiche............................66

Wald-Erdbeere ......................69

Echter Erdrauch ....................72

Edel-Esche ...........................75

Felsenbirne ...........................78

Fichte ..................................81

Flachs..................................85

Rot-Föhre, Rot-Kiefer .............88

Weicher Frauenmantel............92

Frauenschuh.........................95

Gänseblümchen ....................98

Weißer Gänsefuß ..................101

Giersch.................................105

Rapunzel-Glockenblume .......108

Scharfer Hahnenfuß.............111

Dach-Hauswurz ...................114

Heidekraut, Besenheide ........117

Himbeere .............................119

Hirtentäschel .......................122

Schwarzer Holunder ............125

Hopfen ................................128

Kleines Immergrün .............131

Echtes Johanniskraut............134

Kirsche ................................137

Wiesen-Klee.........................140

Frühlings-Knotenblume ........143

Großblütige Königskerze ......146

Kornelkirsche.......................149

Kohl-Kratzdistel ...................152

Buchs-Kreuzblume...............155

Kuhschelle ...........................157

Lärche .................................160

Kompass-Lattich ..................163

Blasen-Leimkraut .................165

Hohler Lerchensporn ...........168

Winter-Linde.........................170

Löwenzahn ...........................174

Großes Mädesüß .................177

Maiglöckchen.......................180

Wiesen-Margerite ................183

Vogelmiere ..........................185

Laubholz-Mistel ...................188

Schlaf-Mohn.........................191

Schwarzer Nachtschatten .....195

Heide-Nelke ........................198

Schwarz-Pappel ...................202

Pimpernuss..........................206

Porst....................................209

Fliegen-Ragwurz ..................212

Rainfarn...............................215

Ringelblume.........................218

Hunds-Rose..........................221

Saubohne, Puffbohne ...........224

Wiesen-Sauerampfer............227

Wald-Sauerklee ...................230

Acker-Schachtelhalm ...........233

Scharbockskraut ..................236

Schilf ..................................239

Arznei-Schlüsselblume .........242

Schneerose...........................245

Deutsche Schwertlilie ..........248

Echter Seidelbast .................251

Stechhülse, Stechpalme........254

Wildes Stiefmütterchen.........256

Ruprechts-Storchschnabel ....259

Tanne ..................................262

Gefleckte Taubnessel ...........265

Berg-Ulme............................268

Wald-Vergissmeinnicht .........271

Wacholder............................274

Walnuss...............................277

Wegwarte.............................280

Silber-Weide ........................283

Literatur.................................287

# ZUM GELEIT

*Die Frage ist weniger, ob Pflanzen
intelligent sind, als vielmehr,
ob wir intelligent genug sind,
sie zu verstehen.*
Ian BALDWIN, Pflanzenforscher

Hinter dem schlichten grünen Gewand einer Pflanze
verbirgt sich ein wahrer Meister, eine Pflanzenseele.
Wenn wir uns Zeit für sie nehmen, dann offenbaren sie
sich uns. Und je intensiver wir uns mit ihnen beschäftigen, desto mehr spüren wir die Lebenskraft, die von
ihnen ausgeht. Wir bemerken Dinge, die wir noch nie
gesehen oder gefühlt haben und manchmal ist uns, als
schaue die Pflanze zurück, so, als ob sie wissen wolle,
wer da ist und wer sich so innig mit ihr beschäftigt.

Dieses Buch beschäftigt sich nicht nur mit jenen Pflanzen, die den alten Germanen als „heilig" galten, sondern
mit allen „beseelten" Pflanzen schlechthin, mit allen
Pflanzen, die nach Meinung unserer Vorfahren eine
besondere Wirkung entfalten können.

Die Pflanzen, diese grünen Wesen, sind unsere Freunde
und uns Menschen in mancher Hinsicht weit überlegen.
Viel länger besiedeln sie den Planeten, viel mehr Weisheit tragen sie in sich, viel mehr Ruhe strahlen sie aus.
Jahrhunderte, ja Jahrtausende lang wurden sie besungen
und gefeiert, wurde mit ihnen im Einklang gelebt. Die
Christianisierung hob den Menschen erstmals aus
diesem natürlichen Zusammenhang heraus und ließ die
Pflanzen, die früher das Göttliche selbst verkörpert
hatten, selbst heilig gewesen waren, zu bloßen Nutzpflanzen werden, die allenfalls noch in symbolischer
oder gar nur allegorischer Hinsicht für Aspekte des Göttlichen bzw. Heiligen standen. Mit dem Siegeszug von
Aufklärung und Naturwissenschaften wurden dann zwar
viele Eigenschaften der Pflanzen entdeckt und erforscht,
doch diese nicht als beseelte Wesen, auch nicht wie
noch im Christentum ehrfürchtig als Geschöpfe Gottes
betrachtet, sondern bloß als kleine Maschinen angesehen, als Produzenten verschiedener Stoffe, die isoliert,

*Norbert Griebl,
Gärtnermeister und Kräuterpädagoge aus der
Steiermark, beschäftigt sich seit Kindesbeinen
intensiv mit Wildpflanzen. Exkursionen
brachten ihn auf alle Kontinente, besonders
angetan ist er aber von der heimischen Flora
und dem Wesen der Pflanze. Norbert Griebl
bietet auch Kräuterwanderungen an.
Näheres dazu unter www.pflanzen-wesen.at*

extrahiert und genutzt werden können ohne dem Lebewesen Pflanze selbst jedwede Beachtung zu schenken. Materialismus und Säkularismus führten zur endgültigen Entzauberung der Welt, die der vollkommenen Ausbeutung und Vernutzung überliefert wurde.

Heute sehen wir die Folgen dieser falschen Geisteshaltung, viele Menschen beginnen umzudenken und so ist es wieder an der Zeit, mit Freund Pflanze in Verbindung zu treten. Wir müssen den rechten Zugang zu ihr aber erst wieder erlernen, welchen man uns über Jahrhunderte hin genommen hat. Zu dieser Weisheit der Pflanze kommen wir nicht etwa über einen Herbarbeleg oder eine Stoffanalyse der pflanzlichen Inhaltsstoffe, nein, nur durch die Zeit, die wir im Schatten einer Linde, neben einem Vergissmeinnicht sitzend und den Klängen der Natur lauschend verbringen.

Alle Naturvölker wussten und wissen Bescheid über diese Weisheit der Pflanzen und auch tief in uns steckt noch dieses Wissen. Gerade heute, in einer so modernen Zeit ist der Gleichklang des Menschen mit der Natur notwendig, vielleicht sogar notwendiger denn je, weil wir allzu lange lediglich unseren Intellekt höher zu entwickeln versuchten und im Fortschrittswahn oder in religiöser Verblendung glaubten, auf die innige Verbundenheit mit der Natur verzichten zu können. Viele Menschen verspüren eine große Sehnsucht nach dieser verlorenen Verbindung und sie beginnen sich auf die Suche nach ihren Wurzeln zu machen.

Dieses Buch will die innige Verbindung unserer Ahnen mit den Pflanzen aufzeigen. Viel Wissen über ihr Wesen und Leben verdanken wir dem Römer Cornelius TACITUS (55 – 117 n. Chr.). Er zählt zusammen mit dem Naturkundler PLINIUS dem Älteren (23 – 79 n. Chr.) und dem griechischen Arzt Pedanius DIOSKURIDES (1. Jh. n. Chr.) zu den wichtigsten Wissenschaftern jener Zeit. TACITUS war Historiker, Prätor und Prokonsul der Provinz Asia und er war es auch, der die berühmte „Germania" über das Volk im Norden, über ein fremdes, verfeindetes Volk schrieb. Auffallend dabei ist die Objektivität und Sympathie, die er diesem unserem Volk entgegenbringt. Die historische Forschung kann heute die erstaunliche Korrektheit seiner Schriften bestätigen.

Dieses Buch will mithelfen, dass wir Freund Pflanze wieder mit anderen Augen sehen, in ihnen weise Wesen erkennen lernen. Es sollte uns endlich wieder klar werden, dass wir die Pflanzen zum Leben brauchen und nicht umgekehrt. Trotz alledem, was wir den grünen Geschwistern angetan haben, stehen sie uns immer noch stets hilfsbereit gegenüber. Manchmal hat man sogar den Eindruck, dass sie sich in unserem Umfeld neu ansiedeln, wenn sie, etwa zu Heilzwecken, von uns gebraucht werden. Es ist nur unserer Arroganz zu verdanken, wenn wir diese Zeichen nicht sehen.

Pflanzen sind machtvolle Wesen, sie sind Freunde, Gedanken Gottes und ein Geschenk, weil ihr Dasein die reinste Meditation ist.

Sie säubern die Atmosphäre, spenden lebenswichtigen Sauerstoff, geben Nahrung in unerschöpflicher Fülle, kleiden und wärmen den Menschen und berühren uns in der Seele durch ihre Schönheit.

Es ist wieder an der Zeit, mit Freund Pflanze in Verbindung zu treten.

*Norbert GRIEBL, im Frühjahr 2012*

# SPITZ-AHORN

*Acer platanoides,* Seifenbaumgewächs

## GATTUNG

124 Arten zählt die Gattung der Ahorne. HEGI nannte
1965 noch über 200 Arten, wusste aber schon, dass sich
diese Zahl bei strengerer Untersuchung nicht aufrecht
erhalten lässt. Im heimischen Gebiet sind fünf Arten
ursprünglich.

## NAME

Acer als botanischer Gattungsname findet seinen
Ursprung im germanischen Wort „ak" (= spitz) und
beschreibt die Blattform des Spitz-Ahorns. Dieses Wort
wurde lateinisiert und interessanterweise sächlich
geführt. Alle anderen lateinischen Baumarten sind weiblich beschrieben.
Der einfallslose Artname kommt vom griechischen
„platanodes" (= der Platane ähnlich). „Ahorn" als deutsche Benennung ist sehr alt. Hildegard von BINGEN
nannte diesen Namen erstmals. Er dürfte vom altdeutschen „ahurna, akhurna" abzuleiten sein und dieser
wiederum über langem Weg von der Silbe „ak".

## VOLKSNAMEN

*Nosn* (Österreich; die Früchte werden von den Kindern
auf die Nase gesteckt); *Salatbaum* (Sudeten; die Blätter
können im Frühjahr gegessen werden); *Propeller* (Wien;
die Früchte fallen kreisend zu Boden). *Maßholder* [vor
allem für den Feld-Ahorn, vom altdeutschen „mat"
(= Speise), die Blätter wurden wie Sauerkraut eingelegt].

## 🍴 WILDGEMÜSE

Die jungen Triebe können im April-Mai zu Salaten oder
Gemüsegerichten gegeben werden. Genauso wie die
grünlichen Blüten, die sich auch als essbare Tellerverzie-
rung gut machen.
Der Zuckergehalt des Blutungssaftes beträgt 1,1 bis
3,5%. Vor dem Bekanntwerden der Zucker-Ahorne bei
uns wurde der Spitz-Ahorn zur Zuckergewinnung
genommen. Ahornsirup ist wertvoll. Er beinhaltet neben
Zucker Calcium, Kalium, Magnesium, Mangan, Vitamin
A, B2, B5 und B6, Folsäure, Niacin, Biotin und Proteine.

## 🌳 NATURGLAUBE

Bei unseren Ahnen galt der Ahorn als heiterer Baum, der
Ruhe und Gelassenheit ausstrahlt und auf uns Menschen
überträgt. Die nordamerikanischen Indianer nannten die
Bäume „unsere stehenden Brüder und Schwestern". Wir
bewegen uns, sie bleiben das ruhige Zentrum des Seins.
Seit je her lebt der Mensch zusammen mit Bäumen. Der
Baum schützt den Mensch vor Kälte und Hitze, er
versorgt uns mit Früchten und lässt uns Häuser und
Schiffe bauen. Das gesamte Spektrum menschlicher Exis-
tenz spiegelt sich in Bräuchen und Mythen um Bäume.
Unsere germanischen Vorfahren wussten um das Gleich-

gewicht des Lebens. Sie feierten die Kräfte der Natur mit Gaben, Gesängen, Gebeten und Segenssprüchen und gaben ihr so wieder etwas –zurück – zurück in die Welt, als deren natürlichen Teil sie sich fühlten. Fast alle Kulturen sahen und sehen die Schöpfung als vom Geist beseelt.

Ob wir persönlich an Naturgeister glauben oder nicht ist jedermanns eigene Sache. Gewiss haben wir aber die Fähigkeit, unser Mitgefühl auf andere Lebensformen auszuweiten und Dankbarkeit für sie zu empfinden. Die Weisheit der Bäume zeigt uns dabei den hohen Wert des Lebens.

POESIE

*Wir brauchen im Garten, am Haus oder in nächster Nachbarschaft ein paar alte Bäume, wenn unser tägliches Lebensgefühl nicht unter seiner natürlichen Höhe und Kraft bleiben soll.*

Karl FOERSTER

# ECHTER ALANT

*Inula helenium,* Korbblütler

## GATTUNG

Von den etwa 90 Alantarten kommen 18 in Europa und davon neun bei uns vor. Mannigfaltigkeitszentren sind der mediterran-vorderasiatische Raum und die ostasiatischen Gebirge. Südlich der Sahara finden sich etwa 20 Arten in den tropischen Gebirgen.

## NAME

Inula als botanischer Gattungsname ist wahrscheinlich durch Umstellung von Konsonanten aus Helenium entstanden. Benannt nach der vorgriechischen, minoischen Vegetationsgöttin Helene, aus deren Träne der Alant entsprossen sei.
Alant als deutsche Benennung ist dem altdeutschen „alan" (= wachsen, ernähren) abgeleitet.

## VOLKSNAMEN

*Odinskopf, Wodanshaupt, Odinsauge* (die Benennung zu Ehren des germanischen Gottes Odin zeugt von der alten Verwendung als Heilpflanze); *Sonnenwurz, Elfenampfer.*

## VERBREITUNG

Durch die lange Kultur als Heilpflanze ist die ursprüngliche Heimat des Echten Alants nur mehr zu vermuten. Es wird Südosteuropa bis Zentralasien angenommen. In Nord- und Mitteleuropa und in Nordamerika ist der Echte Alant eingebürgert.

*Göttervater Odin ist in erster Linie der Gott der Krieger, die sich nach ihrem Tod in Walhalla versammeln, um mit ihm zu zechen und sich weiter im Kampf zu üben, damit sie am Ende der Tage zur großen Schlacht gegen die Chaos-Ungeheuer antreten können. Odin war es auch, der in der germanischen Mythologie aus einer Esche und einer Ulme die Menschen geschaffen hat. Als Selbstopfer hängt er neun Tage im Weltenbaum, bis er die Runen ersinnt und ihre magische Macht entdeckt. Ein Wissen, das er den Menschen weitergibt. Illustration von VOENIX: Die Bücher „Der Germanische Götterhimmel", „Der Keltische Götterhimmel", „Im Liebeshain der Freyja", sind im Arun-Verlag erschienen, das Buch „Magie der Runen" bei Urania.*

## HEILPFLANZE

Julia AUGUSTA, die Tochter von Kaiser AUGUSTUS soll täglich Alant gegen ihre Magenbeschwerden eingenommen haben. Alant wirkt hustenstillend, antiseptisch und Juckreiz mildernd. Vor allem bei Erkrankungen der Atemwege und bei gleichzeitiger Behandlung von Leber und Niere findet die Pflanze Anwendung. Äußerlich stellt sie ein klassisches Heilmittel gegen Juckreiz dar. Präparate auf Alantbasis schmecken allerdings bitter und ganz eigen. Inulin wurde 1804 erstmals aus dem Alant isoliert.

## 🍴 GEWÜRZ

Seit der Antike gilt die Wurzel des Alants als Gewürz. Der römische Koch APICIUS zählte im vierten Jahrhundert n. d. Z. den Alant zu den Gewürzen, welche in keinem römischen Haushalt fehlen dürfen. Heute ist der Alant als Gewürz praktisch bedeutungslos.

## ➤ PRAKTISCHE ANWENDUNG

### Alant-Räucherung

Unsere Ahnen räucherten die Sonnenwurz, deren Blütenköpfe tatsächlich wie kleine Sonnen aussehen, in den Raunächten um die Wintersonnenwende, um damit die Licht bringenden Sonnenkräfte in die Stuben zu holen. Auch heute noch bringt Alant die Sonne ins Herz, hilft das Selbstwertgefühl zu steigern und wirkt keimtötend. Geerntet wird die Wurzel im Herbst, ein Teil des Wurzelstockes wird belassen, um auch weiterhin prächtige Odinsköpfe im Garten zu haben. Die Wurzeln werden gesäubert, geschnitten, getrocknet und in Räucherschalen bei offenem Fenster verräuchert.

## 🌳 NATURGLAUBE

Echter Alant ist keine heimische Pflanze, wurde aber viel angebaut und verwilderte auch stellenweise. Als „Odinskopf" wurde er sozusagen nachträglich heidnisch geweiht und zu einer germanischen Zauberpflanze

erhoben, dem Allvater Odin (= Wodan) geweiht. Odin wiederum ist die Os-Rune zuerkannt. Os steht für göttliche Kraft, Vaterland, Heimat, Erbe und Verstand. Bei unseren germanischen Vorfahren galten Pflanzen und Tiere als beseelte Wesen. Man erkannte, dass sie nicht nur unsere Körper nährten, sondern auch unsere Seele. Mit der Christianisierung war es dann mit diesen animistischen Vorstellungen vorbei. Eine Anbetung von Blume und Baum war verboten, wo sie aber Heiligen als Attribute zugeordnet, oder zu Symbolen christlicher Glaubensinhalte wurden, lebte die alte Verehrung teilweise unter neuem Gewand fort. So gehört Alant zu den Pflanzen, die zu Maria Himmelfahrt, am 15. August, zur Kräuterweihe gebracht werden. Heute finden viele Menschen wieder zu einem innigeren Verhältnis zur Natur. Mit Pflanzen wird wieder gesprochen, kräfteausstrahlende Orte besucht, Bäume als Freunde umarmt und Erdstrahlen mit Ruten gesucht, ohne als allzu abseitig zu gelten.

# WILD-APFEL

*Malus sylvestris*, Rosengewächs

## GATTUNG

Von den rund 50 Wild-Apfel-Arten kommen ursprünglich fünf in Europa und davon vermutlich zwei bei uns vor.

## NAME

Das lateinische „malum" ist wahrscheinlich von der griechischen Benennung für den Apfel „malon" abgeleitet. „Apfel" als deutsche Benennung ist der indogermanischen Wortwurzel „aballo" entlehnt, welches wir noch im mystischen Avalon oder in der italienischen Apfelstadt Abella finden.

„Apitz" als germanische Benennung folgte das althochdeutsche „apful" und „afful", welchem wir in Ortsnamen wie Affalterbach, Afolter, Affaltrach oder Afholderbach begegnen. Weiters steckt der Name des Baums in Appeln, Apflau, Appeldorn, Apfelberg und vielen anderen Orten.

## KULTUR

Der Kultur-Apfel geht vorwiegend auf verschiedene, in Südosteuropa und Südwestasien beheimatete Wildarten zurück (*Malus sieversii, M. sylvestris ssp. praecox, M. orientalis*). Unser in Mitteleuropa heimischer Wild-Apfel hat nur wenig zur Entstehung von Tafel-Äpfeln beigetragen, dafür aber mehr für die landschaftsprägenden Mostäpfel.

Das Zentrum der größten Mannigfaltigkeit der genannten Stammformen unserer Kultur-Äpfel liegt zwischen dem Kaukasus und Turkestan, wo VAVILOV 1930 in den dortigen Wäldern eine reiche Variation von Fruchtbäumen entdeckte. Wahrscheinlich nahm die Züchtung des Apfels durch den Menschen in diesen Gebieten ihren Ausgang, wobei die Wanderungen der früher dort ansässigen Indogermanen zur Verbreitung der Urformen unserer heutigen Kulturäpfel beigetragen haben dürften. Heute ist der Apfel mit seinen etwa 20.000 Sorten und einer jährlichen Weltproduktion von rund 25 Mio. Tonnen nach den Zitrusfrüchten und Bananen das dritt-

wichtigste Obst weltweit. In Deutschland werden rund 1.000 Sorten angebaut, aber nahezu 70 % des europäischen Angebots werden von nur vier Sorten abgedeckt: Golden Delicious, Jonagold, Red Delicious und Gala.

## HEILPFLANZE

Der gesundheitliche Wert des Apfels ist hoch anzusetzen. Entsprechend werden Äpfel auch therapeutisch eingesetzt, wie etwa gegen Diarrhöen und Ruhr. Apfelschalen sind wertvolle Bestandteile von Gesundheitstee-Mischungen. Apfelaromen finden gegenwärtig verstärkt im kosmetischen Bereich Verwendung.

## PRAKTISCHE ANWENDUNG
### Selbstgemachter Essigreiniger

Aus alten, nicht mehr essbaren Äpfeln und anderem Obst kann ein Reinigungsmittel für Bad und WC hergestellt werden. Dazu kommt das faulige Obst in einen großen Plastikbehälter, wird mit Wasser übergossen und reift an einem regengeschützten Ort zu einer essigartigen Flüssigkeit, welche anschließend durch einen leeren Kartoffelsack gefiltert wird und ein vortreffliches, kostenloses Reinigungsmittel darstellt.

## 🌳 NATURGLAUBE

*Iduna ist die Göttin der ewigen Jugend. Solange die Asen (die germanischen Götter) täglich von ihren Äpfeln essen können, altern sie nicht.*

Den Germanen war der Apfel, auch wenn es sich um den herben Wildapfel handelte, das wichtigste Obst. Sie verkochten ihn zu Mus, pressten ihn zu „Cit", heute besser als Most oder Cidre bekannt, stellten Essig aus ihm her und trockneten die geschnittenen Früchte am Herd, wodurch sie süßer und haltbarer wurden. Der Apfel half über die gesamte vitaminarme Winterzeit.

Der Apfelbaum galt bei unseren Ahnen als Symbol des Lebens, der Vollendung, der Weisheit und der Liebe. Sie weihten den Baum Iduna, der Göttin der Jugend, der Erneuerung und der Lebenskraft. Iduna ist die Hüterin des Geistes. Solange die Asen von ihren Äpfeln essen konnten, bewahrten sie sich ewige Jugend.

Es waren auch oft Apfelbäume oder Wildbirnen, die allein auf weiter Flur standen und mit ihrer Krone ein schützendes Dach bildeten. Die Germanen zollten diesen Einzelgängern als Sitz mächtiger Vegetationsgottheiten großen Respekt. Christliche Missionare legten gerade an solche Exemplare ihre Axt an, um die Macht ihres Glaubens zu demonstrieren. Auch KARL der Große ließ bei Magdeburg ein Freyabildnis zerstören, auf dem die Göttin in der linken Hand drei Äpfel trug.

Obwohl im Alten Testament nur von einer verbotenen Frucht die Rede ist, welche Eva Adam reicht, galt doch bald der Apfel als Symbol der Versuchung. Bei manchen Prozessionen wurde daher bis ins 18. Jahrhundert ein Apfelbäumchen mit einer künstlichen Schlange mitge-

führt. Doch steht der Apfel in der christlichen Symbolik gleichermaßen auch für das zukünftige Paradies und die Erlösung der Menschheit. Im Reichsapfel wurde er zum Zeichen der weltumspannenden Macht des Kaisertums. So ist der Apfel in der ganzen Geschichte unseres Volkes ein bedeutendes Symbol geblieben, das seiner unschätzbaren Bedeutung entsprach, die er als einzige länger haltbare Obstart in früheren, strom- und kühlschranklosen Zeiten besaß.

## POESIE

*Bei einem Wirte wundermild,*
*da war ich jüngst zu Gaste.*
*Ein goldner Apfel war sein Schild*
*an einem langen Aste.*

*Es war der gute Apfelbaum,*
*bei dem ich eingekehret.*
*Mit süßer Kost und frischem Schaum*
*hat er mich wohl genähret.*

*Es kamen in sein grünes Haus,*
*viel leichtbeschwingte Gäste.*
*Sie sprangen frei und hielten Schmaus*
*und sangen auf das Beste.*

*Ich fand ein Bett in süßer Ruh*
*auf weichen, grünen Matten.*
*Der Wirt, er deckte selbst mich zu*
*mit seinem kühlen Schatten.*

*Nun fragt ich nach der Schuldigkeit,*
*da schüttelt er den Wipfel.*
*Gesegnet sei er allezeit*
*von der Wurzel bis zum Gipfel.*

*Ludwig UHLAND (1787–1847)*

# ARNIKA

*Arnica montana,* Korbblütler

## GATTUNG

Von den 32 Arten der Gattung kommen zwei in Europa und eine bei uns vor. Das Mannigfaltigkeitszentrum liegt in den westlichen Staaten Nordamerikas.

## NAME

Arnika war Griechen und Römern noch unbekannt, als sie die Germanen bereits als Würzpflanze für Bier und Met einsetzten. Noch heute heißt sie in Teilen Norwegens „Olkong" (= Bierkönig).
Erste schriftliche Aufzeichnungen finden wir bei Hildegard von BINGEN im zwölften Jahrhundert unter dem Namen „Wolverley". Aus diesem ist das spätere „Berg-Wohlverleih" entstanden, einem Namen, dem wir auch heute noch begegnen.

## VOLKSNAMEN

*Kraftwurz* (Lungau, Tirol, Obersteiermark); *Altvater* (Südtirol); *Wolfskraut* (als Kraftpflanze gegen den Kornwolf).

 HEILPFLANZE

In alter Zeit galt die Arnika als wahre Wunderpflanze. Theodor von BERGZABERN beschreibt im 16. Jahrhundert die Anwendung der Pflanze: „Wenn man von hoch gestürzt ist, nimmt man eine Handvoll, siedens in Bier, trinke des Morgens einen Trunk davon warm und schwitzt. An verletzter Stelle empfindet man dann zwei bis drei Stunden starke Schmerzen und ist kuriert."
Die in der Arnika enthaltenen Stoffe steigern die Durchblutung der Herzkranzgefäße, wodurch es zu einer verbesserten Leistung der Herzmuskulatur kommt. Auch Johann Wolfgang von GOETHE soll sein flatterndes Herz mit Arnika beruhigt haben.
Arnika wird eine antimikrobielle, entzündungshemmende, schmerzlindernde und antiarthritische Wirkung zugesprochen. Die innerliche Anwendung als Herz- und Kreislaufmittel wird abseits standardisierter Präparate

aufgrund der Vergiftungsgefahr durch Überdosierung kritisch gesehen.
Findet man in den Alpen Fluren mit Arnika, denen die Zungenblüten fehlen, ist das keine neue Sippe, sondern nur die Gewissheit, dass hier bereits ein Sammler unterwegs war. Arnika steht in den meisten Ländern unter Naturschutz, nur die Zungenblüten dürfen gesammelt werden.

 PRAKTISCHE ANWENDUNG

**Muskelkater-Salbe**
*Zutaten*
    50 g Arnikablüten
    50 g Lavendelblüten
    50 g Ringelblumenblüten
    10 g Thymian
    1 l Olivenöl

*Zubereitung*
    Blüten und Kräuter bei Sonnenschein ernten, ungewaschen schneiden und mit dem Öl mischen. In ein Glasgefäß füllen und vier Wochen dunkel ruhen lassen, täglich schütteln. Danach in dunkle Fläschchen füllen und kühl lagern.
    Die Muskelkater-Salbe regt die Durchblutung an.

## NATURGLAUBE

Überlieferungen zeigen, dass Arnika in vorchristlicher Zeit dem germanischen Lichtgott Balder geweiht war.
Arnika zählt zu den Pflanzen, von denen es hieß, dass sie eine ganz besondere Wirkung innehaben.
Zur Sommersonnenwende steckte man die Pflanze in die Erde an den Rändern der Getreidefelder, um den Kornwolf Bilwis davon abzuhalten, die Halme umzuknicken.
Der Korngeist Bilwis war ursprünglich ein positives Elfenwesen, abgeleitet von einer germanischen Göttin, wurde aber später im Süden des Raumes allmählich negativ belegt und zum Erntefeind.

Die Verbindung von Arnika mit Getreidefeldern lässt sich über Jahrhunderte bis in die neuere Zeit verfolgen. Noch 1910 schrieb ein Autor in der Naturwissenschaftlichen Wochenschrift, dass er bei einem Aufenthalt zur Sommersonnenwende in Bischofsgrün im Fichtelgebirge Arnika in die Erde an Feldrändern gesteckt vorfand. Wie so viel scheinbarer Unsinn beruht auch dieser auf guter Beobachtungsgabe, denn auf Arnika legt die Arnikafliege (*Tephritis arnicae*), ein Getreidenützling, ihre Eier ab.

# KOLBEN-BÄRLAPP

*Lycopodium clavatum*, Bärlappgewächs

## GATTUNG

Von den rund 20 Arten der Gattung sind zwei in Europa und in unserem Gebiet beheimatet.

## NAME

Der botanische Gattungsname ist von den griechischen Wörtern „lykos"(= Wolf) und „podion"(= Füßchen) abgeleitet und verweist auf die struppigen Triebe von *L. clavatum*. Auch das deutsche Wort Bärlapp hat eine ähnliche Herleitung. „Lappe" ist die althochdeutsche Bezeichnung für „Hand, Tatze", denn die weichen Sprossspitzen erinnern an die Tatzen eines Bären. Der botanische Artname ist nach der Gestalt der Strobili (kolbenförmige Sporenbehälter) vom lateinischen „clava"(= Keule) abgeleitet.

## VOLKSNAMEN

*Ofenwisch* (Steiermark), *Bäckerbesen* (Allgäu; mit Bärlapp wurden Öfen ausgekehrt); *Wolfsranke* (Zossen); *Drudenkraut, Unruh* (Pfalz; als Schutzpflanze gegen das Berufen); *Kroahaxen* (Krähenfüße, Niederösterreich); *Seihwisch* (Vorarlberg; als Filter zum Durchseihen der Milch unmittelbar nach dem Melken verwendet).

## PRAKTISCHER NUTZEN

In den kolbenförmigen Sporenbehältern befinden sich große Mengen an Sporen, welche reich an Aluminium sind und sich so leicht entzünden. Dieses „Drudenmehl" lässt eine Stichflamme entstehen, wirft man es ins offene Feuer. Mit diesem zischenden Blitzeffekt erzeugten Schamanen zauberhafte Beschwörungen und später Theaterdirektoren dramatische Blitzeinlagen. Selbst die ersten Blitzlichter der Fotografie griffen auf die Sporen des Bärlapps zurück. Heute werden sie von Feuerspuckern gern anstelle von brennbaren Flüssigkeiten eingesetzt. Der Effekt beruht auf einer Verpuffung, ähnlich einer Mehlstaubexplosion und kann am abendlichen Lagerfeuer ausprobiert werden.

## NATURGLAUBE

Bärlapp gehört, wie auch Bärenklau, Bärwurz, Klette, Engelwurz, Bärlauch oder Bärentraube zu den Bärenpflanzen, zu den Meistern der Heilkräuter. Viele von den Bärenpflanzen sind Geburts- und Frauenheilpflanzen. So wurde der Tannenbärlapp (*Huperzia selago*) in einer Abkochung als Antikonzeptivum eingesetzt. Es ist kein Zufall, dass im Bären wie auch im Gebären die weibliche

Bar-Rune steckt. Der Bär symbolisiert Willensstärke, die Bärin gilt als Symbol für Mütterlichkeit und nicht zufällig sind viele dieser Bärenpflanzen Gebärkräuter, welche Frauen und Müttern in irgendeiner Form halfen.

Auch als Schutzpflanze gegen das „Berufen", also ein „Verhexen" insbesondere von Kindern wurde der Bärlapp eingesetzt. Das Legen von bestimmten Pflanzen unter den Polster war ein oft angewendetes Mittel. Eine Pflanzengruppe der Korbblütler, die Berufkräuter (Erigeron) tragen heute noch ihren Namen nach diesem Berufen.

# BÄRLAUCH

*Allium ursinum*, Lauchgewächs

## GATTUNG

Von den rund 690 Arten der Gattung kommen etwa 112 in Europa und davon 22 bei uns vor. Mannigfaltigkeitszentren sind der Orient, das Mittelmeergebiet und die Region von Turkestan bis Tibet.

## NAME

Der botanische Gattungsname ist lateinischer Herkunft und war schon die Benennung des Knoblauchs bei den Römern, ohne dass eine sinnvolle Herleitung heute möglich ist. Der Artname ist lateinischer Herkunft, bedeutet Bär und beschreibt vielleicht die Beobachtung, dass Bären nach dem Winterschlaf Bärlauchblätter zu sich nehmen.

## VOLKSNAMEN

Ramsen (fast im gesamten deutschen Raum weit verbreitet mit indogermanischer Wortwurzel, von dem sich viele Ortsnamen wie Ramsau oder Ramsbach ableiten); Waldknofl, Knoflspinat (Niederösterreich, Wien).

## VERBREITUNG

Bärlauch dient den Menschen schon lange als Nahrung, so konnte sein Pollen wiederholt in jungsteinzeitlichen Ablagerungen in der Nähe von menschlichen Aufenthaltsorten gefunden werden. In steinzeitlichen Kochgruben in Dänemark fand KUBIAK-MARTENS verkohlte Bärlauchzwiebeln, die zusammen mit den Knollen der Erdkastanie als Wildgemüse dienten. Dem griechischen und römischen Altertum ist Bärlauch hingegen unbekannt.

## HEILPFLANZE

Gleich dem Knoblauch, der dieselben Wirkstoffe beinhaltet, nur in einer anderen Zusammensetzung, wird Bärlauch wegen seiner desinfizierenden und antibakteriellen Wirkung seit alters her geschätzt. Aufgrund der Blut verflüssigenden und kleine Blutgerinnsel auflösenden Wirkung wird Lauch zur Unterstützung diätetischer Maßnahmen bei erhöhten Blutfettwerten und zur Vorbeugung von Infarkten empfohlen.

## WILDGEMÜSE

Die gesamte Pflanze, von den unterirdischen Zwiebeln bis zu den Samen, ist genießbar. Am bekanntesten ist die Ernte der Blätter im März oder April, aber auch die Blütenknospen, die Blüten, die Samen als pfeffriges Gewürz und die Zwiebeln ähnlich den Knoblauchzehen ergeben ein hervorragendes Wildgemüse. Bärlauchblätter können nicht getrocknet werden, weil so die Wirkstoffe verloren gehen.

### PRAKTISCHE ANWENDUNG

**Bärlauchpesto**

*Zutaten*

    2 Hände voll Bärlauch

    100 g Sonnenblumenkerne

    Salz

    125 ml Olivenöl oder Kernöl

    70 g Parmesan

    Spritzer Zitronensaft

*Zubereitung*

Bärlauch fein hacken. Sonnenblumenkerne in einer Pfanne leicht rösten und gleichfalls fein hacken, mit dem Bärlauch vermengen. Öl und Zitronensaft zugießen, salzen und geriebenen Käse dazugeben und gut verrühren.

### NATURGLAUBE

Die Edda bezeichnet den Lauch als die erste und vornehmste aller Pflanzen, der eine eigene Rune, die Laf-Rune, auch laug oder laguz genannt, zuerkannt war. Lauch war den Germanen heilig, er war dem höchsten Gott Odin geweiht und sogar ein germanisches Formelwort für gutes Gedeihen und Gesundheit hieß „Lein und Lauch".

Bärlauch ist eine Bärenpflanze. Der Bär galt als Seelentier der Ahnen, als Frühlingsbringer, mit dessen Erscheinen die Kraft des Winters gebrochen war. Mit Hilfe der Blätter holten sich die Menschen Kraft und Gesundheit nach einem langen, vitaminarmen Winter. Genauso wie wir es heute noch tun, obwohl die Kaufhausregale auch im Winter randvoll mit frischem Gemüse sind. Intuition? „Laukar" bzw. „Hrams" nannten unsere Ahnen den Lauch, dessen Wertschätzung auch in der Volüspa, im Schöpfungsgedicht der Germanen erkennbar ist. Die Ankunft des Bärlauchs feierte man etwa in Thüringen beim „Ramschelfest". Mädchen und Burschen zogen in den Wald und suchten Bärlauch. Mit Musik ging es dann zurück ins Dorf, wo bei der Ortslinde getanzt und gefeiert wurde. Noch heute wird dieses Fest mancherorts begangen.

### POESIE

*Sonne von Süden schien auf die Felsen,*
*und dem Grund entsprang grüner Lauch.*

                    *Edda, aus „Der Seherin Gesicht".*

# ECHTER BEIFUSS

*Artemisia vulgaris,* Korbblütler

## GATTUNG

Von den rund 350 Arten der Gattung sind 55 in Europa und 18 im deutschsprachigen Gebiet beheimatet. Hauptverbreitungsgebiete der Gattung sind die Steppengebiete und Halbwüsten Eurasiens, Nord- und Mittelamerikas.

## NAME

*Artemisia* ist wahrscheinlich zu Ehren der Frauen- und Heilgöttin Artemis Eileithyia (als Hüterin der Gebärenden) benannt. Die Gattung zählt seit etwa der Zeitenwende als bekanntes Heilmittel bei Frauenleiden. Auch das griechische „artemia" (= Gesundheit) wird bei der Benennung der Pflanze oder der Göttin Einfluss gehabt haben.

„Beifuß" ist eine Ableitung des althochdeutschen „biboz", welches wiederum auf „bozzan" (= gestoßen) zurückgeht. Das gestoßene, zerkleinerte Kraut galt als Kraftpflanze bei langen Wanderungen, welches man sich um die Beine band.

## VOLKSNAMEN

*Sonnwendgürtel* (Bayern, Salzburg, Untersteiermark); Mugwurz (vom germanischen „mug" = wärmen, stärken); *Wilder Wermut* (vom westgerm. „werimuota", die Geistmutter).

## 🜺 HEILPFLANZE

Beifuß wirkt appetitanregend, verdauungsfördernd und blutungsfördernd. Hauptinhaltsstoffe sind Thujon, Kampfer und Cineol. Hohe Dosen wirken einschläfernd und abortiv. Zu den Anwendungsbereichen in der Homöopathie gehören Krampfleiden und Wurmbefall. In der Parfümindustrie findet das aus der Pflanze gewonnene Öl Verwendung. In Frankreich, Algerien, Marokko und am Balkan wird Echter Beifuß feldmäßig kultiviert.

## 🍴 WILDGEMÜSE

Die ganz jungen Blätter und Triebe dienen als bitteres Gewürz zu Salaten, Eierspeisen, Likören und fetten Fleischspeisen.

## ➤ PRAKTISCHE ANWENDUNG

**Wermutwein**

Ein Liter Weißwein mit geschnittenem Wermut oder Beifuß zum Kochen bringen und einige Minuten ziehen lassen, mit 150 Gramm Honig süßen, abseihen und heiß in Flaschen füllen. Der Wein wirkt bei Verdauungsbeschwerden und wird nach üppigen Mahlzeiten eingenommen, dient aber nicht als Dauergetränk.

## 🌳 NATURGLAUBE

Echter Beifuß ist die älteste Sakralpflanze Eurasiens. Er wurde in einer Höhle im Irak, in der Neandertaler vor knapp 70.000 Jahren ihre Toten bestatteten, auf dem Boden verstreut gefunden. Auch in der Höhle von Lascaux, in der vor rund 19.000 Jahren altsteinzeitliche Rentierjäger Tiergemälde an die Wand malten, fand man Beifuß ausgestreut. Später war Beifuß bei Kelten, Germanen, Slawen und Römern eine geachtete Machtpflanze. Die Germanen räucherten in den „Geweihten Nächten" um die Wintersonnenwende die Räume mit dem Kraut aus.

Zur Sommersonnenwende sprang man über das Sonnwendfeuer mit einem Gürtel aus Beifuß. Die keltischen Gallier nannten die Pflanze „Bricumum" (von keltisch „briga" = Macht, Kraft), welche der Göttin Brigit geweiht war. Vor allem die keltischen weisen Frauen, die Veledas, benutzten das Kraut. Auffallend ähnlich verwendeten die Prärie-Indianer den Beifuß (*Artemisia ludoviciana*), wenn sie auf Visionssuche gingen und wenn sie zur Sommersonnenwende den Medizintanz hielten.

Bei den Germanen glich die freie Seele einem weißen Vogel. Gänse symbolisierten den Flug der Götter vom Diesseits ins Jenseits und umgekehrt. Die Gänse zeigten auch den Sommer an, wenn sie vom Süden kamen und umgekehrt den Winter, wenn sie mit lautem Geschrei zum Flug nach Süden aufbrachen. Das Klageschreien der Gänse symbolisierte den Tod des Sommers. Mit Hilfe des Machtkrautes Beifuß wollte man die kommende kalte, todbringende Jahreszeit überstehen. Dazu wurde Mitte des Nebelmondes eine Gans geopfert, mit Beifuß ausgerieben, gestopft und gegessen.

Dieser Brauch wurde später von der Kirche als „Martinsgans" übernommen und noch heute wird der Braten mit Beifuß gewürzt. In unserer materialistischen Zeit wird das Würzen mit der verdauungsfördernden Wirkung des „Ganslkrautes" begründet. Ursprünglich hatte es aber vor allem einen kultischen Zweck.

Bei den Germanen hieß Beifuß „Muegwyrt" bzw. „Pipoz". Überlieferungen lassen annehmen, dass Beifuß der schicksalswissenden Himmelsmutter Frigga geweiht war, welche für Eigenschaften wie Weisheit, Hellsichtigkeit und Liebenswürdigkeit steht.

# ECHTER BEINWELL

*Symphytum officinale*, Raublattgewächs

## GATTUNG

35 Arten umfasst die Gattung, wovon elf in Europa und vier bei uns heimisch sind. Der Verbreitungsschwerpunkt der Gattung liegt in den Gebirgen um das Schwarze Meer, vor allem im Kaukasus. Alle Arten sind ansehnliche, manchmal etwas plump wirkende Stauden.

## NAME

*Symphytum* ist vom lateinischen „symphytos" (= zusammenwachsen, zugeheilt) abgeleitet. Auch der botanische Artname und der deutsche Name Beinwell sind ähnlicher Herkunft. „Wallen" ist ein altes Wort für „zusammenheilen". In der Forstwirtschaft wird heute noch das Wort „Überwallung" bei verheilten Wunden an Bäumen gebraucht.

## VOLKSNAMEN

*Soldatenwurzel* (Verden an der Aller; wegen der Verwendung als Wundkraut); *Eselsohr* (Deutschland; nach der Form der Blätter); *Boanwurzen* (Niederösterreich); *Schwarzwurzen* (Oberösterreich); *Hummelgras* (Schlesien).

## BIOLOGIE

Auffallend beim Echt-Beinwell sind die prächtigen, verschiedenen Blütenfarben, die von dunkelpurpurn über gelblichweiß bis lila reichen. Die Alten (BRUNFELS, BOCK) hielten die purpurnen Pflanzen für die Männchen und die Weißen für die Weibchen.

## ⚇ HEILPFLANZE

Beinwellzubereitungen aus Wurzeln bzw. Blättern wirken abschwellend, entzündungshemmend, Granulationsprozesse und die Kallusbildung fördernd und schmerzstillend. Vor allem Umschlagpasten und Salben zur lokalen Behandlung von schmerzhaften Muskel- und Gelenkbeschwerden, Prellungen, Knochenbrüchen und Verstauchungen kommen zum Einsatz. Die innerliche Anwendung hat man wegen der vorhandenen Pyrrolizidinalkaloide aufgegeben, da diese krebserregend wirken können. Bei einem gelegentlichen Verzehr normaler Mengen entsteht allerdings keine Gefahr, weshalb Beinwellblätter mancherorts immer noch herausgebacken gegessen werden. Inzwischen sind bereits alkaloidfreie Rassen gezüchtet worden, welche auch innerlich bei Erkrankungen der Atemwege und der Magenschleimhäute bedenkenlos angewendet werden können.

## ➤ PRAKTISCHE ANWENDUNG

**Beinwelljauche**

Etwa ein Kilo Beinwelltriebe in zehn Liter Wasser in einem Holz- oder Kunststoffbehälter ansetzen, bis die Gärung abgeschlossen ist. Durch regelmäßiges Umrühren und Beifügen von Gesteinsmehl wird die Geruchsbelästigung eingedämmt.

Als stickstoff- und kalireiche Brühe die Jauche nun im Verhältnis 1:10 verdünnen und in den Wurzelbereich von Starkzehrern wie Tomate, Kohl oder Sellerie gießen. Wird die Brühe als gesundheitsfördernde Blattdüngung über die Pflanzen gesprüht, im Verhältnis 1:20 verdünnen.

## 🌳 NATURGLAUBE

Nur sehr wenig von der Kräuterkunde der Germanen
verirrte sich in das geschriebene Wort. Die Einzuweihen-
den wurden von Großmüttern, weisen Frauen oder
Sehern in Wald, Heide und Wiese mitgenommen und so
das Wissen von Generation zu Generation weitergege-
ben. Die alten Kräutersammler hatten immer Ehrfurcht
vor den Pflanzen. Sie pflückten nur so viel, wie sie
brauchten und traten der Pflanze mit einer Stimmung
der Dankbarkeit gegenüber – so wie es auch heute noch
die Naturkundigen tun. Es ist auch der Geist der Pflanze,
der heilt, nicht nur die enthaltenen Stoffe. Denn Pflanzen sind nicht bloß zufällig wachsende Gegenstände, in
ihnen offenbaren sich geistige Wesenheiten. Sie haben
Geschichte und können Geschichten erzählen. Wir
sollten behutsam mit ihnen umgehen, so wie sie mit uns
behutsam umgehen. Naturverbunde Völker wie unsere
germanischen Ahnen gewahren in den grün belaubten
Lebewesen die zeitliche Manifestation erhabener Geister.

# BESENGINSTER

*Cytisus scoparius*, Schmetterlingsblütler

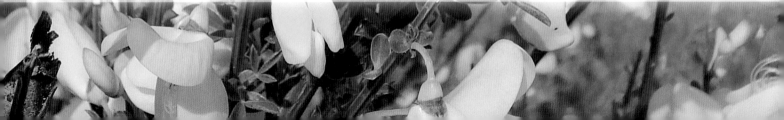

## GATTUNG

Von den 33 Arten der Gattung kommen 23 in Europa und vier in unserer Heimat vor. Das Hauptverbreitungsgebiet der Gattung liegt auf der Iberischen Halbinsel.

## NAME

Griechischer Herkunft ist der vorlinnéische botanische Gattungsname, ohne dass dieser heute verständlich gedeutet werden kann. Der botanische Artname ist vom lateinischen „scopa" (= Besen) bzw. der germanischen Wurzel „skop" (= Reisig) abgeleitet und bezieht sich auf die Verwendung der Pflanze als Reisigbesen.

## VOLKSNAMEN

*Hasenheide, Rehgras* (Sachsen, Niederösterreich; als wichtiges Winterfutter für das Wild); *Bram(en)* (abgeleitet vom althochdeutschen „bramo", einer Bezeichnung für den Ginster).

##  NUTZEN

Besenginster wurde für unterschiedlichste Zwecke genutzt. Am bekanntesten ist die Verarbeitung seiner Ruten zu Reisigbesen. Durch seine Knöllchenbakterien wird er auf mageren Böden als Bodenverbesserer angebaut. Hier schützt er zusätzlich junge Nadelgehölze vor Hitze und Austrocknung.

In großen Heidegebieten werden seit Jahrhunderten „Bramwäldchen" angelegt, in denen dann die Heidschnucken weiden können. Der erste Genuss von Besenginster lässt die Schafe rauschig werden und herumtaumeln. Aber nicht nur für Schafe ist der Bram eine wichtige Futterpflanze. Hasen, Kaninchen, Rotwild und auch Kühen schmeckt der Strauch vorzüglich.

## GIFTPFLANZE

Besenginster ist vor allem wegen seiner Sparteine und Lupanine giftig. Vergiftungserscheinungen beim Menschen sind ähnlich denen von Nikotinvergiftungen. Bei Schafen konnte festgestellt werden, dass sie gegen Schlangenbisse weniger empfindlich sind, wenn sie Besenginster gefressen haben. Der Strauch sollte nicht am Rande eines Gartenteiches gepflanzt werden, da die Fische verenden, wenn sie den ins Wasser fallenden Samen aufnehmen.

## PSYCHOAKTIVE PFLANZE

Getrocknete Besenginsterblüten werden seit einigen Jahren als „legal high" betrachtet in Rauchmischungen verwendet. Benutzer berichten von einer mild euphorisierenden Wirkung und deutlichen synergetischen Effekten, wenn die Blüten mit Hanf vermischt werden. Dabei darf nicht vergessen werden, dass es sich beim Besenginster um eine Giftpflanze handelt.

##  PRAKTISCHE ANWENDUNG

### Reisigbesen binden

Ein Büschel blattloser Besenginster-Triebe schneiden, in eine einheitliche Länge kürzen und einen stabilen Stecken, etwa einen Hasel-Stamm, als Stiel inmitten der Besenginster-Triebe 30 cm weit einschieben. Im Überlappungsbereich werden die Besenginster-Triebe mehrfach mittels Draht und Zange am Stiel befestigt. Besenginster-Besen erwischen auch flachen Kehricht wie Ahornsamen, bei denen Kunststoffbesen Schwierigkeiten haben.

## NATURGLAUBE

Bei Kelten und Germanen galt Ginster als Symbol der Reinheit. Mit seinen Ruten wurden Reisigbesen hergestellt und der Frühjahrsputz durchgeführt. Aber auch innerlich reinigt Ginster, so die Blüten als Bestandteil eines Blutreinigungstees.

Die Ginsterblüte im Mai war ein Zeichen für den Sieg des keltischen Sonnengottes Belenos bzw. der germanischen Sonnengöttin Sunna über die Dunkelheit des Winters. So war der blühende Ginsterzweig Symbol der siegreichen Sonnenhelden. Ritter und Könige schmückten sich mit ihm, Ginster war das heraldische Siegel von Richard LÖWENHERZ und in Schottland wurde Ginster zum Abzeichen des Forbes-Clans.

Bei den Frühlingskulten spielt der Ginster oft den „Pfingstl", den Vegetationsgeist. Immergrün wahrt er das ewige Leben und die Zyklen der Natur. Ins Feld gesteckt sicherte der Bram das neue Wachstum von Gemüse und Getreide.

Im Christentum wurde Ginster hingegen mit dem Fegefeuer, dem Purgatorium, in Verbindung gebracht, in dem die Seelen vor ihrer Aufnahme in den Himmel gereinigt werden. Der französische König LUDWIG IX, der Heilige, gründete gar einen Ginsterorden.

Bei den Germanen wurde Ginster neben der Sonnengöttin mit Lofn, der Göttin der Güte in Verbindung gebracht. Lofn gilt als die Tröstliche, die Fürbitterin, welche für Vertrauen, Harmonie, Trost, Sehnsucht und Güte steht.

 Ihr zuerkannt wird die Gibor-Rune. Gibor symbolisiert die Gabe, die Begabung, Gastfreundschaft und Großzügigkeit. Unbewusst lebt die Gibor-Rune auch in unserer Zeit weiter. Ist man beim Essen nicht satt geworden, legt man Messer und Gabel gekreuzt auf den Teller. Das Besteck bildet die Rune, welche Gabe bedeutet. Die Stellung symbolisiert seit Menschengedenken den Wunsch einer Draufgabe.

## POESIE

*Pflückst du Blumen, sei bescheiden.*
*Nimm nicht gar so viele fort!*
*Denn die Blumen müssen leiden*
*und sie zieren ihren Ort.*

# BILSENKRAUT

*Hyoscyamus niger,* Nachtschattengewächs

## GATTUNG

Mit etwa 15 Arten ist die Gattung ursprünglich in Eurasien und Nordafrika beheimatet. Fünf davon kommen in Europa und eine alteingebürgert in unserem Gebiet vor.

## NAME

Der botanische Gattungsname ist von den beiden griechischen Wörtern „hys" (= Schwein) und „kyamos" (= Bohne) abzuleiten. Der Name soll sich so erklären, dass die Pflanze auch für Wild- und Zuchtschweine stark giftig ist und die Tiere nach dem Verzehr dieser am Bauch kriechen und die Beine hinter sich her schleifen. „Bilsenkraut" als deutsche Benennung entstammt der germanischen Silbe „bil" (= Vision, Halluzination, magische Kraft). Auch eine Asin, eine germanische Göttin, trägt den Namen Bil. Sie wird als Bildnis im Mond gedeutet und war die Bilsenfee, wahrscheinlich sogar eine Göttin des Regenbogens. Bilröst ist einer der Namen der Regenbogenbrücke, welche nach Asgard, der Heimat der Asen, führt.

Der Korngeist Bilwis galt einst als ein wundersames wissendes Wesen, bis er später zum Dämon degradiert wurde. Bilsenkraut und Pilze als geistbewegende, die Einbildung steigernde Geschöpfe gehören mit zu dieser Begriffswurzel.

## ✓ BIER

Jahrhunderte lang war Bilsenkraut als berauschende, halluzinogene Bierwürze im Einsatz, worauf noch heute der Stadtname Pilsen oder der Biertyp Pils zurückzuführen sind. 1507 wurde in Eichstätt eine Polizeiordnung erlassen, wonach das Beimischen von Bilsenkraut und anderer Substanzen ins Bier bei Strafe verboten sei. 1516 wurde dann aus selbem Grund das Deutsche Reinheitsgebot erlassen. Es ist somit das erste deutsche Drogengesetz.

## ☠ GIFTPFLANZE

Starke Giftpflanzen wie das Bilsenkraut sind oftmals wichtige Heilpflanzen, die aber immer mit größter Vorsicht zu verwenden sind. Da die Nutzung der Pflanze als berauschende Droge seit langem bekannt ist und der Ruf als Hexenpflanze die Art noch interessanter macht, werden immer wieder Selbstversuche unternommen, bei denen aber schon so mancher Kellerschamane sein Leben ließ.

## 🌳 NATURGLAUBE

Die Germanen weihten das Bilsenkraut Überlieferungen zufolge ihrem Wettergott Thor/Donar. Er war der trinkfreudigste unter den Göttern und das Bockbier wurde ihm zu Ehren mit Bilsenkraut gebraut. Nachdem im Gebiet das Bilsenkraut nur selten wuchs, legte man eigene Bilsengärten an. Viele Ortsnamen verweisen noch auf diese Kultur, wie Bilsensee, Billendorf, Pilsen usw. Bilsenkraut steht in engem Bezug zum Dichtermet Odrörir, dem germanischen Gegenstück zum indischen Soma, einer zur Gottheit erhobenen Rauschdroge. Odrörir war nicht nur Heiligtum der Dichter, sondern auch der Schamanen und weisen Frauen. Mit Hilfe der psychoaktiven Pflanze konnten die Seher in andere Welten blicken.

Bei den Wikingern war das Bilsenkraut eine der wichtigsten Ritualpflanzen. In Gräbern aus der Eisenzeit hat man reichlich Bilsenkrautsamen gefunden. Berühmt wurde eine Frau aus Fyrkat in Dänemark, welche als wichtigste Grabbeigabe einen Lederbeutel, gefüllt mit Bilsensamen bei sich hatte.

## ⓘ KLUGE PFLANZEN

Ebenfalls ein Nachtschattengewächs ist der Tabak. Die Tabaksamen von *Nicotiana attenuata* liegen viele Jahre und Jahrzehnte im Boden, bis sie, von einem Brandgeruch geweckt, keimen. Auf diese Zeit wartet aber auch der Erzfeind des Tabaks, der Tabakschwärmer *Manduca* mit seinen gefräßigen Riesenraupen. Diese sind gegen das starke Gift des Tabaks immun, doch wenn der Tabak merkt, dass *Manduca* seine Blätter anfrisst, fährt er die aufwendige, gegen diese Raupen aber nutzlose Nikotinproduktion herunter und mischt als erste Sofortmaßnahme einen Verdauungshemmer in das Blattgewebe. So wird das rasante Wachstum der Raupe gedrosselt. Dann schickt der Tabak einen Hilferuf in die Steppe. Er hat in seinen Blättern einen bestimmten Duft zusammengebraut, der jetzt aus den Spaltöffnungen ins Freie tritt. Raubwanzen nehmen den Hilferuf wahr und eilen herbei, um die Jungraupen anzustechen und auszusaugen.

Solch geniale Hilferufe der Pflanze sind bisher von Tabak, Mais, Tomate und Gurke bekannt, dürften aber im gesamten Pflanzenreich verbreitet sein. Die Luft im Grünen ist durchzogen von unzähligen Hilfe-, Lock- und Warnrufen.

*Der germanische Gott Thor/Donar kämpft mit seinem Hammer gegen die Sturm- und Eisriesen und gilt damit als Beschützer des bäuerlichen Lebens. — Gemälde von Max KOCH.*

# HÄNGE-BIRKE

*Betula pendula, Birkengewächs*

## GATTUNG

Etwa 35 Arten zählt die Gattung der Birken, wovon vier in Europa und auch bei uns beheimatet sind. Der Verbreitungsschwerpunkt liegt in der gesamten nördlichen gemäßigten Zone.

## NAME

„Birke als" deutsche Bezeichnung ist vom germanischen „berkö" bzw. „berkana" abgeleitet. Der botanische Gattungsname ist gallischer Herkunft, weil nach PLINIUS die Gallier aus dem Birkenharz eine Art Bitumen namens „betu" herstellten. *Pendula* als botanischer Artname ist lateinisch und beschreibt die „hängenden Äste". Zahlreiche Ortsnamen wie Birk oder Birkenfeld und Familiennamen wie Bircher, Birkenhofer, Birkner oder Birkmann entstammen dem Baum.

## BIOLOGIE

Das Holz der Weiß-Birke ist zäh, elastisch und schwer zu spalten. Durch eine künstliche Entlaubung wird eine Verdoppelung der Stamm-Jahresringe hervorgerufen. Birken zeigen, ähnlich wie der Ahorn die Erscheinung des „Blutens". Vor allem im April und Mai darf der Baum nicht geschnitten werden. In dieser Zeit verliert ein angebohrter Baum 5-8 Liter Blut (Pflanzensaft) am Tag, was zu seinem Tod führen kann.

Im Herbst, zur Zeit des Laubfalls sind Holz, Rinde und Mark von Stärke erfüllt. Nun verwandelt sich die Stärke in ein fettes Öl, welches von den dünnen in die dicken Äste wandert. Im Frühjahr vollzieht sich die Wanderung in umgekehrter Richtung. Zu Beginn der Vegetationsperiode wird das Öl dann wieder in Kohlenhydrate umgewandelt.

Der Grund für diese winterliche Umwandlung von Stärke in Öl ist eine Anpassung an die winterliche Kälte. Das Öl vermindert die Unterkühlung und wirkt aktiv als Wärmespeicher. Daher zählt die Birke zu den am weitest nördlich reichenden Gehölzen.

## VERBREITUNG

Die Weiß-Birke dürfte die letzte Eiszeit an begünstigten Stellen überdauert haben. Nach der Eiszeit leitete unsere Art die Wiederbewaldung großer Gebiete Europas ein, wir sprechen von der Birkenzeit. An vielen fossilen Ausgrabungsstätten zeigte das Pollendiagramm über 90% Birkenpollen.

## ✓ NUTZEN

Birkenrinde liefert das Birkenteer und durch Destillation das Birkenöl. Durch den Gehalt an Betulin in der Rinde ist diese lang haltbar. Sie wird deswegen gern als Unterlage für Schwellen auf feuchtem Boden genommen. In den Kriegs- und Notjahren wurde die Rinde zu Brot verbacken.

## HEILPFLANZE

Die Birke wird vielfältig eingesetzt, so bei Nierenentzündungen, Blasenkatarrh, Blasensteinen, Arthritis, Gicht, Rheuma, Hautreizungen, Haarausfall, Herzbeschwerden und bei Harnsäureüberschuss.

Die Einnahme von Birkenpräparaten lässt die Menge des ausgeschiedenen Harnes auf bis das Sechsfache ansteigen. Dadurch wird nicht nur Wasser ausgeschieden, sondern auch Stoffwechselschlacke.

## PRAKTISCHE ANWENDUNG

**Frühlingskur-Tee**

Zwei Teelöffel Birkenblätter mit einem viertel Liter kochendem Wasser übergießen, zehn Minuten ziehen lassen und dann abseihen. Täglich drei Tassen für eine reinigende Frühlingskur trinken.

## NATURGLAUBE

Bei den Germanen war die Birke als Sinnbild für Jugend, Freude und Liebe Freya geweiht. Die Birke gilt als hingebungsvolle Helferin. Ihr zartes Grün und die lichte Krone vermittelt eine Stimmung von Leichtigkeit und Lebensfreude. Das Aufstellen eines Birkenbäumchens vor dem Hause seiner Geliebten galt als Heiratsantrag. Birkenäste steckte man bei Umzügen in die Felder, um diese fruchtbarer zu machen.

Die Dorfbewohner holten sich mit dem Maibaum, den sie in der Mitte des Ortes aufstellten, all diese Eigenschaften des Baumes und seiner Göttin ins Dorf. Er lieferte den Schutz und das Wohlwollen Freyas.

Die Missionare versuchten erfolglos, diese heidnischen Mai-Bräuche zu unterbinden und schließlich blieb ihnen nichts anderes übrig, als sie für christliche Zwecke umzuwandeln. Beim Fronleichnamsfest schmücken heute unzählige Birken die Wege der Prozession in katholischen Orten und manche Umzüge führen auch heute noch hinaus auf die Felder. Das Aufstellen des Maibaumes hingegen blieb als urheidnischer Brauch erhalten, ein Stück unserer ureigensten innigen Naturverbundenheit.

Freya und der Birke zuerkannt ist die Bar-Rune. Diese, auch „berkana", „beorc" oder „birk" genannte weibliche Rune ist dem Baum entlehnt.

POESIE

*Zierlich, schlank die feinen Zweige unter der Last der Blätter und Kätzchen anmutig gesenkt, das Kleid schimmernd weiß, den Kopfschmuck und Schleier von zartem Grün, spiellustig wie ein Kind und doch sittsam wie eine schöne junge Frau. So steht sie da, die Birke im Hain. Selten allein, am liebsten zusammen mit ihren Schwestern, deren feine Zweige im Wind sich berühren und mit denen sie flüstern und plaudern kann.*

*Wo der Boden nicht für einen Baum taugt, da wächst die Birke zu einem niederen Strauch, dem dann die vornehme Anmut wohl mangelt, dagegen aber die Heiterkeit bleibt, mit der sie bei jedem Luftzug mit den lang gestielten Blättern spielt und sie so lustig durcheinander schüttelt, als hätte sie nichts weiter zu tun, als zu lachen.*

Carolus STERNE

*Es decken Augen, Ringe, Striche,
wie Götzendienst indianerhaft
mit Grau und Schwarz den Birkenschaft,
als ob er einer Seele gliche, in der ein alter Weihekult
noch nicht verdarbt sei vor dem Neuen.*

Oskar LOERKE

*Ich sah in bleicher Silbernacht
die Birkenstämme prangen,
als wäre dran in heller Nacht
das Mondlicht bliebe hangen.*

Nikolaus von LENAU

# GROSSE BRENNNESSEL

*Urtica dioica*, Brennnesselgewächs

## GATTUNG

Die Gattung besteht aus 80 Arten, wovon elf in Europa und drei hierzulande vorkommen.

## NAME

*Urtica* als botanischer Gattungsname stammt vom lateinischen „urere" (= brennen). Der Artname ist hingegen griechischer Herkunft und bedeutet „zweihäusig". Das heißt, es gibt bei der Großen Brennnessel männliche und weibliche Pflanzen.

Das deutsche Wort „Nessel" stammt vom mittelhochdeutschen „nezzel" und dieses wiederum von der germanischen Wurzel „ned", was „zusammendrehen, knüpfen" bedeutet. Auch das Wort „Netz" leitet sich von dieser Wurzel ab. Die Bezeichnung Nessel weist damit auf die uralte Verwendung als Gespinstpflanze hin.

## VOLKSNAMEN

*Nestl* (Kärnten); *Blitzchen* (Rheinland); *Kitzelblum* (Schlesien).

Häufig tritt die Brennnessel in Orts- und Flurnamen auf, so etwa in Nestelbach (Steiermark), Nesselwang (Bayern, Wang bedeutet Au), Nesselwängle (bei Reutte in Tirol) usw.

## BIOLOGIE

Die allseits bekannten Brennhaare haben an der Haarspitze ein schief aufgesetztes Köpfchen, welches bei einer längs vorgezeichneten Sollbruchstelle abbricht. Die entstehende scharfe Spitze hat die Form einer Einstichkanüle. Schon ein zehntausendstel Milligramm Zellsaft genügt, um Hautjuckung hervorzurufen.

## ✓ NUTZPFLANZE

Vor der Einführung der Baumwolle in Europa spielte die Brennnessel eine bedeutende Rolle als Spinnfaser. Albertus MAGNUS erwähnte die Verwendung von Brennnesseln bei der Tücherverarbeitung bereits im 13. Jahrhundert. 1723 gab es etwa in Leipzig eine Nesselmanufaktur. Die Hektarerträge entsprechen mit 750–1000 kg etwa denen des Flachses.

## 🜋 HEILPFLANZE

Brennnesselblätter gehören zu den meistverwendeten Arzneidrogen überhaupt. Sie zeigen harntreibende und entzündungshemmende Wirkungen, die man vorwiegend zur Durchspülungstherapie bei entzündlichen Erkrankungen der ableitenden Harnwege, zur Vorbeugung und Behandlung von Harnsteinen und unterstützend bei rheumatischen Beschwerden nutzt.

Hieronymus BOCK, einer der bedeutendsten deutschen Botaniker der Renaissance, nannte die Brennnessel die wichtigste aller Heilpflanzen. Sie ist reich an Stickstoffverbindungen, Aminosäuren und Proteinen, Mineralsalzen und Vitaminen.

## 🍴 WILDGEMÜSE

Die Brennnessel stellt mit Sicherheit eines der besten Wildgemüse dar. So ist der Mineralstoffgehalt weitaus größer als bei jeglichem kultivierten Gemüse. Der Anwendungsbereich in der Küche ist groß. Die jungen Blätter zu Spinat verarbeitet von April bis Juni und mit Sauerrahm verfeinert, Brennnesselblätter in Bierteig oder ganz einfach ein Brennnesseltee im Frühling. Weiters kann sie zu Kräuterkäse, Gemüsegerichten oder Omelette verwendet werden oder sogar als Salat. Dazu müssen aber die Blätter mit heißem Wasser übergossen werden, damit die Brennhaare ihre Wirkung verlieren.

#  PRAKTISCHE ANWENDUNG

## Brennnesselsuppe

*Zutaten*

- 5 Handvoll Brennnesseln
- 1 Zwiebel
- 1 Knoblauchzehe
- 750 ml Gemüsebrühe
- 3 EL Öl
- 1 Ei
- 1 TL Butter
- 50 ml Schlagobers
- Salz
- 1 EL Weizenmehl
- 2 Scheiben Brot

*Zubereitung*

Die gewaschenen Brennnesseln in etwas Salzwasser blanchieren und anschließend mit kaltem Wasser überbrausen, damit sie ihre grüne Farbe nicht verlieren. Abtropfen lassen und klein schneiden. Zwiebel und Knoblauch hacken, im Öl anschwitzen und anschließend mit dem Mehl bestäuben. Das Ganze mit der Gemüsebrühe aufgießen und fünf Minuten kochen lassen. Das Schlagobers und das Eidotter einrühren und würzen.

Das Brot würfelig schneiden und mit etwas Butter anrösten. Diese Croutons über die servierte Suppe streuen.

## Brennnesseltee

Etwa 2 Blätter oder einen jungen Brennnesseltrieb je Tasse mit kochendem Wasser übergießen und ziehen lassen. Der Tee bekommt eine schöne ziegelrote Farbe und einen ganz eigenen, bekömmlichen Geschmack. Wenn man keine Brennnessel im Garten hat, kann diese auch in getrockneter Form auf Vorrat gelegt werden.

## Nesselbier

*Zutaten*

- 40 g Brennnesselblätter
- 40 g Löwenzahnblätter
- 60 g Ingwerwurzel
- Zitronenschale und Orangenschale
- 1 kg Zucker
- 250 g Brauner Rohrzucker
- 1,5 EL Bierhefe

*Zubereitung*

Brennnessel- und Löwenzahnblätter zusammen mit 7 Liter Wasser in einen großen Kochtopf geben, den klein zerstoßenen Ingwer und die abgeriebene Zitronen- und Orangenschale hinzufügen. Das Ganze eine

halbe Stunde kochen lassen. Den Zucker in einen zweiten großen Topf geben und die kochende Flüssigkeit abgeseiht dazugießen. Rühren, bis sich der Zucker aufgelöst hat. Nun 4 Liter kaltes Wasser dazugeben und die Flüssigkeit abkühlen lassen, bis sie nur noch lauwarm ist. Die Hefe beifügen. Den Topf mit einem Leintuch abdecken und über Nacht an einem warmen Platz stehen lassen.

Am nächsten Tag den Schaum abschöpfen, das Bier in Flaschen füllen, die Flaschen verschließen und bis zum Genuss eine Woche ruhen lassen.

### Brennnessel-Jauche

In einem nicht aus Metall gefertigten Gefäß 10 kg frische Brennnesseln in 10 l Regenwasser ansetzen und drei Wochen lang gären lassen. Dabei immer wieder umrühren und gegen die Geruchsbelästigung Urgesteinsmehl beimengen. Die fertige Jauche wird 10-fach verdünnt im Wurzelbereich als Dünger gegossen oder noch gärend in 50-facher Verdünnung auf die Blätter gegen Blattlausbefall gespritzt.

### NATURGLAUBE

Bei den Germanen zählte die Brennnessel zu den besonderen Pflanzen, dem Wettergott Donar geweiht. Sie galt als Beschützerin des Gehöfts und als ein besonders menschenfreundliches Wesen. Aus ihr fertigte man Jauchen zum Düngen und Pflanzenschutzmittel gegen tierische Schädlinge. Sie verbesserte den Boden und das menschliche Haar, machte lagernde Früchte haltbarer und war Ausgangspflanze für das Nesselbier, wie es heute noch in England gebraut wird.

In heidnischer Zeit war die Brennnessel steter Bestandteil der Neunkräutersuppe, mittels der sich die Landbevölkerung mit den Lebenskräften der erwachenden Vegetation verband. Die Zahl Neun galt unseren Vorfahren als heilig, sie symbolisierte die neun Welten am germanischen Weltenbaum.

Auch nach der Bekehrung zum Christentum hielt man an der alten Kultspeise fest. Nun aß man sie als Gründonnerstagssuppe zum Gedächtnis an die Leiden des Heilands.

### POESIE

*Als ich geschaffen wurde, formte mein Schöpfer mich aus der Frucht der Früchte, aus den Stöcken der Rose und den Blumen der Hügel, aus den Blüten der Bäume und Sträucher, aus den Blüten der Nessel.*

*Seher-Überlieferung nach Elfriede WERTHAN*

# ROT-BUCHE

*Fagus sylvatica*, Buchengewächs

## GATTUNG

Zwei der rund zehn Buchen-Arten kommen in Europa vor, eine davon hierzulande. *Fagus* ist in den nördlichen gemäßigten Zonen der Alten und Neuen Welt beheimatet.

## NAME

Aus dem Wort „Buche", abgeleitet vom althochdeutschen „buohha", entspringen Wörter wie Buch oder Buchstaben, die aus Buchenholz geschnittenen Stäbe, die Runen. Den ehrenwerten Baum finden wir heute auch in vielen Flur- und Familiennamen. Von den heutigen deutschen Ortsnamen lassen sich 1567 von der Buche ableiten. Familiennamen wie Büchner, Buchberger, Buchegger, Buchholz oder Beukner entstammen diesen Orten bzw. dem Baum selbst.

## BIOLOGIE

Eine alte Buche zählt etwa 600.000 Blätter. Sie verdunstet im Sommer täglich bis zu 2.000 Liter Wasser und produziert den Bedarf an Sauerstoff von drei Menschen. Mit ihrem Blattwerk filtert der Baum Staub aus der Luft. Man hat errechnet, dass ein Hektar Buchenwald in einem Jahr etwa 50 Tonnen Staub bindet.

## PRAKTISCHE ANWENDUNG
**Geröstete Bucheckern**

Die Früchte der Buche in einer Pfanne anrösten und mit Zucker oder Salz, je nach Geschmack verfeinert, naschen.

## NATURGLAUBE

Die Buche galt bei den Germanen als mitfühlende Trösterin, als Ratgeberin in der Not, als eine alte weise Frau. Sie ist Sitz der schicksalswissenden Himmelsmutter Frigga, der Gattin Odins.
Aus Buchenholz wurden die Runen hergestellt, gespal-

tene Holzstäbchen, mit Runenzeichen versehen. Aus diesen Buchenstäben resultiert das Wort Buchstabe und in weiterer Folge das Wort Buch.

Runen galten viel mehr der Weissagung als der Schrift. Das Wort Rune bedeutet Geheimnis und ist heute noch im Wort „Geraune" enthalten. Die Stäbchen mussten von einem fruchtbringenden Baum, zumeist Buche, Eiche oder Hasel stammen. Diese Runenstäbe wurden auf ein weißes Tuch geworfen, um aus dem Wurfergebnis einen Blick in die Zukunft zu wagen. Die Auslegung des Ergebnisses war nicht immer eindeutig und wurde als „raedels" bezeichnet, das sich später zum Wort „Rätsel" abänderte.

Unseren Ahnen galten die großflächigen Buchenwälder, die mit gedämpftem Licht durchflutet waren, als heilig. Sie bilden ohne menschliches Zutun einen Tempel der Natur. Später galten diese heiligen Hallen als Vorbild der mittelalterlichen Kathedralen. Die römischen Eroberer sahen das anders. So nannte im 1. Jahrhundert n. d. Z. der römische Dichter LUCANUS die Buchenwälder Germaniens einen grauenhaften Ort.

## POESIE

*Sehet die Halle,*
*wie stolz sie sich hebt,*
*stolz zu der Bläue*
*des Himmels aufstrebt.*
*Riesige Buchen mit Tannen gepaart,*
*stehen als Säulen der edelsten Art,*
*und als ein Kuppeldach luftig und weit*
*wölbt sich der Wipfel laubgrünendes Kleid.*
*Ehre und Preis sei dem Bauherrn der Welt,*
*der sich als Tempel den Wald hat bestellt.*

Viktor von SCHEFFEL

# DIPTAM

*Dictamnus albus*, Rautengewächs

## GATTUNG

*Dictamnus* ist monotypisch mit nur einer Art.

## NAME

Den botanischen Gattungsnamen nannten schon VERGIL, PLINIUS und ARISTOTELES. Er soll vom Berge Dikte auf Kreta und von „thamnos" (= Strauch) abzuleiten sein. Eine andere Theorie besagt, dass der Name von *Oreganum dictamnus,* einer stark duftenden Dost-Art von Kreta abgeleitet wurde.
Der Artname *albus* (= weiß) ist verwirrend. Er soll auf den weißlichen Wurzelstock hinweisen. Früher ergab der Name Sinn, denn der Gelbe Günsel, *Ajuga chamaepitys,* war *Dictamnus niger,* also der Schwarze Diptam.
„Diptam" als deutsche Bezeichnung hat sich vom botanischen Gattungsnamen abgeleitet.

## VOLKSNAMEN

*Eschern* (Deutschland, Mähren; die Blätter sind verblüffend eschenähnlich); *Brennender Busch* (Burgenland, Niederösterreich; an schwülen, windstillen Sommerabenden kann man den Diptam mittels Feuerzeug zu einer Entzündung bringen, hervorgerufen durch den hohen Gehalt an ätherischen Ölen); *Spechtwurz* (Deutschland; nach der Legende, dass der Specht den Diptam holt, wenn sein Nistloch durch einen Keil verschlossen ist. Der Keil soll herausspringen, wenn der Specht die Diptamwurzel davor hält.).

## BIOLOGIE

Diptam wirkt phototoxisch und so mancher Naturfrevler hat seine Plünderung mit Brandblasen an den Händen bezahlt. Verantwortlich hierfür ist vor allem das zu 0,05 % enthaltene Furochinolinalkaloid Dictamin.

## WILDGEMÜSE

Die Blätter sind von April bis Juni zur Teegetränkbereitung verwendbar. Dieser schmeckt nach Zitrone und zeugt von der Verwandtschaft des Diptams mit den Zitrusgewächsen. Die Pflanze ist aber selten und daher vielerorts geschützt und darf nicht gesammelt werden.

## PRAKTISCHE ANWENDUNG
### Pflanzen beobachten

Diptam besitzt eine Schleuderverbreitung. Die Mutterpflanze schleudert die Samen bis zu zwei Meter weit aus. Dieses Schauspiel kann man in warmen Julinächten miterleben. Unaufhörlich springen die Bauchnähte der Früchte auf und entlassen unter Knacken ihre Samen. Wald oder Garten knistert und so mancher, der von dieser Eigenheit nicht wusste, hat dabei schon Reißaus genommen.

Die viel besprochene Selbstentzündung des Diptams kommt in unseren Breiten praktisch nie vor. Berichtet wird aber von kleinen blauen Flämmchen zur Blütezeit, die bei großer Hitze in der Dämmerung bei Windstille beobachtet wurden. Die reichlich vorhandenen ätherischen Öle dienen der Pflanze als natürlicher Schnecken- und Schadinsektenschutz.

##  NATURGLAUBE

Tacitus: Viel Wissen über das Leben der Germanen verdanken wir dem römischen Historiker TACITUS. P. Cornelius TACITUS lebte 55–117 n. Chr., stammte aus begütertem Hause, studierte in Rom Rhetorik und bereitete sich auf die Anwaltstätigkeit vor. Das Studium erschloss den Zugang zu den höchsten Staatsämtern. Im Jahr 77 gab Julius AGRICOLA, ein angesehener General und Verwaltungsbeamter dem viel versprechenden jungen Mann die einzige Tochter in die Ehe. Im Jahr 88, während der Herrschaft von DOMITIAN, erreichte er die Prätur und 97 wurde ihm durch NERVA die Konsulwürde zuerkannt. Ab dem Jahr 113 war TACITUS Statthalter der Provinz Asien.

Im Jahr 98 verfasste der römische Historiker die ethnographische Studie über die Germanen. Römische Beamte und Kaufleute, die Germanien bereisten, berichteten TACITUS. Seinen berühmtesten Gewährsmann nennt der Historiker selbst: Julius CÄSAR.

ihre Wesensart weiß nichts von schlauer Berechnung". TACITUS fand in den Germanen scheinbar ein positives Korrelat zur römischen Gegenwart.

Die Germania beeinflusste nicht nur die Wissenschaft und die Bücherwelt, sondern auch das historisch-politische Bewusstsein allgemein. Sie begründete gesamteuropäische Gesprächsthemen, etwa die Idee der Frei-

Die Taciteische Germania hat in der gesamten antiken Literatur nicht ihresgleichen. Sie ist als Spezialschrift über ein fremdes Volk ein Unikum. Die moderne Forschung hat daher intensiv nach den Gründen ihrer Entstehung gefragt. Auch gibt es keine Einleitung in der Germania, aus der das Motiv dieser Schrift des Autors erkenntlich wäre.

Wahrscheinlich wollte TACITUS seine dekadenten Landsleute mit einem Sittenspiegel konfrontieren. Dafür spricht auch die moralistische Gesamttendenz des Werkes mit dem ständig wiederkehrenden, oft polemischen Bezug auf römische Verhältnisse. So finden wir als Anspielungen auf das eigene römische Volk etwa: „Besitz dient den Germanen nur für das Notwendige, sie verschmähen schimpflichen Erwerb" oder „Geldgeschäfte zu betreiben oder mit Zinsen zu wuchern ist den Germanen unbekannt. Ackerland nehmen sie in einem Ausmaß, das der Anzahl der Bebauer entspricht, mit gesamter Hand füreinander in Besitz"

oder „sie sind gesund, unverdorben und sittenstreng,

heit, für die man gerne auf die germanischen Zustände zurückgriff.

Die Germania hat das Mittelalter in einer einzigen Handschrift überdauert. Dieses Exemplar, das sich in Hersfeld befunden hatte, gelangte im Jahr 1455 nach Italien. Bald darauf drang die erste Kunde von dem kostbaren Fund über die Alpen. 1458 verfasste der italienische Humanist Enea Silvio de PICCOLOMINI, der nachmalige Papst PIUS II., eine Germania, gedruckt 1496. Er suchte darin die Beschwerden zu widerlegen, die man in Deutschland gegen die Ausbeutung durch die römische Kirche vorgebracht hatte und malte ein Kontrastbild des alten und neuen Deutschlands, um zu zeigen, welch segensreiche Entwicklung die christliche Religion ermöglicht hatte. TACITUS zählt zusammen mit dem Naturkundler PLINIUS dem Älteren und dem griechischen Arzt Pedanius DIOSKURIDES zu den wichtigsten Menschen dieser Zeit. Auffallend an dem Werk ist seine Objektivität. Die historische Forschung kann heute die erstaunliche Korrektheit seiner Schriften bestätigen.

# EBERESCHE

*Sorbus aucuparia*, Rosengewächs

## GATTUNG

Von den rund 200 Arten, bestehend aus etwa 80 Haupt-
arten und 120 konstanten Hybridarten, kommen 18 in
Europa und je nach Artabgrenzung 14 hierzulande vor.
Die größte Formenfülle ist in Asien anzutreffen.

## NAME

*Sorbus* als botanischer Gattungsname ist möglicherweise
dem keltischen „sor" (= rau, herb) in Verbindung mit
dem herben Geschmack des Speierlings, oder dem indogermanischen „sorbho" (= rot) abgeleitet. Ebenfalls in
Betracht zu ziehen ist das lateinische „sorbere" (= essen,
schlürfen).
Der Artname ist weniger umstritten. Er leitet sich vom
lateinischen „aucupari" (= Vogelstellen, Vogelfangen) ab,
da zu diesem verwerflichen Zweck die Früchte benutzt
wurden.
„Eberesche" als deutsche Benennung ist eine Entstellung
von „Aberesche", was so viel wie ähnlich einer Esche,
aber keine seiend, bedeutet.

## VOLKSNAMEN

*Quiecke* (abgeleitet vom germanischen „quiqua" für
lebendig, lebensfroh); *Mosch, Moschen, Mostbeer* (Tirol,
Steiermark).

## ✓ NUTZEN

Vogelbeeren sind besonders für die Tierwelt wichtig. Sie
sind typische Wintersteher und als solche den Tieren
auch nach starkem Schneefall noch zugänglich. Der
Mensch nutzt ihre Beeren für Marmeladen, Konfekt und
Schnaps.

## ⑧ HEILPFLANZE

Vogelbeergelee wird seiner stopfenden Wirkung wegen
gerne genossen. Diese Gelees und Marmeladen sind
reich an Vitamin C und werden so bei Erkältungserkran-
kungen eingesetzt. Vogelbeersaft ist ein Gurgelmittel bei
Heiserkeit. Aufgrund ihrer Bitterkeit sind die Vogelbeeren
aber nur in gekochtem Zustand für den Menschen
genießbar, die nach wie vor verbreitete Vorstellung, sie
seien giftig, ist aber falsch.

## ⮕ PRAKTISCHE ANWENDUNG

**Ebereschenmarmelade**

*Zutaten*

    1 kg Ebereschen-Früchte

    2 kg Äpfel

    750 ml Wasser

    Geliermittel

    2 kg Zucker

*Zubereitung*

    Die in Stücke geschnittenen Äpfel und die entstielten
    Ebereschen-Früchte, vorrangig die der großfruchti-
    gen Edel-Eberesche, zehn Minuten lang kochen und
    nach dem Abkühlen durch ein Tuch seihen. Anschlie-
    ßend dem Saft das Geliermittel zugeben und den
    Zucker unterrühren. Das Ganze nun eine halbe
    Minute unter ständigem Rühren aufkochen lassen
    und anschließend in Gläser abfüllen.

## ✿ NATURGLAUBE

Für die Ahnen war die Eberesche ein heiliger Baum, dem Donar geweiht. Denn die Eberesche war es, die Thor das Leben rettete, als er drohte, in den Fluten des Flusses Wimur umzukommen. Die Germanen sahen die Eberesche als Glücksbringer, als Fruchtbarkeitssymbol und als Sinnbild für Bescheidenheit, denn der Baum vermag auch noch zwischen Felsen und kaum einem Erdreich zu gedeihen. Auch wächst er noch im hohen Norden, selbst auf Island und heißt hier heute noch vielerorts „Thorsbjörg" (= Donars Schutz). Ebereschen halten Unheil fern und spenden Lebenskraft. Die Eberesche als Hausbaum wacht wohlwollend über die ganze Familie und bringt Glück und Gesundheit. Heutige Baumflüsterer berichten von der Lebensfreude spendenden Kraft der Vogelbeere.

Schon KARL der Große förderte die Anpflanzung von Ebereschen, im Christentum ist die Eberesche der Gottesmutter Maria und dem Hl. Lukas zugeordnet. Noch bis heute werden mancherorts Vogelbeerzweige zur Abwehr böser Geister oder zum Schutz vor Blitzschlag in Ställen oder Häusern angebracht.

# STÄNGELLOSE EBERWURZ

*Silberdistel, Carlina acaulis, Korbblütler*

## GATTUNG

Von den 28 Arten kommen 15 in Europa und drei in unserem Gebiet vor. Die Gattung ist von den Kanarischen Inseln bis Mittelasien verbreitet mit dem Mannigfaltigkeitszentrum im Mittelmeergebiet.

## NAME

Der botanische Gattungsname dürfte vom italienischen „cardina" (= distelartig) entstellt sein. Die Herleitungen von Kaiser KARL V. (1519–1556) oder von KARL dem Großen gehören wahrscheinlich ins Reich der Legende. „Eberwurz" als deutsche Benennung erklärt sich aus dem hohen Ansehen des Schweines bei Kelten und Germanen. Das Schwein galt als dermaßen lebensfroh, dass man annahm, die Götter lebten in ihm. Es war ein Glückssymbol, welches wir noch in Redewendungen wie „Schwein gehabt" oder in der „Sau" beim Kegeln finden.

Der Eber galt zudem als Retter der Erde, der mit seinen Hauern das zur Wintersonnenwende stehen gebliebene kosmische Rad wieder antrieb, das Tor zum neuen Jahr öffnete und dafür sorgte, dass der Winter an Kraft verliert. Nicht ohne Grund verschenkt man heute noch zu Silvester Glücksschweinchen aus Marzipan oder Kunststoff.

## VOLKSNAMEN

*Jägerbrot, Wiesenkas* (Österreich, Bayern; der Korbboden ist essbar); *Wetterdistel, Wetterrosen* (Tirol, Kärnten; Silberdisteln sind natürliche Hygrometer).

## HEILPFLANZE

Eberwurz wird in der Volksheilkunde gegen Verdauungsbeschwerden verwendet und findet sich in diesem Sinne auch in Schwedenkräutermischungen. Die Droge wirkt harntreibend, schweißtreibend und krampflösend.

### 🍴 WILDGEMÜSE

Der Korbboden schmeckt ähnlich den Käsepappeln, den Früchten der Malve. Auch das Wild schätzt die Eberwurz, dieses wühlt Standorte mit Vorkommen der Art gerne auf.

Wildpflanzen dürfen aufgrund der Schutzstellung nicht gesammelt werden.

*Der Fruchtbarkeitsgott Freyr herrscht über Regen und Sonnenschein und war einer der am meisten verehrten germanischen Götter. – Die schwedische Bronzestatue aus der Wikingerzeit stellt ihn mit gekreuzten Beinen sitzend dar und macht seine Rolle als Fruchtbarkeitsgott augenscheinlich.*

### 🌳 NATURGLAUBE

Pflanzen, die mit „Wurz" enden, standen bei unseren Ahnen in allerhöchstem Ansehen. Neben Eberwurz sind dies u. a. Meisterwurz, Nieswurz, Engelwurz, Hauswurz und Mutterwurz.

Das Graben von Wurzeln, das Ernten von Kräutern waren Handlungen, die Dank erforderten. Die heutige Konsumideologie, die den Menschen als bloßen Verbraucher definiert und den Fortschritt in steigenden Konsumziffern sieht, war unseren Ahnen fremd. Wenn Kräuter gesammelt oder Felder beerntet wurden, gab man den Pflanzengeistern immer etwas zurück. Für die Germanen hatte das Opfer eine fast zwingende Wirkung. Die Pflanze mit Lobpreisungen geehrt, mit Gaben beschenkt oder mit Trankspenden gelabt konnten nicht anders, als die Bitten zu erfüllen. So wurden unter anderem den Pflanzen Getreidekörner, Honig, Bier oder Met geopfert. Bis heute hat sich dieses Dankesritual mancherorts gehalten. Nicht selten sieht man Menschen, die den ersten Schluck des Bieres der Erde widmen, als Dank für ihre Fürsorge uns Menschen gegenüber.

Überlieferungen zufolge war Eberwurz dem germanischen Fruchtbarkeitsgott Freyr geweiht, dessen Wagen von einem goldenen Eber namens Gullinbursti gezogen wurde. Freyr steht für Frieden, Wohlstand und Schutz, wie auch die Eberwurz selbst. Daher schützte man Haus und Hof, indem man eine Eberwurz daran befestigte. Intuitiv lebt der alte, scheinbar ausgerottete Glaube in den Menschen der Alpen weiter, denn noch heute schmückt so manche Silberdistel die Almhütten oder Stalltüren.

■ Ja, senden Sie mir kostenlos und unverbindlich Ihre **Prospekte** und/oder den **STOCKER-Newsletter**. Wir informieren Sie künftig kostenlos und unverbindlich über unsere Neuerscheinungen.

Name:

Beruf:

Straße:

Postleitzahl/Ort:

E-Mail:

Telefon:

**Stocker Verlag GmbH, Hofgasse 5, 8010 Graz, Österreich**
**Tel.: +43/316/82 16 36**
**Fax: +43/316/83 56 12**
**E-Mail: stocker-verlag@stocker-verlag.com**
**Internet: www.stocker-verlag.com**

## Leopold Stocker Verlag

Postfach 438
Hofgasse 5

8011 Graz

## Liebe Leserin, lieber Leser,

wir freuen uns über Ihr Interesse an unserer Verlagsarbeit. Gerne informieren wir Sie über Neuerscheinungen aus unseren Programmbereichen.

Diese Karte entnahm ich dem Buch:

Ihre Meinung zu diesem Buch:

Wie gefällt Ihnen unser Programm:

Welches Thema vermissen Sie?

Welche Vorschläge für Neuerscheinungen haben Sie für uns?

Ihre Angaben helfen uns, unsere Bücher noch interessanter für Sie zu machen. Unter allen Einsendern verlosen wir jährlich 50 Buchtitel. Der Rechtsweg ist ausgeschlossen.

**Besuchen Sie uns auch im Internet: www.stocker-verlag.com**

Auf dieses Buch wurde ich aufmerksam durch:

☐ Buchhandlung

☐ Buchhandelsprospekt

☐ Buchbesprechung

☐ Empfehlung

☐ Anzeige

☐ Inserat in: _____

☐ Verlagsprospekt

☐ Anderes: _____

# EDELWEISS

*Leontopodium alpinum,* Korbblütler

## GATTUNG

Von den 35 Arten der Gattung kommt nur eine in Europa vor. In den südosteuropäischen Hochgebirgen findet sich eine zweite Unterart, *L. alpinum ssp. nivale.* Das Mannigfaltigkeitszentrum der Gattung ist das südwestchinesisch-birmanische Hochland. Die Gattung ist gänzlich auf Eurasien beschränkt. Sie steigt am Mt. Everest bis 6.100 Meter Seehöhe.

## NAME

*Leontopodium* ist aus den griechischen Wörtern „leon" (= Löwe) und „podion" (= Füßchen) zusammengesetzt. Der Name benannte ursprünglich eine andere, heute nicht mehr bestimmbare Pflanze. 1569 übertrug MATTIOLI den Namen auf unser Edelweiß.
„Edelweiß" als deutsche Benennung ist kein, wie manchmal behauptet, künstlicher Werbename. Er ist schon seit Jahrhunderten aus dem Gebiet der Hohen Tauern belegbar und verbreitete sich von hier über fast ganz Europa. Auch in anderen Sprachen, wie im Französischen oder Bulgarischen, heißt die Blume Edelweiß.

## VOLKSNAMEN

*Bauchwehbleamel* (Berchtesgaden, Salzburg, Südtirol; als Mittel gegen Leibschneiden und Durchfall).

## BIOLOGIE

Die früher häufig vertretene Ansicht, der dichte weiße Haarfilz sei ein Verdunstungsschutz, ist nicht haltbar. Es ist vielmehr ein Merkmal, welches unsere Art schon von den Vorfahren der asiatischen Hochsteppen übernommen hat. Bestätigt wird diese Ansicht durch die Tatsache, dass *Leontopodium souliei* aus China einen dichten Haarfilz aufweist, aber nur auf sumpfigen Standorten wächst. Gelegentlich finden sich abnorm große Blütenkörbe mit einem Durchmesser von bis zu zehn Zentimetern, die als „Edelweißkönige" gelten und auch heute noch in der Sagenwelt weiter leben.

## ✿ SYMBOL

Mitte des 19. Jahrhunderts, als sich der Alpentourismus zu regen begann, machten Werbestrategen das Edelweiß zur Symbolpflanze der Alpen. Zuvor hatte es ein ruhigeres Leben, buntere Alpenblumen waren von größerem Interesse. Mit der neuen Symbolstellung begann aber auch die Nachstellung des „Alpensterndls". In weiten Gebieten drohte der Pflanze die Ausrottung. Schon 1886 stellte Österreich das Edelweiß unter strengen Naturschutz und die Bestände konnten sich wieder erholen.

*Edelweiß: Das Edelweiß wurde zum Symbol der Gebirgsjäger (siehe Bild), aber auch des Alpenvereins und des Hochgebirges schlechthin.*

Heute gilt das Edelweiß als Symbol für den Deutschen, Österreichischen und Südtiroler Alpenverein, ist Listenzeichen der Südtiroler Volkspartei, Logo von Schweiz-Tourismus und der Schweizer Fluggesellschaft Edelweiß-Air, ist Bergmützenabzeichen der deutschen Gebirgsjäger und des Österreichischen Bundesheeres, steckt im Logo des Österreichischen Bergrettungsdienstes und der deutschen Bergwacht, ist auf der österreichischen Zwei-Cent-Münze usw.
Am 19. Juli 2005 kam die erste gestickte Briefmarke Österreichs auf den Markt. Die mit 400.000 Stück limitierte Auflage zeigt das Edelweiß als Motiv.

## ⚕ HEILPFLANZE

In vergangenen Jahrhunderten war das Edelweiß eine wichtige Pflanze gegen Bauchschmerzen, Ruhr und Durchfall. Dazu wurde die Pflanze mit Milch und Honig aufgekocht und der Absud getrunken. Im 20. Jahrhundert verlor die Art an medizinischer Bedeutung, um heute wieder voll im Mittelpunkt der Medizin zu stehen.

Deutsche und österreichische Forscher fanden interessante Stoffe im Edelweiß, die für die Zukunft hoffen lassen.

 NATURGLAUBE

Überlieferungen der germanischen Mythologie zeigen die Zuordnung des Edelweißes zum Adler Aar. Aar ist der  vom Himmel stammende Geist, der das Leben und die Sonne symbolisiert und für Eigenschaften wie Weitsicht, Wachsamkeit und Weisheit steht. Seine Rune ist die Sonnenrune Ar, die durchwegs positive Eigenschaften symbolisiert. Die Rune steckt in Wörtern wie Adler (Aar), Erde (Ar), Herr (Arr) oder Harmonie.

# HEILENDER EHRENPREIS

*Veronica officinalis*, Löwenmaulgewächs

## GATTUNG

Von den weltweit rund 380 *Veronica*-Arten (inkl. *Pseudo-lysimachion*) kommen etwa 80 in Europa und 43 im Gebiet ursprünglich oder eingebürgert vor. Mannigfaltigkeitszentren sind der Kaukasus, die Alpen, das Mittelmeergebiet und Asien (von Kleinasien bis zu den japanischen Inseln).

## NAME

Der botanische Gattungsname dürfte durch einen Abschreibfehler aus dem von PLINIUS genannten Namen „Vettonica" entstanden sein. Dieser Name bezieht sich auf das Land der Vettonen, eines damals in Spanien im Gebiet der Estremadura heimischen Volksstammes.

Andere Theorien beziehen sich auf das lateinische „vera unica medicina"(= das einzig wahre Heilmittel) oder auf die Heilige VERONICA (1445-1497) als Namenspatronin des Ehrenpreises. Der botanische Artname nimmt auf die offizinelle, also allgemein anerkannte Heilwirkung der Pflanze Bezug.

Durch die deutsche Benennung „Ehrenpreis" erkennt man die hohe Wertschätzung der Pflanze. „Ich lob dich wohl, bist Tugend voll, bist Ehr und Preis", heißt es beispielsweise bei AELST 1602.

## VOLKSNAMEN

*Ehrenkraut, Grundheil, Steh auf und geh* (galt als Heilpflanze gegen die Gicht).

## (🜁) HEILPFLANZE

In Form von Tee oder einer Essenz aus der frischen, blühenden Pflanze wird Ehrenpreis in der Volksheilkunde gegen Bronchitis, Halsschmerzen, Blasenkatarrh und Hautleiden eingesetzt, äußerlich bei Entzündungen des Mund- und Halsbereiches. In der Homöopathie findet Ehrenpreis bei Bronchialkatarrhen, Lymphdrüsenschwellungen und chronischen Ekzemen Verwendung.

## (🍴) WILDGEMÜSE

Die jungen Blätter und die Blüten können dem Salat beigemengt werden. Die Blätter des blühenden Krautes ergeben ein Teegetränk.

*Die große Abbildung links zeigt Blüten des Gamander-Ehrenpreis (Veronica chamaedrys), der Heilende Ehrenpreis ist rechts abgebildet.*

## PRAKTISCHE ANWENDUNG

**Ehrenpreis-Tee**

Zwei gehäufte Esslöffel Ehrenpreiskraut mit einem viertel Liter kochendem Wasser übergießen, zehn Minuten ziehen lassen, abseihen und dreimal täglich eine Tasse lauwarm und schluckweise trinken.

 ## NATURGLAUBE

Ehrenpreis, so wird angenommen, war im germanischen Glauben Odin in der Gestalt des prüfenden Grimnir zuerkannt. Als steter Wanderer gilt Grimnir als Gott der Bewährung und des Vertrauens. Er hilft den zu Unrecht in Not gekommenen Menschen. In der Gestalt des wilden Berggeistes Rübezahl tritt Grimnir später in den Sagen und Märchen auf.

## POESIE

Eine nette wahre Geschichte über den Ehrenpreis erzählt Werner HOPP:

*Ein wegen seiner ärmlichen Herkunft wenig beliebter Schüler fragte seine Klassenkameraden, was er seiner kranken Mutter zum Geburtstag schenken könne, obwohl er kein Geld hätte. Diese empfahlen ihm Blumensamen in einem Gefäß, sodass die Mutter dann am Krankenbett das Heranwachsen mitverfolgen könne. Sie besorgten ihm den Samen, doch anstatt Blumensamen nahmen sie Unkrautsamen. Nach wenigen Wochen bedankte sich der Schüler überschwänglich bei den Kameraden. Die Unkräuter haben begonnen zu blühen und es waren die Lieblingsblumen der Mutter: Ehrenpreis und andere hübsche Wildkräuter.*

*Auch die alte Sagengestalt des Berggeistes Rübezahl geht auf Wotan zurück. – Hier in einer Darstellung von Moritz von SCHWIND.*

# EIBE

*Taxus baccata*, Eibengewächs

## GATTUNG

Acht nah verwandte Arten umfasst die Gattung, wovon eine in Europa heimisch ist. Nach anderen Ansichten ist *Taxus* monotypisch mit geographisch getrennten Unterarten.

## NAME

Der botanische Gattungsname ist möglicherweise dem griechischen „toxon" (= Bogen) entlehnt und nimmt auf das elastische Holz Bezug. Auch das indogermanische „teks" (= verfertigen) und das lateinische „taxare" (= strafen) können bei der Namensgebung ausschlaggebend gewesen sein.
*Baccata* als botanischer Artname ist dem lateinischen „bacca" (= Beere) abgeleitet und beschreibt die Früchte des Baumes.
„Eibe" als deutsche Benennung ist sehr alt und der germanischen Benennung für den Baum „eihwaz" bzw. „ihwar" abgeleitet. Das daraus entstammende „iwa" hängt mit Ewigkeit zusammen und bezieht sich auf die Langlebigkeit des immergrünen Gehölzes.

## BIOLOGIE

Eiben sind langsam wachsende Gehölze, die ein Alter von 2.000 Jahren erreichen können. Die älteste bekannte Eibe steht im schottischen Fortingall. Sie wird auf rund 2.500 Jahre geschätzt. Der älteste Baum Deutschlands soll die Hintersteiner Eibe aus dem Oberallgäu mit knappen 2.000 Jahresringen sein.
Als einziger giftiger Baum Europas zählt die Eibe zu den wenigen giftigen Nadelbäumen überhaupt.
Die Wälder Germaniens waren voll mit alten Eiben, bis die römischen Besatzer das wertvolle Holz ins Römische Reich brachten und daraus Möbel und Waffen fertigten. Auch später war Eibenholz ein begehrtes Handelsgut. Zwischen 1521 und 1567 wurden aus den Ostalpen rund 800.000 Eibenbögen nach England ausgeführt. 1568 vermeldete Herzog ALBRECHT dem Kaiserlichen

Rat in Nürnberg, dass sich in Bayern keine hiebreife Eibe mehr befände.

## GIFTPFLANZE

Alle Pflanzenteile, ausgenommen der rote Samenmantel sind stark giftig. Besonders Pferde sind gefährdet, bei diesen sind bereits 0,3 g/kg Körpergewicht tödlich. Für Rehe, Hasen und Wildschweine hingegen sind Eibennadeln eine Delikatesse.

## HEILPFLANZE

Der hohen Giftigkeit wegen wird die Eibe heute nur noch in der Homöopathie bei Verdauungsschwäche und Hautpusteln angewendet. Seit den 1990er-Jahren genießt die Eibe wieder hohe Wertschätzung, nachdem es gelungen war, die zellteilungshemmende Substanz Paclitaxel teilsynthetisch aus den Taxan-Verbindungen der Nadeln herzustellen. Die Eiben-Substanzen sind zur Behandlung von bestimmten Krebsarten zugelassen.

## NATURGLAUBE

Die Germanen hatten eine eigene Eiben-Rune, Eihwaz bzw. Ihwar. Diese gilt als Todes-Rune, als Symbol für den Übergang in eine andere Welt, nach Walhall. Bei den nordischen Völkern wurde das schillernde Nordlicht vielfach als sichtbare Erscheinung jener Seelen gedeutet, die sich auf dem Weg nach Walhall befanden.
Die germanische Mythologie erzählt von Ydalir, dem Eibental, Wohnsitz des als guten Skifahrer bekannten Wintergottes Ullr. Sowohl der Eibe als auch der Eibenrune Eihwaz wurde eine große Schutzwirkung gegen Unheil zugesprochen.
Der keltisch-germanische Stamm der Eburonen, der Männer der Eibe, beging kollektiv mit Eibensaft Selbstmord, um der unabdingbaren römischen Gefangenschaft zu entgehen.

POESIE

*Die Eibe schlägt an die Scheibe.*
*Ein Funkeln im Dunkeln.*
*Wie Götzenzeit, wie Heidentraum*
*blickt ins Fenster der Eibenbaum.*

                    Theodor FONTANE

Eiben können ein Alter von bis zu 2.000 Jahren erreichen.
Diese hier wurde in Jabel in Mecklenburg-Vorpommern
aufgenommen. Sie ist ca. 250–300 Jahre alt.
Foto von Harald BETHKE.

# STIEL-EICHE

*Quercus robur*, Buchengewächs

## GATTUNG

Rund 400 Arten umfasst die Gattung der Eichen, wovon 27 in Europa und fünf bei uns heimisch sind. Ihr Hauptverbreitungszentrum liegt in Nordamerika.

## NAME

Der botanische Gattungsname dürfte dem indogermanischem Wort „perkunas" (= Waldgebirge) entlehnt sein. Hierher gehört auch der baltische Donnergott „Perkuunos".

Eiche als deutsche Benennung leitet sich vom germanischen „eik" bzw. dem mittelhochdeutschen „eich" ab. In den deutschen Ortsnamen ist die Eiche 1.467 Mal enthalten, so etwa in Eichberg, Eichstätt oder Aichbichl. Ebenfalls häufig von der Eiche bzw. dem nach Eichen benannten Orte sind Familiennamen wie Aichinger, Eigner, Eichberger, Aichner, Rufreit, Eichenmüller oder Eich abgeleitet.

## BIOLOGIE

Im Mittel wird die Stiel-Eiche 500 Jahre alt. Der Altersrekord liegt allerdings bei etwa 1.900 Jahren. Die Wendelini-Eiche bei Geisfeld in Oberfranken wird auf 1.500 Jahre geschätzt, die Napoleons-Eiche auf 600 Jahre. In einem Meter Höhe misst sie 9,85 m Stammumfang.

## SYMBOLIK

Für die Römer charakterisierten urtümliche Eichen die Landschaft Germaniens. Die Romantiker kürten die Eiche zum Baum des deutschen Volkes, vor allem beim Dichter KLOPSTOCK spielte sich fast die gesamte heldenhafte germanische Frühzeit unter malerischen Eichen ab. Caspar David FRIEDRICH malte trutzige, unverwüstliche Eichen als Kontrast zur Brüchigkeit menschlicher Bauwerke. Schon bei ihm verband sich das Festverwurzelte und Bodenständige solcher oft einsam wachsender Baumriesen mit einer verheißungsvoll besseren Welt. In der deutschen Bundeswehr tragen Offiziere vom Major aufwärts gesticktes Eichenlaub als Rangabzeichen. Unzählige Friedenseichen kündeten vom Ende des Krieges 1870/71 und der Gründung des Deutschen Reiches. Eichenlaub rankte sich um das Motto „Einigkeit und Recht und Freiheit" und sicherte seit dieser Zeit auf den deutschen Münzen die Stabilität der Währung.

## ✓ NUTZEN

Das Holz der Eiche zeichnet sich durch große Festigkeit und hohe Elastizität aus. Unter Wasser gilt es geradezu als unzerstörbar. Besonders im Schiffbau, zur Herstellung von Möbeln, Fässern und Parkettböden wird es gerne verwendet. Die Eichenrinde ist aufgrund des hohen Gerbsäuregehaltes von 8-20 % ein wichtiger Stoff in der Medizin und Gerberei.

*Zerr-Eiche, Quercus cerris*

## HEILPFLANZE

Vorrangig wird die blut- und juckreizstillende, den Heilungsprozess beschleunigende, antiseptische, austrocknende und adstringierende Wirkung der Gerbstoffe genutzt. Abkochungen der Eichenrinde finden äußerlich zu Bädern bei entzündlichen Hauterkrankungen, Frostschäden oder starker Fußschweißbildung Anwendung.

## WILDGEMÜSE

Die reifen, geschälten Eicheln können im Herbst geröstet zu Kaffee verarbeitet werden. Zum Schälen übergießt man sie mit kochendem Wasser. In Wasser angesetzte Früchte mit Schale vergären zu einem bitteren, kohlenhydratreichen Bier.
Die jungen, austreibenden Blätter im April-Mai können Salaten beigegeben werden.

## PRAKTISCHE ANWENDUNG

### Eichelkaffee

Die Eicheln, am besten mittels kochendem Wasser, von der Schale befreien, zerkleinern und in einer Pfanne anbräunen. Anschließend in einem Mörser zu Pulver zerstoßen und in schließbaren Gefäßen aufbewahren. Für den Kaffee einen Teelöffel Pulver mit einer Tasse Wasser überbrühen oder das Eichelpulver zehn Minuten im Wasser kochen.
Eichelkaffee ist eine herbe Sache, hilft aber bei Blasenleiden und Lymphdrüsenschwellungen.

## NATURGLAUBE

Bei den Germanen war die Eiche Donar (= Thor) geweiht. Donar gilt als Beschützer von Bauern und Landarbeitern. Eigenschaften wie Kameradschaft und Stärke werden dem Wettergott zugeschrieben. In der Edda finden wir auch Donars Gattin Sif der Eiche zuerkannt. Als Göttin der Ernte steht Sif für die Liebe der Natur zu allem Lebendigen.

Eichenhaine waren heilige Stätten, wo Opfergaben gebracht oder Orakel befragt wurden. Auch das Thing, die politische und rechtsprechende Volksversammlung wurde meist unter mächtigen Eichen abgehalten und manches Mal wurde auch unter Eichen geheiratet.
Eine der berühmtesten deutschen Eichen war die Donareiche bei Geismar, die um das Jahr 725 von BONIFATIUS im Zuge der Christianisierung gefällt wurde, um die Wirkungslosigkeit heidnischer Heiligtümer zu demonstrieren. 29 Jahre später musste der „Apostel der Deutschen" WYNFRETH, wie BONIFATIUS im bürgerlichen Namen hieß, dafür mit seinem Leben bezahlen, als er bei den Friesen ein Baumheiligtum auslöschen wollte.
Der niederländisch-deutsche Künstler Hermann de VRIES hätte den Friesen aus heutiger Sicht dafür sogar ein Denkmal zugesprochen.
Die von den Fällungen verschonten Eichenveteranen wurden christianisiert und zu Marieneichen oder Heilandseichen transformiert. Waren diese Ort mit alten Eichen früher heilige Plätze für die Germanen, so sind es heute Wallfahrtsorte für die Christen, wie etwa Maria Eich bei Planegg südlich von München.

*Bonifatius fällt die Donareiche.*

# WALD-ERDBEERE

*Fragaria vesca*, Rosengewächs

## GATTUNG

Mit zwölf Arten ist die Gattung in Eurasien und Nordamerika beheimatet. Eine Art, *Fragaria chiloensis* besiedelt in Südamerika die südliche Hemisphäre. In Europa und in unserem Gebiet sind drei Arten heimisch.

## NAME

Erstmals findet sich der lateinische Name „fragum" für die Erdbeere bei Matthäus SYLVATICUS Anfang des 14. Jahrhunderts, allerdings ohne einer zufrieden stellenden Namensherleitung.
Der botanische Artname ist vom lateinischen „vesci" (= verzehren) abgeleitet.

## VOLKSNAMEN

*Andelbeere* (angelehnt an Andl, der Großmutter, Oststeiermark); *Roapl, Rappala* (entlehnt aus Roter Beere, Obersteiermark, Kärnten)

## KULTUR

Archäologische Funde von Erdbeernüsschen in Siedlungen des Neolithikums aus Südwestdeutschland und der Schweiz zeigen, dass die Wald-Erdbeere zu den ersten vom Menschen gesammelten Früchten gehört.
Die Germanen nannten die Pflanze „erdperi". Erste schriftliche Aufzeichnungen mit diesem Namen finden sich aus dem 9. Jahrhundert.
1623 kam erstmals die nordamerikanische, kleinfrüchtige Scharlach-Erdbeere, *F. virginiana*, nach Europa und 1714 folgte durch FREZIER die südamerikanische, großfrüchtige *F. chiloensis*. Allerdings brachte FREZIER nur fünf weibliche Pflanzen nach Paris, die keine Früchte ansetzen konnten. Erst die zufällige Bestäubung weiblicher *chiloensis*-Blüten mit männlichem *virginiana*-Pollen erbrachte ergiebigen Fruchtansatz. DUCHESNE erkannte 1766 die Hybridnatur und nannte sie *Fragaria x ananassa*, wegen der Ähnlichkeit des Kelchschopfes mit der Ananas.
Die Wald-Erdbeere spielte mit ihren kleinen Früchten in den folgenden Jahrzehnten und Jahrhunderten kaum eine Rolle mehr. Erst Anfang des 20. Jahrhunderts merkte man, dass die Garten-Erdbeere geschmacklich nicht an das Aroma der Wald-Erdbeere heranlangt. R. BAUER war der Erste, dem eine tetraploide Hybride aus der Immertragenden Wald-Erdbeere, *F. vesca var. semperflorens*, mit der Garten-Erdbeere gelang. Diese sogenannte *Fragaria x vescana* nimmt aufgrund ihres unvergleichlich guten Aromas zurzeit einen immer stärkeren Platz innerhalb der Erdbeerkulturen ein.
Heute sind etwa 1.500 Kultur-Erdbeersorten bekannt. Der jährliche Verbrauch in Deutschland beträgt rund 100.000 Tonnen, die weltweite Anbaufläche etwa 180.000 Hektar. Zu den bekanntesten remontierenden, d. h. mehrmalstragenden, geschmacklich hervorragenden Sorten gehört „Ostara"!

## HEILPFLANZE

Wald-Erdbeeren wirken entzündungshemmend, diätetisch, appetitanregend, reinigend und harntreibend. Blätter ins Badewasser gegeben helfen bei empfindlicher und entzündeter Haut.

Der berühmte schwedische Botaniker Carl von LINNÉ soll sich durch eine Wald-Erdbeeren-Teekur von der Gicht befreit haben.

Die Beeren, die botanische gesehen keine Beeren, sondern Sammelfrüchte sind, wirken antibakteriell. Enthaltene Catechine binden im Organismus Schwermetalle, außerdem sind sie reich an Vitamin E, das zum Zellschutz beiträgt. Die Früchte enthalten so viel Vitamin C, dass 150 Gramm den Tagesbedarf decken. Darüber hinaus sind reichlich Folsäure, Kalzium, Magnesium und Eisen enthalten. Mit nur 32 kcal je 100 g gelten sie als Schlankmacher. Auch das ebenfalls reichlich vorhandene Kalium hilft beim Abnehmen – es aktiviert die Tätigkeit der Nieren und fördert so die Entwässerung des Körpers.

## PRAKTISCHE ANWENDUNG

### Essig-Fußerfrischer

Gegen müde Füße nach körperlichen Anstrengungen wie langen Wanderungen hilft der Essig-Fußerfrischer. Dazu sammelt man Pfefferminze, Melisse, Thymian und Erdbeerblätter, gibt diese in ein Gemisch aus einem Liter Apfelessig und 300 Millilitern Obstler und lässt das Ganze drei Wochen lang stehen. Anschließend wird es abgeseiht, in Fläschchen abgefüllt und bei Bedarf die müden Füße eingerieben.

## NATURGLAUBE

„Erdperi" waren bei unseren germanischen Vorfahren ein wichtiges Nahrungsmittel. So wichtig, dass man den Verstorbenen Früchte mit auf die Reise in die Anderswelt gab. Der germanischen Mythologie zufolge verbarg die Göttermütter Frigga verstorbene unschuldige Kinder in Erdbeeren, um sie dann unentdeckt nach Walhall zu bringen – in die große Halle, wo die Seelen der Helden ununterbrochen mit den Göttern feiern und tafeln.

Die Wald-Erdbeere war der germanischen Frühlingsgöttin Ostara, einer Emanation der Liebesgöttin Freya geweiht. Die erste Handvoll Früchte wurde nicht gegessen, sondern für die Göttin aufgehoben und auf einen Baumstumpf gelegt, um im folgenden Jahr wieder reiche Ernte erwarten zu dürfen.

Freya bzw. Ostara wurden magische Fähigkeiten nachgesagt. Sie stand für Schönheit, Lebenskraft, Freude und weibliche Intuition. Viel vom Wissen um den sinnlichen Charakter Freyas ging verloren, vor allem durch den Eifer christlicher Missionare, die darauf bedacht waren, den germanischen Glauben auszumerzen. So wurde etwa das „Mansöngr", das Liebeslied der Freya, in den meisten Landstrichen verboten. In Irland hat sich diese Form der erotischen Liebesdichtung aber bis heute erhalten.

Trotzdem schaffte es die Kirche nicht, die Göttin ganz aus den Köpfen des Volkes zu bringen. In alten Sagen und romantischen Liedern der Skalden und Troubadoure lebte sie weiter, genauso wie im Wochentag Freitag.

## POESIE

*Pflanzen sind uns Menschen wohl gesonnen.*
*Sie freuen sich, wenn wir ihre Blüten bewundern,*
*wenn uns ihre reifen Beeren schmecken und*
*wenn wir über sie Lieder singen.*
*Wie arm wären wir, wenn wir aus den Lehren*
*der heutigen Naturwissenschaft allein ein*
*Weltgefühl gewinnen müssten, wenn wir nicht*
*noch von dem lebten, was die vergangenen*
*Jahrtausende uns an Lebenswissen und*
*Weltweisheit hinterlassen haben.*

# ECHTER ERDRAUCH

*Fumaria officinalis*, Erdrauchgewächs

## GATTUNG

Von den 50 Arten der Gattung kommen 39 in Europa und sechs hierzulande vor. Der Verbreitungsschwerpunkt liegt im westlichen Mittelmeergebiet.

## NAME

*Fumaria* als botanischer Gattungsname geht auf das lateinische „fumus" (= Rauch) zurück und beschreibt den Gebrauch als Räucherpflanze. Der botanische Artname nennt Sippen, die offizinell waren, also registrierte Heilpflanzen, die in Apotheken geführt wurden. Erdrauch als deutsche Bezeichnung ist dem mittellateinischen „fumus terrae" entlehnt.

*Die drei Nornen. In vielen Mythologien taucht eine Dreiheit von Göttinnen auf. Bei den Germanen sind es die Nornen Urd, Verdani und Skuld, die die Schicksalsfäden der Menschen spinnen und, wenn ihre Zeit gekommen ist, den Faden abschneiden. Illustration von VOENIX.*

## VOLKSNAMEN

*Graumännla* (Mittelfranken); *Tübenchröpfli* (Schweiz; nach dem sackartig erweiterten Blütensporn); *Mariele* (Schwaben).

## HEILPFLANZE

Erdrauchkraut verwendet man bei Beschwerden im Gallebereich. Die abführende Wirkung wurde schon immer in der Volksheilkunde bei Verstopfung und weiters bei chronischen Hautkrankheiten genutzt. Die Schulmedizin griff diese Anwendung auf, was zum Einsatz synthetisch hergestellter Ester der Fumarsäure in der Therapie der Psoriasis führte.

## NATURGLAUBE

Erdrauch war ein Räucherkraut der Ahnen, um Kontakt mit der Anderswelt aufzunehmen.
Räuchern war bei unseren Vorfahren ein gängiges Ritual. Besonders in den Raunächten, in der Zeit zwischen den Jahren war getrockneter Erdrauch als Weihrauch im Einsatz. Der Gebrauch von Weihrauch war ursprünglich in der katholischen Kirche verpönt, da auch die Bilder heidnischer Götter und römischer Kaiser damit verehrt wurden, verbreitete sich aber dennoch bald. Heute wird diese rituelle Handlung sogar unweigerlich mit der katholischen Kirche assoziiert. Räuchern ist aber alles andere als eine urchristliche Handlung, sondern wurde schon viel früher in allen Teilen der Welt vollzogen.
Zum Abschluss der Raunächte, dem heutigen Dreikönigstag, wurde der Nornen, der göttlich-weiblichen Trinität gedacht. Urd, Werdandi und Skuld waren die das Schicksal bestimmenden Frauen, die im Alpenraum vielfach zu den „drei Beten" Ambeth , Wilbeth und Barbeth wurden, die unter diesen oder ähnlichen Namen (Einbet, Wilbet, Warbet etc.) in etlichen Kirchen verehrt wurden und ursprünglich für Erde, Sonne und Mond standen. Eine solche weibliche Götterdreiheit war weitverbreitet, auch die ab dem Mittelalter meistverehrten „drei heili-

gen Mädchen" Katharina, Margarete und Barbara stehen in dieser Traditionslinie. Ihre Anfangsbuchstaben lauten interessanterweise gleich wie die der drei Könige Kaspar, Melchior und Balthasar, nämlich K+M+B. Das Beschreiben der Wohnungs- und Stalltüren am Dreikönigstag hat seinen Ursprung ebenfalls im germanischen Glauben, wonach man ins Gebälk des Hauses Runen als Glückszeichen ritzte.

POESIE
*Wie kahl und jämmerlich würde manches Stück Land aussehen, wenn kein Unkraut darauf wüchse.*

*Wilhelm RAABE*

# EDEL-ESCHE

*Fraxinus excelsior, Ölbaumgewächs*

## GATTUNG

65 Arten umfasst die Gattung der Eschen. Diese sind in Eurasien, Nord- und Mittelamerika und in Nordafrika beheimatet. In Europa kommen fünf Arten ursprünglich vor, bei uns drei.

## NAME

Nach GENAUST soll der botanische Gattungsname aus dem Lateinischen stammen und dieser wiederum aus dem altfranzösischen „fraisne". Schon die Alten verwendeten den Namen *Fraxinus* für die Esche, ohne dass seine Herkunft zufriedenstellend geklärt werden kann.
Der Artname ist ebenfalls lateinischer Herkunft und bedeutet „höher". Tatsächlich ist die Esche eine der größten Baumarten Europas.
Der deutsche Name „Esche ist" von „askiz", der germanischen Benennung für die Esche abgeleitet.

## VOLKSNAMEN

*Wundholz* (Franken, Schwaben); *Öschling* (Salzburg), *Hirtisch* (Niederösterreich). Viele Orts-, Personen- und Flurnamen sind nach der Esche benannt, wie etwa Eschenbach, Eschenlohe, Eschenberg, Aschau, Eschenheim, Eschenau usw.

## BIOLOGIE

Zwischen dem dritten und 40. Lebensjahr ist das Längenwachstum bei der Esche am stärksten, das Breitenwachstum zwischen dem 40. und dem 60. Jahr. Die dicksten Eschen stehen in England mit einem Stammumfang von bis zu 18 Metern.
In wiesenarmen Gebieten stellt das Eschenlaub ein wichtiges Winterfutter dar.

## SYMBOLIK: *HAUSBAUM*

Bäume sind Freunde des Menschen, sie beschützen uns, sie heilen uns, sie wärmen uns, sie nähren uns und sie teilen Freud und Leid mit uns. Daher war der Hausbaum weitaus mehr als heute, wo er gerade mal ein zierendes Element darstellt. Er spendete Mensch und Tier Schatten, hielt Wind und Blitzschlag vom Hof ab, sein Frühlingslaub fütterte Kuh und Schaf und die jungen Leute weinten sich unter ihm aus. Die Mütter kochten Medizin aus seinen Blättern oder Blüten und die Alten blickten mittels ihm in die Zukunft. Unter ihm wurde gefeiert, getanzt oder andächtig gesessen. Der Hausbaum sah die Kinder zur Welt kommen, kannte noch die Ahnen des Anwesens und er wird wahrscheinlich noch stehen, wenn die Urenkel bereits selbst Großeltern geworden sind.
Welche Baumart als Hausbaum für einen die richtige ist, sagen die Bäume selbst. Aus irgendeinem Grund fühlen sich die meisten Menschen zu dem einen oder anderen Baum besonders hingezogen.

## 🍴 WILDGEMÜSE

Die jungen Schösslinge und Blätter können im Frühjahr roh zu Salaten oder besser gekocht als Gemüse zubereitet werden. Die Blätter dienen von Mai bis August zur Teebereitung.

## ➤ PRAKTISCHE ANWENDUNG

**Eschen-Verjüngungstee**
Die Älpler erzählen, dass Eschentee gegen schnelles Altern, hohen Cholesterinspiegel und Übergewicht hilft. Dazu erntet man im Frühling die jungen Blätter, trocknet diese und bringt einen gehäuften Esslöffel davon mit einem Viertel Liter Wasser zum Kochen. Nach drei Minuten ziehen ist der Tee fertig. Zwei Mal am Tag soll nun zwei Wochen lang der Tee eingenommen werden.

## 🌳 NATURGLAUBE

Im germanischen Glauben wird der Esche ganz besondere Verehrung zuteil. Sie ist der allumfassende Weltenbaum, der für Geduldigkeit und Opferbereitschaft steht. Die Esche Yggdrasil überschattet mit ihren weit ausreichenden Ästen das Weltall, sie ist Symbol der Welt wie auch des Kreislaufes von Werden, Vergehen und Auferstehen. Der Weltenbaum ist Heimat und Zuflucht. Schützend hält er seine Äste über den Menschen, spendet Nahrung, Schatten und Wärme mit seinem Holz. Bei seinen Wurzeln leben die schicksalslenkenden Nornen und genährt wird der Baum von den Quellen der Weisheit. Die Edda beschreibt Yggdrasil als „immergrüne Nadelesche", womit möglicherweise auch eine Eibe gemeint ist. Doch egal welche Art es auch war: Der Weltenbaum ist Symbol für die Heiligkeit der Schöpfung und der Vergänglichkeit der Zeit und so kann jede Baumart den mythischen Weltenbaum vertreten.

In der germanischen Entstehungsgeschichte ist der erste Mann der Welt, Ask, aus einer Esche entstanden, während die Frau, Embla, aus Ulme bzw. Erle entstieg. Die Wikinger nannten sich selbst „Aschemannen", die Eschenmänner.

*Gescheitelte Eschen*

# FELSENBIRNE

*Amelanchier ovalis*, Rosengewächs

## GATTUNG

Von den 27 Arten der Gattung kommen fünf in Europa und eine ursprünglich in unserem Gebiet vor. Zwei weitere Arten, *Amelanchier lamarckii* und *A. spicata* sind bei uns eingebürgert. Mannigfaltigkeitszentrum der Gattung ist Nordamerika.

## NAME

*Amelanchier* als botanischer Gattungsname dürfte einem provencalischen Volksnamen entstammen, ohne dass die genaue Etymologie geklärt ist.

## VOLKSNAMEN

*Edelweißbaum* (Bayern, Tirol, Schweiz); *Flühbirle* (Schweiz); *Zwispel* (Tirol; aus dem Romanischen); *Korinthenbaum* (Lausitz; einst Rosinenersatz).

## Ⓨ WILDOBST

Die nach Marzipan schmeckenden Früchte sind reich an Vitaminen und Mineralstoffen wie Eisen, Kalium, Calcium und Magnesium.

## ➲ PRAKTISCHE ANWENDUNG

**Felsenbirnen-Likör**

*Zutaten*

    150 g Felsenbirnen-Früchte

    150 g Schwarze Johannisbeeren

    150 g Zucker

    700 ml Wodka

    1 Vanillestange

*Zubereitung*

    Die Früchte von den Stielen befreien, zusammen mit dem Zucker und der aufgeschnittenen Vanillestange in eine Flasche füllen und mit Wodka übergießen. 6–8 Wochen reifen lassen, dann abfiltern und eine Zeitlang ruhen lassen.

*Feuerrad: In manchen Regionen Deutschlands und Österreichs rollen noch heute Feuerräder zu Ostern die Hügel hinab, wie hier in Ostwestfalen. (Copyright Nifoto: Osterrad Lüdge)*

## ✹ NATURGLAUBE

Felsenbirnen blühen bereits zur Osterzeit, dem der germanischen Frühlingsgöttin Ostara geweihten Fest. Ursprünglich ist das Osterfest das Fest der Frühlings-Tag-und-Nachtgleiche, es ist das Fest des Erwachens der Natur aus dem Winter, das Fest des keimenden Lebens, welches symbolisch mit dem bunt bemalten Ei als Inbegriff des Lebens selbst gefeiert wurde. Der Hase, von den Menschen geliebt, tritt dabei als Symbol der Fruchtbarkeit auf.

Der neue christliche Glaube hat mit diesen Vorstellungen nichts anfangen können. Da aber die Passion Christi in die Zeit des jüdischen Passah-Festes fiel, welches auch im Frühling begangen wurde, wird das christliche Ostern noch heute am ersten Sonntag nach dem ersten Vollmond nach Frühlingsbeginn gefeiert, also frühestens am 22. März und spätestens am 25. April. Aus diesem Grund haben sich die vorchristlichen Lebenssymbole des Eies und des Hasen mit diesem Fest verbunden, obwohl die Bibel beide nicht kennt. Auch das Entzünden eines Osterfeuers und das Osterrad, ein Feuerrad, das bis heute von Norddeutschland bis zu den Alpen in manchen Gegenden die Hänge hinabgerollt wird, geht auf vorchristliches Brauchtum zurück.

# FICHTE

*Picea abies,* Föhrengewächs

## GATTUNG

*Picea* umfasst 40 Arten, wovon zwei in Europa und eine hierzulande ursprünglich vorkommen. Das Mannigfaltigkeitszentrum der Gattung liegt in den Gebirgen Chinas.

## NAME

Der botanische Gattungsname geht wahrscheinlich auf das lateinische „pix" (= Pech) zurück, der Artname verweist auf die Ähnlichkeit mit der Tanne *(Abies alba)*. Fichte als deutsche Benennung leitet sich von der althochdeutschen Benennung „fiohta" ab.

## VOLKSNAMEN

Interessant sind vor allem die Benennungen für die Zapfen, wobei selten zwischen Fichten- und Kiefer-Arten unterschieden wird: *Tschurtschen* (Kärnten, Tirol; abgeleitet davon der in Tirol weitverbreitete Familienname Tschurtschenthaler); *Bockerl, Mockel* (Österreich, Bayern; die Zapfen werden auffallend oft mit Verkleinerungsformen von Tieren benannt).

## HEILPFLANZE

Die Inhaltsstoffe der Fichte wirken hustenlösend, krampflösend, desinfizierend und beruhigend.

## PRAKTISCHER NUTZEN

**Maiwipferlsaft**

*Zutaten*

    300 g junge Fichtentriebe

    300 g Feinkristallzucker

    Tuch

    Helles Schraubverschlussglas

*Zubereitung*

Die hellgrünen, noch weichen Maiwipferl grob zerkleinern und abwechselnd mit dem Zucker in dünnen Schichten in das Schraubglas leeren und verschlossen etwa drei Wochen an einem warmen, sonnigen Ort ziehen lassen. Hat sich der Zucker vollständig aufgelöst, wird der Ansatz durch ein Tuch gefiltert und die Triebe kräftig ausgedrückt. Kochen Sie zur besseren Haltbarkeit den Sirup kurz auf, dann wird er in Flaschen abgefüllt.

Maiwipferlsaft wird besonders bei Atemwegsinfektionen, Frühjahrsmüdigkeit, rheumatischen Beschwerden und zur Blutreinigung eingesetzt.

## NATURGLAUBE

Die Fichte gilt seit jeher als Schutzbaum, dem ein mütterlich schützender Baumgeist innewohnt. Nicht nur zum Julfest, dem heutigen Weihnachtsfest kam das zum Ausdruck, sondern auch bei Frühlings- und Sommerfesten. So wird sie heute noch vielerorts als Maibaum eingesetzt. Auch die Irminsul, ein germanisches Baum-

*Nanna ist die Frau des germanischen Lichtgottes Balder. Sie verkörpert die Blütenpracht der sommerlichen Natur.*

heiligtum, welches KARL der Große im 8. Jahrhundert zerstören ließ, war der Überlieferung nach eine Fichte. Fichten sind in der germanischen Mythologie gleich den Tannen, von denen sie meist nicht unterschieden wurden, der Treue-Göttin Nanna geweiht. Fichten gelten als Sinnbild für Hilfsbereitschaft und Lebenswillen und gaben an kalten Wintertagen mit ihrem Grün den Menschen Mut. Neben Nanna findet man auch Odin und Balder in der Literatur, die mit dem Baum in Beziehung stehen.

Heute verbindet man mit der Fichte leider die eintönigen, toten Monokulturen der Forstwirtschaft, ohne zu sehen, dass es der Mensch ist, der diesem beeindruckenden Baum seine Würde raubt. Die Borkenkäferforste sind ein Spiegelbild unserer Gesellschaft und nicht das wahre Bild der Fichte.

Tannen- und Fichtenwälder galten in vorchristlicher Zeit ebenso wie Eichen- und Buchenwälder als heilig. Mitten im germanischen Wald mit unsterblichen Fichten und ringsum eingezäunt mit ewigen Eichen, ein Wunderwerk der Natur, unnachahmbar menschlicher Kunst, befand sich der Tempel der Göttin Nanna.

Neben dem bei der Tanne erwähnten Weihnachtsbaum spielten Fichte und Tanne auch eine Rolle beim Herstellen eines Adventkranzes. Die Bezeichnung „Advent" bedeutet lateinisch „Ankunft" und bezieht sich auf die Geburt Christi. Advent kann aber auch im Zusammenhang mit dem Ausdruck „An der Wende", gesehen werden, sich also auf die Sonnenwende beziehen. Im germanischen Glauben stirbt die Sonne zur Wintersonnenwende und wird zwölf Tage später nach den Raunächten erneuert geboren. Der Adventskranz, geschmückt mit Äpfeln, Nüssen oder anderen Früchten symbolisiert so das Jahresrad Jul.

# FLACHS

*Linum usitatissimum*, Leingewächs

*Die Abbildung zeigt eine Blüte des Österreichischen Leins (Linum austriacum).*

## GATTUNG

190 Arten zählt die Gattung mit Verbreitungsschwerpunkt im Mittelmeergebiet. Europa beherbergt 36 Arten
und elf unsere Heimat.

## NAME

Der botanische Gattungsname stammt von dem lateinischen „linea" (= Linie, Strich, leinener Faden) und soll
auf die 8.000 Jahre alte Kultur des Leins hinweisen. Der
botanische Artname ist ein Superlativ des lateinischen
„usus" (= Gebrauch, Nutzen) und weist auf die vielerlei
Verwendungsmöglichkeit der Art hin. Frei übersetzt
bedeutet der Name so viel wie „der Allernützlichste".

## KULTUR

Von der Steinzeit bis ins 19. Jahrhundert war Flachs eine
der wichtigsten europäischen Faserpflanzen. Leinkultur
und -verarbeitung machte mitteleuropäische Länder zu
aufstrebenden Industrienationen. Ende des 19. Jahrhunderts ging der Leinanbau durch das Aufkommen der
Baumwolle drastisch zurück und Mitte des vergangenen
Jahrhunderts erlosch er in Mitteleuropa praktisch ganz.
Erst in letzter Zeit spielt Lein als Alternativkultur wieder
eine gewisse Rolle.

*Flachs (Linum usitatissimum)*

Die größten Anbauflächen des Kultur-Leins liegen heute
mit rund einer Mio. Hektar in Russland. Neben der
Verwendung als Faserpflanze ist Lein ein wichtiger
Ölproduzent. Leinsamen enthalten etwa ein Drittel Öl,
welches wiederum zu etwa 25 Prozent aus Linolsäure,
einer lebensnotwendigen Fettsäure, besteht. Aus
2,5 Tonnen Leinsamen lassen sich rund 600 Liter Leinöl
pressen, das reichlich die als Herzschutzstoffe bekannten
Omega-3-Fettsäuren enthält. Aus den entölten Samen
wird wiederum ein Granulat gewonnen, das sich wegen
seiner Schleimstoffe als Darm-Antibiotikum eignet.

## ZIERDE

Echt-Lein ist nicht nur eine wichtige Nutzpflanze,
sondern auch überaus reizvoll. Welch Genuss es doch für
die Seele des Wanderers ist, im Sommer an einem
blühenden Leinfeld vorüberzugehen. Fährt dann noch
der Wind in die Pflanzen, gleicht das Feld einem Wellen
spielenden See.

##  NATURGLAUBE

Flachs war so wichtig, dass die verschiedenen Völker
eigene Leingötter hatten. Bei den alten Ägyptern trug
die Göttin Isis den Beinamen Linigera als Spenderin des
Leins, bei uns im Norden war es die Frau Holle/Frau
Perchta, seine Hüterin als Personifizierung der Himmelsmutter und Weisheitsgöttin Frigga. In Litauen verehrte
man den Flachsgott Waizganthos und bei den Wenden
hieß die Flachsgöttin Pschipolnitza.
Die Germanen nannten den Flachs „Haar", worauf
einige Familiennamen wie Harrer (= Leinbauer, Flachs-
händler) zurückzuführen sind. Flachs gehört zu unseren
ältesten Kulturpflanzen, so konnte er in Schweizer Pfahlbauten aus der jüngeren Steinzeit nachgewiesen
werden. Auch die Wikinger betrieben Leinbau, wie in
einer norwegischen Runenschrift zu lesen ist. Thor trat
seine Fahrt zu den Riesen in leinenen Gewändern an.

## POESIE
*Lob des Flachses*

*Wohl hat Sommer sich zum Kranze*
*manche Blüte zart gewoben,*
*aber Flachs, dich mildste Pflanze*
*muss ich doch vor allen loben.*

*Blauen Himmel ausgestreuet*
*hast du über dunkle Auen,*
*deine milde Schönheit freuet*
*die gleich zart geschaffnen Frauen.*

*Zarter Leib in dich gekleidet*
*Tritt das Mägdlein zum Altare.*
*Liegst, ein segnend Kreuz gebreitet*
*Schimmernd über dunkler Bahre.*

*Bist des Säuglings erste Hülle,*
*spielest lind um seine Glieder.*
*Bleich in dich gehüllt und stille*
*kehrt der Mensch zur Erde wieder.*

Justinus KERNER

*Schmalblättriger Lein*
*(Linum tenuifolium)*

# ROT-FÖHRE, ROT-KIEFER

*Pinus sylvestris*, Föhrengewächs

## GATTUNG

Gattung mit 93 Arten, wovon elf in Europa und fünf im deutschsprachigen Gebiet ursprünglich vorkommen. Die meisten Arten sind im pazifischen Nordamerika beheimatet.

## NAME

*Pinus* war der Name für verschiedene Nadelgehölze bei den Römern. Der Name ist bereits seit CATO belegt. *Sylvestris* als botanischer Artname ist lateinischer Herkunft, bedeutet wild wachsend bzw. lebend und soll vermitteln, dass die Schwesternart *Pinus pinea* häufig kultiviert wurde, *P. sylvestris* hingegen nur selten oder gar nicht.

Im Deutschen sind sowohl „Kiefer" als auch „Föhre" gebräuchlich, wobei „Föhre" der ältere Name ist. Im Althochdeutschen hieß der Baum „forha", welches wiederum auf das germanische „forhu" zurückgeht. Dieser Name galt ursprünglich der Eiche, wechselte aber durch Bedeutungswandel später zu diesem Baum. Kiefer als weitverbreitete Benennung ist jüngeren Ursprungs und erst seit dem 16. Jahrhundert durch LUTHERS Bibelübersetzung belegt. Das Wort ist zusammengesetzt aus Kien (Kienspan) und Föhre. Aus „Kinfar" wurde „Kyfer" und schlussendlich die „Kiefer". Einige Ortsnamen wie Kienberg, Farchach, Farchant oder Nidfurn und Familiennamen wie Forcher, Forrer, Fercher, Kienast, Kienberger oder Kiener leiten sich vom Baum ab.

## VOLKSNAMEN

*Forchn* (Bayern); *Mandel* (Bayern; ws. abzuleiten von Nadel); *Kienast* (Ast vom Kienbaum); *Tällen, Dähle* (Wallis, Freiburg, Bern, Luzern; ws. aus dem südostfranzösischen „däli" entstanden, einer vorrömischen Benennung des Baumes. Abgeleitet davon einige Schweizer Orts- und Flurbenennungen wie Tälen oder Dählenwald).

## ✓ NUTZEN

Aus dem harzreichsten Holz, welches sich im unteren Teil des Stammes befindet, wurden die Kienspäne geschnitten. In Harz oder Pech getaucht erhellten sie die Bauernstuben.

Besonders die Schwarz-Kiefer, Pinus nigra, ist ein wichtiger Harzlieferant. Das Gewerbe der Harzerei hat sich im niederösterreichischen Hernstein bis in die heutige Zeit erhalten.

Aus Kiefern wurden bzw. werden Pechöl als Wundmittel hergestellt, Russ als Ausgangsmaterial für Druckerschwärze und Tusche, Teer zum Abdichten von Fässern und Booten, Zapfenöl als Schutzanstrich für hölzerne Geräte usw.

Mit der Rot-Kiefer begann die Geschichte der Forstwirtschaft. Der Nürnberger Peter STROMEIER veranlasste 1368 im Lorenzer Reichswald die Aufforstung mehrerer Hundert Morgen Föhren. Er konnte nicht ahnen, welche Dimensionen der aus Menschenhand geformte Wald in der Zukunft einnehmen würde. In Brandenburg stellt die Kiefer heute einen Waldanteil von 82 Prozent.

Die edelste aus dem Geschlecht der heimischen Kiefern ist die Zirbe, Pinus cembra, eine eurosibirische Art der Alpen und Karpaten, welche in der Unterart *sibirica* ein großes Areal in Asien besiedelt. In der Heimat ist der eindrucksvolle Baum durch Übernutzung seines wertvollen Holzes vielerorts selten geworden. Heute stehen die meisten großen Vorkommen der Zirbe unter Schutz und ihre Bestände können sich wieder erholen.

## ⚘ HEILPFLANZE

Vor allem das Latschenkiefernöl aus Pinus mugo findet wegen seiner antimikrobiellen, auswurffördernden und lokal durchblutungsanregenden Eigenschaft Verwendung.

So wird es bei Katarrhen der Luftwege, bei rheumatischen und neuralgischen Beschwerden eingesetzt.

 **BESONDERHEIT**

Die Grazer Universität untersuchte die Auswirkung von Zirbenholzmöbeln auf das menschliche Wohlbefinden. Dabei stellte sich heraus, dass der Schlaf in einem Bett aus Zirbenholz entspannender ist als in einem anderen Bett. Die bessere Nachterholung geht mit einer reduzierten Herzfrequenz und einer erhöhten Schwingung des Organismus im Tagesverlauf einher. Die durchschnittliche Ersparnis im Zirbenholzbett liegt bei 3.500 Herzschlägen pro Tag, das entspricht etwa einer Stunde Herzarbeit. Zusätzlich zeigte sich, dass in Zirbenzimmern keine Wetterfühligkeit auftritt. Eigentlich nichts Neues, denn die Alten wussten immer schon um die Wirkung des Zirbenholzes.

 **PRAKTISCHE ANWENDUNG**

**Zirbengeist**

*Zutaten*

    10 Zirbenzapfen, geerntet im Frühsommer (Ende Juni bis Mitte Juli)

    2 l Korn

    250 g Zucker

*Zubereitung*

    Die weichen, harzigen, grauvioletten Zirbenzapfen reinigen und in Scheiben schneiden. Zusammen mit dem Zucker im Korn ansetzen und etwa fünf Wochen warm und sonnig aufstellen. Regelmäßig schütteln, anschließend abziehen, filtern und verkosten.

    Das Abernten der Zirbenzapfen vom Naturstandort ist vielerorts verboten – daher bitte vorher die Genehmigung einholen.

*Schwarz-Föhre (Pinus nigra)*

NATURGLAUBE

Als Lichtbaum war die Kiefer der neugeborenen Sonne, der Vegetationsgöttin geweiht. Aber auch eine Beziehung der Kiefern zu Donar und Odin ist übermittelt. Im Odenwald, einem der heiligen Haine Odins, ist die Rotföhre besonders reich vertreten.

War es bei Kelten und Germanen noch gang und gäbe, mit den Bäumen als gleichwertigen Seelenwesen zu sprechen, merken heute wieder immer mehr Menschen, welche Kraft von ihnen ausgeht. Selbst strikte Anhänger des wissenschaftlichen Materialismus haben bestimmt schon am eigenen Leib erfahren, wie wohltuend es ist, unter einem alten Baum zu ruhen und, ohne es zu wissen, selbst mit den grünen Lebewesen zu kommunizieren. Wer schon bewusst mit Bäumen gesprochen hat, weiß, dass diese majestätischen Wesen verborgene Gefühle in uns freisetzen können. Bäume, wie Pflanzen allgemein sind uns Menschen gut gesonnen, was wir umgekehrt leider nicht immer behaupten können.

POESIE

*Mittag*
*Am Waldessaume träumt die Föhre,*
*am Himmel weiße Wölkchen nur.*
*Es ist so still, dass ich sie höre,*
*die tiefe Stille der Natur.*
*Rings Sonnenschein auf Wies und Wegen,*
*die Wipfel stumm, kein Lüftchen wach,*
*und doch, es klingt, als ström ein Regen,*
*leis tönend auf das Blätterdach.*
*Theodor FONTANE*

# WEICHER FRAUENMANTEL

*Alchemilla mollis*, Rosengewächs

## GATTUNG

Mit etwa 1.000 Arten ist die Gattung in den Gebirgen der Alten Welt verbreitet. Hauptverbreitungsgebiete sind der Nordiran, Anatolien und das Kaukasusgebirge. Aber auch die Alpen sind reich an Frauenmantel und so finden sich allein in der südwestlichen Schweiz über 100 *Alchemilla*-Sippen. Aus den Ostalpen sind 79 Arten bekannt.

## NAME

Der botanische Gattungsname ist vom mittelalterlichen, arabisch-griechisch-französischen Begriff „Alchemie" abgeleitet. Durch das angehängte Diminutiv-Suffix bedeutet das Wort soviel wie „kleine Alchemistin". Alchemisten verwendeten das in den Blättern zusammenlaufende Guttationswasser.
Der botanische Artname bezieht sich auf die weiche, samtige Oberfläche der Blätter.
Die gefalteten Alchemilla-Blätter erinnern an einen Mantel, weshalb die Pflanze den Namen „Freyamantel" erhielt, der nach der Christianisierung zum „Frauenmantel" wurde. Sinnbildlich hierfür die Schutzmantelmadonnen ab dem 14. Jahrhundert, die als Bildtypus der abendländischen Kultur galten.

## VOLKSNAMEN

*Manterlkraut* (Oberösterreich); *Taumäntele* (Weißenbach, Tirol); *Taukräutel, Taubecher* (Niederösterreich); *Sintau* (= die immer Betaute).

## BIOLOGIE

Frauenmantel besitzt die Fähigkeit der Guttation, d.h., überschüssiges Wasser über Hydathoden, welche sich am Blattrand befinden, ausscheiden zu können. Diese Guttationsflüssigkeit läuft oft in der Blattmitte zusammen und wird vielfach als Tautropfen bezeichnet. Alchemisten der vergangenen Jahrhunderte versuchten aus dieser Flüssigkeit Gold und andere wertvolle Essenzen zu gewinnen.

## HEILPFLANZE

Frauenmantel wirkt zusammenziehend, entzündungshemmend, narbenbildend, antiseptisch und gegen Durchfall. In der Volksmedizin besitzt die Gattung große Bedeutung bei der Behandlung von Wunden, Blutungen, Geschwüren, Frauenleiden, Bauchschmerzen und Nierensteinen.
Die Heilwirkung der Pflanze ist auch den Ureinwohnern Sibiriens bekannt, welche die noch unentfalteten Blätter im Frühjahr als Salat essen.

## WILDGEMÜSE

Die Blätter können von April bis Juli zu Salaten, zu Gemüsefüllungen, zur Teegetränkbereitung oder zu einem mit Käse überbackenen Gemüseauflauf verarbeitet werden. Getrocknet dienen sie als Vitaminspender für den Winter.

## PRAKTISCHE ANWENDUNG

**Schönheitsmittel Frauenmantel**
Eine außergewöhnliche Kur soll besondere Schönheit bringen: dazu sammelt man sechs Wochen lang jeden Morgen das Guttationswasser der Blätter mit einer Pipette und tupft dieses auf die Problemstellen. Es soll Schönheit für Körper und Seele bringen.

## NATURGLAUBE

Viele Überlieferungen sind in der Mythologie der Ahnen über den Frauenmantel zu lesen. Am häufigsten findet man die Begründung der Tautropfen in den Blättern: Es seien die Tränen der Göttermutter Frigga, die ihrem Gatten Odin viele Tränen nachweinte, wenn er in die Ferne zog. Frauenmantel stand bei den Germanen in hohem Ansehen und war der Göttermutter Frigga bzw. der Liebesgöttin Freya geweiht.
Das wilde Treiben bei den Vegetationsfesten zu Ehren dieser Göttinnen war den Kirchenvätern und Missiona-

ren mehr als ein Stein des Anstoßes. Auch die tiefe Verehrung, die unsere Vorfahren den verschiedenen Bäumen und Blumen entgegenbrachte, wurde als heidnischer Aberglaube betrachtet und von daher fiel auch ein Schatten auf die Kräuterheilkunde der Germanen. Das einfache Volk ließ aber nicht von den Kräutern ab und bediente sich noch immer der Kräuterbüschel der weisen Frauen. So machten die Mönche aus der Not eine Tugend, begannen Kräutergärten in den Klöstern anzulegen und wurden mit der Zeit zu Kräuterkundigen. Maria, die Mutter Gottes im christlichen Verständnis, nahm mehr und mehr die Stelle der archetypischen Vegetationsgöttin Freya ein. Die einst der Freya geweihten Pflanzen wurden nun allesamt zu Marienkräuter. So auch der Freyamantel, nunmehr Frauen- bzw. Marienmantel.

POESIE

*Frauenmantel*
*Das Kräutlein treibt ein rundes Blatt,*
*wie keines ringsherum es hat.*
*Mit zierlich eingekerbtem Rand*
*ist für den Tau es angespannt.*
*Recht als ein Schälchen hingestellt,*
*in welches Perl' auf Perle fällt.*
*So hebt es auf des Himmels Tau,*
*der niedersinkt auf Flur und Au.*
*Manch Elflein gegen Morgen kommt,*
*das dürstet, dem zu trinken frommt,*
*schöpft aus dem Schüsselchen und spricht:*
*Ein bessres Labsal gibt es nicht.*

*Johannes TROJAN*

# FRAUENSCHUH

*Cypripedium calceolus*, Orchidee

## GATTUNG

Von den 40 Arten der Gattung kommen drei in Europa und eine bei uns vor. Das Verbreitungsgebiet erstreckt sich über die ganze nördliche Halbkugel. Bevorzugt werden gemäßigte Klimate. Mannigfaltigkeitszentren sind Nordamerika und Ostasien, allein in Südwestchina sind 15 Arten endemisch.

## NAME

*Cypripedium* als botanischer Gattungsname ist aus den griechischen Wörtern „kypros" (= Zypern, da hier der Sage nach die Liebesgöttin Venus aus Schaum geboren wurde) und „pedilon" (= Schuh) zusammengesetzt, was zusammen frei übersetzt „Venusschuh" ergibt.
Der deutsche Name „Frauenschuh" ist aber keine Übersetzung dieses Venusschuhes, weil er schon Jahrhunderte vor diesem entstand, sondern eine Ableitung vom ursprünglichen Namen „Freyaschuh".
*Calceolus* als botanischer Artname ist lateinischer Herkunft und bedeutet „kleiner Schuh".

## VOLKSNAMEN

*Pantöffelchen* (Thüringen); *Holzschühle* (Baden); *Guggerschuh* (Vorarlberg); *Alpentrallen* (Gailtal, Kärnten).

## NATURSCHUTZ

Im Spätmittelalter, als die wissenschaftliche Botanik noch in den Kinderschuhen stand, wurde der Frauenschuh, eine unserer auffälligsten heimischen Pflanzenarten, noch kaum genannt. Das liegt an dem Umstand, dass damals vorrangig Nutzpflanzen von Interesse waren. Andererseits ist es auch ein Indiz dafür, dass er damals seltener war als heute. Die intensive Waldweidewirtschaft dieser Zeit dürfte dafür verantwortlich gewesen sein.

Heute kämpft der Frauenschuh mit anderen Feinden, welche seine Bestände bedrohen. Vorrangig sei dabei auf die nur nach Ertrag ausgerichtete moderne Waldwirtschaft mit ihren Fichtenmonokulturen und der daraus folgernden Versauerung des Bodens genannt. Aber auch die Schönheit des Frauenschuhs fördert den Fortbestand der Art nicht, ist sie doch allzu oft Anlass für skrupellose Plünderungen. Traurige Bekanntheit machte die Plünderung einer der schönsten Frauenschuh-Stöcke Österreichs in der Karlschütt im steirischen Hochschwab-Gebiet. Hier wurde 1993 der schönste Stock mit jährlich rund 100 Blüten trotz Schutzes durch die Naturwacht ausgegraben.

*Freya, die germanische Göttin der sinnlichen Liebe, fährt in einem von Katzen gezogenen Wagen. – Gemälde von N. J. O. BLOMMER.*

Die EU hat den Frauenschuh unter strengen Schutz
gestellt. Mit der Fauna-Flora-Habitat-Richtlinie 92/43
EWG und ihren Anhängen hat sie ihre Mitgliedstaaten
gesetzlich verpflichtet, für den Frauenschuh eigene
Schutzgebiete zu errichten (Anhang II) und die Art unter
strengen Schutz zu stellen (Anhang IV). Außerdem ist
der Frauenschuh durch das Washingtoner Artenschutz-
übereinkommen (WA) und die Berner Konvention
geschützt.
Bleibt nur zu hoffen, dass diese theoretischen Schutzmaßnahmen den Fortbestand der prächtigen Orchidee
sichern.
Frauenschuh wird in Gärtnereien seit etlichen Jahren
professionell meristemvermehrt (aus kleinen Teilen einer
Pflanze können neue gewonnen werden). Es muss eine
Selbstverständlichkeit für jeden Blumenliebhaber sein,
auf diese Möglichkeit des Erwerbs zurückzugreifen.

## NATURGLAUBE

Frauenschuh hieß vor der Christianisierung Freyaschuh,
benannt zu Ehren der germanischen Liebesgöttin Freya.
Denn unsere Vorfahren bewunderten und verehrten
dieses Kleinod der Wälder schon, als *Cypripedium calceolus* der Wissenschaft noch lange nicht bekannt war.

## POESIE

*Die Natur kennt das große Geheimnis
und lächelt.*

*Viktor HUGO*

# GÄNSEBLÜMCHEN

*Bellis perennis,* Korbblütler

## GATTUNG

Von den sieben Arten der Gattung kommen alle in Europa und eine bei uns als Archäophyt vor. Das Verbreitungszentrum der Gattung ist das Mittelmeergebiet.

## NAME

Der botanische Name ist vom lateinischen „bellus" (= hübsch, niedlich) und „perennis" (=immerwährend) abgeleitet und beschreibt in treffender Weise die schlichte Schönheit der Gattung.
Den deutschen Namen verdankt das Gänseblümchen den Germanen. Sie verbanden die Blume, deren Blüten sich nur bei Sonnenschein öffnen, ebenso mit unserem Zentralgestirn wie die Gans, deren jährliche Wanderung der Sonne folgt.

## VOLKSNAMEN

*Maßliebchen* (wahrscheinlich eine Kurzform von „der Jungfrau Maria lieb", „Matza" ist ein altdeutscher Ausdruck für Maria); *Tausendschön* (künstlich gebildeter Gattungsname); *Ruckerl* (Niederösterreich; wegen der Ähnlichkeit der gefüllten Form mit dem echten Ruckerl, *Ranunculus asiaticus*).

## VERBREITUNG

Das Gänseblümchen war ursprünglich im Mittelmeergebiet beheimatet. Schon in vorgeschichtlicher Zeit hat sich die Art, verholfen durch die menschliche Siedlungstätigkeit und die Schaffung künstlicher Wiesen und Weiden, bis Island ausgebreitet. Aber auch in Nordamerika, Neuseeland und Chile gilt die Art heute als eingebürgert.

## BIOLOGIE

Für eine ursprünglich mediterrane Art ist das Gänseblümchen ausgesprochen hart im Nehmen. In den Alpen steigt sie bis in alpine Zone und erträgt einen Trockenfrost bis zu –18 °C.
Die Rosetten der Staude sind an den Boden angeschmiegt. So übersteht die Pflanze auch ein mehrmaliges Mähen mit dem Rasenmäher und verschönert so unsere sonst so monotonen, überpflegten Rasen.

## HEILPFLANZE

Das Gänseblümchen ist in der Homöopathie ein häufig eingesetztes Mittel, in erster Linie als Wundheilmittel bei Verletzungen, Prellungen, Verstauchungen und rheumatischen Beschwerden infolge Überbeanspruchung des Bewegungsapparates.

## WILDGEMÜSE

Gänseblümchenblätter sind für Salate geeignet, aber auch für Kräutersuppen oder Spinat. In Notzeiten wurden Gänseblümchenblätter viel gesammelt und gegessen. Die Blütenknospen dienen, in Essig eingelegt, als Kapern-Ersatz und die halb geöffneten Blütenköpfchen schmecken angenehm nussig.

## PRAKTISCHER NUTZEN

### Gänseblümchenkapern

Eine Handvoll Gänseblümchenknospen pflücken und mit einem halben Teelöffel Salz vermischen. Nach etwa drei Stunden Ruhezeit die Knospen mit 60 Milliliter Essig aufkochen und ein paar Minuten auf der Herdplatte belassen. Die noch heiße Mischung anschließend in ein Einmachglas füllen und zwei Wochen lang ziehen lassen – fertig sind die heimischen Kapern. Das Rezept kann auch mit anderen Knospen, wie etwa denen des Löwenzahns, angewendet werden.

*Der Lichtgott Balder ist der edelste und reinste unter den Asen, den germanischen Göttern. Aufgrund einer Intrige des bösen Gottes Loki wird er mit einem aus Mistelholz geschnitzten Pfeil getötet. Erst nach der Götterdämmerung soll er aus Helheim, dem germanischen Totenreich, wiederkehren, wenn die Welt neu und frei von Sünde und Schuld wiedergeschaffen wird.*
*Illustration von VOENIX.*

## NATURGLAUBE

Gänseblümchen hatten für unsere Ahnen eine derart starke Ausstrahlung, dass sie ihnen heilig waren. Es berührt unsere Seele mit seiner Lieblichkeit. So erging es wahrscheinlich auch Carl von LINNÉ, als er der entzückenden Blume den botanischen Namen „die Liebliche" gab.

Das Gänseblümchen ist in der germanischen Mythologie Balder geweiht. Denn wo Balder weilt, da bemächtigt sich Freude und Wonne aller Lebewesen. Die gelbe Mitte der Blütenköpfchen, die manchmal schon mitten im Winter zu blühen beginnen, symbolisierten die Sonne, die Augen des Lichtgottes Balder. So wird es in Skandinavien noch heute mancherorts „Balders Auge" oder „Augenblümchen" genannt und auf Island heißt das Gänseblümchen „baldrsbra", „Balders Wimpern".

## POESIE

*Ein Gänseblümchen liebte sehr*
*ein zweites gegenüber,*
*drum rief's: „Ich schicke mit 'nem Gruß*
*dir eine Biene 'rüber!"*
*Da rief das andere: „Du weißt,*
*ich liebe dich nicht minder,*
*doch mit der Biene, das lass' sein,*
*sonst kriegen wir noch Kinder!"*

*Heinz ERHARD*

# WEISSER GÄNSEFUSS

*Chenopodium album*, Gänsefußgewächs

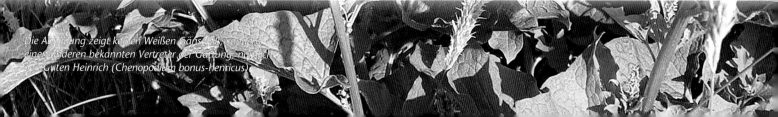

*Die Abbildung zeigt keinen Weißen Gänsefuß, sondern einen anderen bekannten Vertreter der Gattung, nämlich den Guten Heinrich (Chenopodium bonus-henricus)*

## GATTUNG

Mit rund 100 Arten (exkl. *Dysphania*) ist die Gattung in den gemäßigten und warmen Zonen der ganzen Erde verbreitet. In Europa kommen 25 Arten vor, aus unserer Heimat sind 24 gemeldet worden, wobei einige von ihnen nur vorübergehend hier und da eingeschleppt auftreten.

## NAME

Der botanische Gattungsname ist aus den griechischen Wörtern „chen" (= Gans) und „podos" (= Fuß) zusammengesetzt und beschreibt den Blattumriss einiger Arten, der an Gänsefüße erinnert. Darin zeichnet sich besonders *Chenopodium ficifolium* aus.
Der botanische Artname, lateinisch „albus" (= weiß) soll die mehlige Bestäubung der Pflanze zum Ausdruck bringen.
Eine weitere heimische Art aus der Gattung ist *Chenopodium bonus-henricus*. Der botanische Artname ist eine Lateinisierung der deutschen Benennung „Guter Heinrich". Einige Pflanzen sind Heinrich, aus dem germanischen „haganrich", der König des Hages, benannt worden: so der „Böse Heinrich", *Mercurialis perennis,* der „Stolze Heinrich", *Lythrum salicaria,* der „Rote Heinrich", *Rumex sanguineus,* der „Eiserne Heinrich", *Polygonum aviculare* usw.
Heinz, Hinzel oder Heinzel sind Abkürzungen von Heinrich. Mit diesem Namen wurden immer schon Kobolde bedacht, welche den fleißigen Menschen bei der Arbeit helfen und mit den Faulen allerlei Späße anstellen. Zu sehen geben sich Heinzelmännchen nur sehr selten und dann auch nur Kindern oder Narren.
Der deutsche Name ist in viele Sprachen übernommen worden, so ins Niederländische als „Goede Hendrik", ins Dänische als „Goder Hendrik", ins Schwedische als „God Hindrich", ins Französische als „Bon Henri", ins Italienische als „Bono Enrico", ins Polnische als „Dorbry Henryczek", ins Finnische als „Heikin savikka", ins Englische als „Good King Henry" usw.

Die Kirche „legitimierte" den Namen später mit der Begründung, Guter Heinrich sei zu Ehren des heiligen Heinrichs, der aus der Pflanze als Erster ein Wundheilpflaster gegen Aussatz bereitete, benannt. Tatsächlich war Genuss- und Heilwirkung der Pflanze schon lange vor dem Erscheinen der ersten Christen bekannt.

## VOLKSNAMEN

*Multnstauden* (Ost-Steiermark), *Molken* (Kärnten), *Scharschalln* (Putzleinsdorf, Oberösterreich), *Schmotzenheiner* (Schwäbische Alb).

## BIOLOGIE

Gegen Herbizide scheint die Pionierpflanze resistent zu sein. Jede Pflanze produziert bis zu 1,5 Millionen Samen, welche bis zu 1.000 Jahre lang im Boden erhalten bleiben. So wundert es nicht, dass die Art zu einer unserer häufigsten Begleitkräuter wurde. Außerdem ist der Weiße Gänsefuß eine C4-Pflanze, das heißt, die Photosynthese verläuft auch bei $CO_2$-Mangel noch effektiver als bei anderen Pflanzen.

## WILDGEMÜSE

Die jungen Blätter und Triebe können für Spinat, Gemüsesuppe, Auflauf, Strudelfüllung oder Kochgemüse verwendet werden. Die gekochten Samen werden zu Mehl oder Brei verarbeitet.
Im Westhimalaja und in Indien wird die Pflanze kultiviert und als Spinat genutzt. In Hungerjahren machte man aus der Pflanze ein „Hungerbrot". Große Mengen sind wegen der leicht abführenden Wirkung nicht empfehlenswert.

 PRAKTISCHE ANWENDUNG

**Gänsefuß-Quiche**

*Zutaten für den Teig*

- 200 g Mehl
- 150 g Topfen
- Prise Salz
- 5 EL Sonnenblumenöl
- 3 EL Wasser

*Zutaten für die Füllung*

- 1 Zwiebel
- 800 g Gänsefuß
- Sonnenblumenöl
- ½ Suppenwürfel
- Pfeffer
- 200 g Schafkäse
- 200 g Naturjoghurt
- 2 Eier

*Zubereitung*

Die Teigzutaten in einer Schüssel mischen und zu einem Teig kneten. Diesen wickeln Sie in eine Folie und stellen ihn eine halbe Stunde kühl.

Für die Fülle die Zwiebel fein würfelig schneiden, den Gänsefuß waschen, die Blätter abzupfen und fein hacken. Die Zwiebel in Öl anbraten, Gänsefuß und etwas Wasser hinzufügen und kurz mitdünsten. Mit Suppenwürfel und Pfeffer würzen.

Nun rollen Sie den Teig auf der bemehlten Arbeitsfläche aus und legen ihn in die gefettete Quiche-Form. Die Eier verquirlen, salzen, mit Joghurt mischen und unter das Gemüse heben. Die Mischung auf dem Teigboden verteilen, gewürfelten Schafkäse darüber streuen und auf der mittleren Schiene im Backofen bei 180° 40 Minuten backen.

*Weißer Gänsefuß (Chenopodium album)*

## 🌳 NATURGLAUBE

Eine alte schwäbische Sage erklärt den Namen des
Gänsefußes treffend: Fleißige Heinzelmännchen und
Elfen waren einst bei einer redlichen Familie des Nachts
tätig. Heinzelmännchen sollen sich ja ihrer Gänsefüße
wegen schämen und zeigen sich so nie den erwachsenen Menschen. Der Familienvater aber wollte von der
Existenz der Hausgehilfen wissen und streute Mehl, um
zumindest die Fußabdrücke sehen zu können. Die treuen
Kobolde erkannten aber die List und waren auf Nimmer-
wiedersehen verschwunden. Was blieb ist der mehlige
Belag auf den Blättern des Gänsefußes.

Die Gans war bei Germanen und Kelten Symbol des
magischen Fluges, der Zugang zur Anderswelt, der auch
Kobolde, Elfen und Heinzelmännchen angehören.

Im germanischen Glauben wird der Gänsefuß Gerda
zugeschrieben. Gerda gilt als bodenständigstes aller
Gottwesen mit ihrer Tierschar, bestehend aus Gänsen,
Hühnern, Ziegen und Schweinen. Umkränzt von Wiesenblumen steht die Göttin der Schönheit für Eigenschaften
wie Liebreiz, Sehnsucht, Frühling und Verlockung.
Beseelte Tiere und Pflanzen wurden ihr zur Seite gestellt,
deren Eigenschaften man verehrte.

Mit der Christianisierung verschwand diese naturverbun-
dene Glaubensvorstellung, in den letzten Jahrhunderten
der Säkularisierung und Entzauberung der Welt setzte
sich endgültig eine rein materialistische, entseelte Sicht
der Natur durch. Doch langsam finden wir zurück zu
unseren Wurzeln. Pflanzen und Tiere werden wieder als
gleichwertige Freunde angesehen. Die Richtung stimmt.

## ❗ KLUGE PFLANZEN

Bei einem Experiment der Universität Freiburg im Breis-
gau führte Professor Edgar WAGNER Versuche mit dem
Roten Gänsefuß, Chenopodium rubrum, durch.
Hunderte Pflanzen zog er unter gleichen Bedingungen
heran, die eine Hälfte allerdings in einem Raum mit
einem Ventilator, die andere Hälfte ohne. Nun trug

WAGNER Pflanzen vom windstillen Raum in den windi-
gen und die Gänsefüße sanken schlaff zu Boden. Die
unsichtbaren Zeichen waren nicht weniger drastisch,
denn die Pflanzen erlitten zugleich einen „nervösen
Zusammenbruch". Ihre elektrische Aktivität lag komplett
danieder. Am nächsten Morgen waren die Pflanzen
wieder auf den Beinen. WAGNER setzte die Pflanzen hart
auf und sie gingen wieder in die Knie. Je öfter er das
machte, umso geringer war die Reaktion. Pflanzen
haben die Fähigkeit, aus Erfahrung zu lernen. Und mehr
noch – Pflanzen reagieren auf Streicheleinheiten und
Musik. So fanden deutsche Gärtner heraus, dass Topf-
pflanzen wie Basilikum oder Fuchsien durch zartes Strei-
cheln der Blätter kompakter und schöner werden. Diese
Erkenntnis ist in der Produktion bereits umgesetzt
worden. In vielen Gärtnereien rotieren Streichelbesen
regelmäßig über die Glashaustische und spenden den
Pflanzen die notwendigen Streicheleinheiten. Wo früher
Stauchemittel Wurzeln brutal verbrannten, um so
kompakte, dichte Pflanzen zu erhalten, erzielt heute ein
Streichelbesen die gleiche Wirkung auf liebevolle Art.

*Auch der Erdbeerspinat (Chenopodium foliosum) gehört zu den
Gänsefußgewächsen.*

# GIERSCH

*Aegopodium podagraria*, Doldenblütler

## GATTUNG

*Aegopodium* umfasst fünf Arten, von denen nur eine bei uns heimisch ist.

## NAME

Der Gattungsname ist vom griechischen „aigos" (= Ziege) und „podion" (= Füßchen) herzuleiten. Gemeint sind die zweispaltigen Seitenabschnitte der Blätter, die an Geißfüße erinnern. Der Artname kommt vom lateinischen „podos" (= Fuß) und „agra" (= Zange) und soll an die Heilwirkung der Pflanze gegen Gicht und Rheuma erinnern.

„Giersch" als deutsche Benennung ist seit dem 12. Jahrhundert belegt, ohne dass eine sinnvolle Herleitung möglich wäre.

## VOLKSNAMEN

*Geißfuß* (vielerorts; Übersetzung des botanischen Namens); *Erdholler* (Österreich; nach der Ähnlichkeit der Blätter); *Kroahaxen* (Kärnten; gleichbedeutend Krähenfuß); *Wasserkreitl* (Salzburg; enthält zu 87 % Wasser); *Hasenscharling* (Bayern; die Blätter werden gerne von Hasen gefressen); *Heckensalat* (Wien; wegen der Verwendung als Wildgemüse); *Zipperleinskraut* (Niederösterreich; als Heilmittel gegen nervöses Zittern); *Witscherlewatsch* (Baden).

## HEILPFLANZE

Giersch wirkt harntreibend, reinigend und entzündungshemmend.

## WILDGEMÜSE

Giersch ist Hauptbestandteil der „Grünen Suppe" Nordwestdeutschlands. Junge Blätter und Triebe können von März bis Juli in Salaten verspeist werden. Gekocht mit Sauerrahm oder Butter ergeben die Blätter einen schmackhaften Spinat, aber auch Gemüsestrudel oder Gemüseeintopf. Die essbaren Blüten sind als Tellerdekoration verwendbar.

Nachdem der Geißfuß ein unausrottbares Kraut im Garten darstellt, sollte man es vielleicht als Gemüsepflanze ansehen und sich mit Ernten und Genießen trösten. Beim Sammeln ist allerdings zu beachten, dass es recht ähnliche, aber sehr giftige Doldenblütler gibt!

## PRAKTISCHE ANWENDUNG

**Gierschlimonade**

*Zutaten*

  10 Giersch-Blätter
  1 Ranke Gundermann
  1 Trieb Pfefferminze
  1 l Apfelsaft
  1 l Mineralwasser
  1 Zitrone

*Zubereitung*

  Die Kräuter zu einem Strauß binden, in den Apfelsaft hängen und kühl stellen. Nach mehreren Stunden den Strauß entfernen, den Zitronensaft dazugeben und mit dem Mineralwasser aufgießen.

##  KLUGE PFLANZEN

Pflanzen sind kluge Wesen. Sie unterscheiden Farben, nehmen Berührungen wahr, für die selbst unsere Fingerkuppen zu unsensibel sind, spüren, wenn sie angefressen oder verletzt werden, und antworten mit raffinierten Verteidigungsstrategien. Sie identifizieren sogar die Art des Angreifers und richten ihre Verteidigung maßgeschneidert aus. Dabei gehen sie nicht nur als Einzelkämpfer vor, sondern kommunizieren mit anderen Pflanzen und mit Tieren, sogar mit Tieren unter der Erde. Fast täglich werden neue, intelligent anmutende Verhaltensweisen aus dem Reich der Pflanzen gemeldet, untermauert durch genaue Messungen im Labor und im Freiland. Und trotzdem steckt das aristotelische Bild von den gefühllosen Pflanzen immer noch in unseren Köpfen. Aus Ignoranz, Voreingenommenheit oder geistiger Bequemlichkeit?

Es macht jedenfalls einen Unterschied, ob wir uns von blinden Wachstumsrobotern umgeben fühlen oder von sensiblen Lebewesen.

## POESIE

*Unkraut ist eine Pflanze, deren Tugend noch nicht entdeckt wurde.*

Ralph Waldo *EMERSON*

# RAPUNZEL-GLOCKENBLUME

*Campanula rapunculus,* Glockenblumengewächs

## GATTUNG

421 Arten umfasst die Gattung, wovon 144 in Europa und 37 im heimischen Gebiet vorkommen. Mannigfaltigkeitszentren sind das Kaukasusgebiet, der Balkan und die Ägäischen Inseln. Nördlich reicht die Gattung bis Spitzbergen und Nordgrönland.

## NAME

*Campanula* als botanischer Gattungsname leitet sich vom spätlateinischen „campana" (= Glocke) ab. Auch der Artname ist lateinischer Herkunft von „rapa, rapum" (= Rübe) und beschreibt die wohlschmeckende Wurzel der Art. „Rapunzel" als deutsche Benennung ist vom botanischen Artnamen abgeleitet. Rapunzel war bis zum 19. Jahrhundert eine wichtige Gemüsepflanze, wurde dann aber von dem schneller wachsenden Feldsalat (*Valerianella locusta*), einer ebenfalls heimischen Art verdrängt. Der Name „Rapunzel" ging dann auf den Vogerlsalat bzw. die Teufelskrallen (*Phyteuma*) über. Das bekannte Märchen hat seinen Namen aber von der Rapunzel-Glockenblume erhalten, auf deren Blätter die Mutter so versessen war.

## 🍴 WILDGEMÜSE

Vor etwa 150 Jahren ist die Rapunzel-Glockenblume aus der mitteleuropäischen Küche verschwunden. Geschmacklich ist dadurch aber eine Lücke entstanden und es gibt wohl auch kein anderes Gemüse, welches praktisch das ganze Jahr über geerntet werden kann. Die jungen Blätter werden je nach Aussaat von Herbst bis zum Frühjahr gepflückt. Sie sind mit ihrem neutralen, leicht nussigen Geschmack für Salate hervorragend geeignet. Die Blätter wachsen rasch nach und von September bis November wird die Wurzel geerntet, gekocht und wie ein Schwarzwurzelsalat serviert. Eine andere Möglichkeit ist die Zubereitung gleich den Teltower Rübchen, gekocht in einer Rindssuppe oder aber man genießt sie roh. Bei Kindern beliebt sind die Rapunzel-Rübchen vom Grill, wobei diese wie Folienkartoffeln in die Glut kommen. Ebenfalls ein Feinschmeckertipp sind die jungen Triebe und Blütenknospen, die wie grüner Spargel zubereitet und mit Crème fraîche serviert werden. Als Wintersalat nimmt man besonders die kleinen Rübchen, schneidet sie in Scheiben und schmeckt sie ab mit Essig, Salz, Pfeffer und Kürbiskernöl. Roh schmecken die Rübchen leicht scharf, an Rettich erinnernd, gekocht oder gegrillt mild mit Ähnlichkeit zu Marone und Walnuss.

Übrigens sind alle heimischen Glockenblumen-Arten essbar. Die Blüten zieren Salate und Süßspeisen, Blätter und Sprossen können roh oder gekocht genossen werden.

Nessel-Glockenblume
(Campanula trachelium)

### ⟳ PRAKTISCHER NUTZEN

**Blütenweckerl**

*Zutaten*

Blüten von Glockenblume, Gänseblümchen, Taubnessel, Löwenzahn, Gundelrebe, Veilchen o. Ä.

250 g Dinkelvollmehl

250 g Weizenmehl

250 ml Milch

1 Ei

1 TL Salz

20 g  Backhefe (Germ)

1 EL Schweineschmalz

*Zubereitung*

Mehl in eine Schüssel geben, mit Salz vermengen,
Germ einbröseln und Blüten zugeben. Milch erwärmen und gemeinsam mit dem Schmalz zum Mehl
geben. Einen mittelfesten Teig daraus bereiten und
aufgehen lassen, bis sich das Volumen verdoppelt
hat. Anschließend Weckerl formen, nochmals aufgehen lassen, mit Ei bestreichen und bei etwa 200 °C
15 Minuten backen.

### ⚘ NATURGLAUBE

Glockenblumen sind seit alters her die Wohnstätten für
Elfen und Waldgeister und sind der Überlieferung nach
dem Wettergott Donar geweiht.

Die Rapunzel-Glockenblume ist Namensgeberin für das
Märchen „Rapunzel" und Märchen waren unseren
Ahnen ausgesprochen wichtig. Jeden Tag wurden sie
von den Alten erzählt und nicht nur die Kinder hörten
den Großmüttern und Großvätern zu.

Das Wort „Märchen" kommt vom althochdeutschen
„mare", was so viel wie Nachricht bedeutet. Märchen
brachten Kunde aus übersinnlichen Bereichen, aus der
Anderswelt, Kunde von Naturwesen, Elfen und Göttern.

# SCHARFER HAHNENFUSS

*Ranunculus acris,* Hahnenfußgewächs

## GATTUNG

Von den 590 Hahnfußarten kommen 133 (ohne die Kleinarten der Gold-Hahnenfuß-Gruppe) in Europa und davon 45 bei uns vor. Ranunculus ist kosmopolitisch verbreitet mit Schwerpunkt in den nördlich gemäßigten Zonen.

## NAME

Der botanische Gattungsname stellt eine Diminutivform des lateinischen „rana" (= Frosch) dar und bezieht sich ursprünglich auf die Untergattung Batrachium, dem Wasserhahnenfuß. Wörtlich übersetzt bedeutet Ranunculus also „Fröschchen".

*Wolliger Hahnenfuß (Ranunculus lanuginosus)*

Auch der botanische Artname ist lateinischer Abstammung, bedeutet „scharf" und bezieht sich auf den brennend-scharfen Geschmack der frischen Pflanze.

## VOLKSNAMEN

Gickelhaxen (Bayern), Krahstelzen (Steiermark), Ruckerl (Niederösterreich), Strupfen (Oberösterreich).

##  GIFTPFLANZE

Wie fast alle Arten der Gattung ist auch der Scharfe Hahnenfuß durch den Gehalt an Ranunculin giftig. Beim Trocknen dimerisiert das Ranunculin zum weitaus weniger giftigen Anemonin und wird dadurch quasi unschädlich.

Reichlicher Verzehr der frischen Pflanze soll bei Kühen blutige Milch verursachen. Bettler rieben sich mit dem Saft der Pflanze die sichtbaren Hautpartien ein, um durch die blasenziehende Wirkung mitleiderregender zu wirken.

## NATURGLAUBE

Das Sprechen mit Pflanzen ist kein sinnloses Geschwätz, sondern eine Handlung, die den Menschen über die sinnlichen Grenzen hinausträgt und das Wesen der Pflanze nähertreten lässt. Kommunikation mit den Pflanzen heißt sich Zeit nehmen. Die Druiden und Seher unserer Ahnen zogen sich oft jahrelang in entlegene Waldschulen zurück, wo sie unmittelbar mit der Natur lebten. Das Sprechen mit Pflanzen ist aus den ältesten Schriftzeugnissen indogermanischer Kultur belegt. So kann man die feierlichen Worte des Sehers lesen: „Götter seid ihr, aus der Erdgöttin geboren" oder „Ihr Kräuter, ihr, die ihr Mütter seid. Als Göttinnen rufe ich euch an." Den nüchternen, den Anfechtungen des Teufels tapfer trotzenden christlichen Missionaren, waren derartige Beschwörungen das reinste Gräuel. Die heidnischen Götter galten schließlich als Teufel und Unholde und die Kräuter, welche die Seher und weisen Frauen verwendeten waren ihnen ebenso suspekt. Das Besprechen von Pflanzen wurde verboten. So erließ beispielsweise die angelsächsische Missionskirche die Vorschrift: „Nicht soll man mit Zauberspruch ein Kraut besingen, sondern es mit Gottes Worten segnen und so verzehren." Bußordnungen fragten peinlich genau, ob dieses Verbot gebro-

chen wurde. Bis heute in unsere aufgeklärte Welt besteht aber die enge Beziehung zwischen Mensch und Pflanze fort, wie auch eine Emnid-Umfrage aus dem Jahr 2008 zeigt, wonach die Hälfte aller Deutschen mit ihren Pflanzen redet. Diese danken es mit besserer Gesundheit und schönerem Aussehen.

*Gletscher-Hahnenfuß
(Ranunculus glacialis)*

# DACH-HAUSWURZ

*Sempervivum tectorum*, Dickblattgewächs

## GATTUNG

Von den rund 42 Arten der Gattung kommen 23 in Europa und acht im deutschsprachigen Gebiet vor. Hauptverbreitungsgebiete sind die europäischen und kleinasiatischen Gebirge, allen voran die Alpen und die Gebirge des Balkans.

## NAME

Der botanische Gattungsname ist aus den beiden lateinischen Wörtern „semper" (= immer) und „vivere" (= leben) zusammengesetzt und bezieht sich auf die immergrünen Blätter.

Auch der botanische Artname ist lateinischer Herkunft, bedeutet Dach und leitet sich vom alten Brauch ab, Hauswurz gegen Blitzschlag und Feuer aufs Dach zu setzen.

## VOLKSNAMEN

*Donnerkraut, Donnerwurz, Donnerlauch, Donnerbart* usw. (durch alle deutschen Lande, als Zauberpflanze gegen Blitzeinschlag).

## BIOLOGIE

Die Gattung *Sempervivum* befindet sich noch in reger Entwicklung. Die Urahnen der Hauswurz vermutet man in den Subtropen, von wo sie sich allmählich an das raue Gebirgsklima gewöhnt haben.

Die gelb blühenden Arten stellen dabei die ursprünglichen, primitiven Sippen dar, während die roten ein höheres Entwicklungsstadium erreicht haben.

Rote Blüten können die Sonnenstrahlung besser in Wärme umwandeln.

*Die Abbildung auf Seite 114 zeigt eine Blüte der Steirischen Hauswurz (Sempervivum stiriacum), die Abbildung rechts die immergrünen Blätter der Dach-Hauswurz.*

## ⚜ HEILPFLANZE

Der in den Blättern enthaltene Saft wird in der Volksheilkunde bei rissiger Haut, Verbrennungen und bei Insektenstichen angewendet. Die Hauswurz hat die gleichen Indikationen wie die bekannte *Aloe vera,* als Sonnenschutz und Feuchtigkeitsspender.
Die Pflanzenstoffe wirken entzündungshemmend und erweichend.

## ➤ PRAKTISCHE ANWENDUNG

**Altersflecken-Saft**
Die Blätter der Hauswurz der Länge nach aufschneiden und mit dem austretenden Saft mehrfach die Altersflecken bestreichen, bis diese aufhellen.

## ✦ NATURGLAUBE

In der Hauswurz sah der Mensch seit Urzeiten einen personifizierten Schutzgeist gegen Blitz, Feuer und Unwetter. In dieser Funktion war sie dem germanischen Donnergott Thor (= Donar) geweiht.
Hauswurz am Dach half aber nicht nur spirituell, sondern tatsächlich gegen Feuer. Es war keine Seltenheit, dass die oftmals mit Schilf gedeckten Dächer durch Funken aus dem Kamin in Brand gerieten. Traf nun ein solcher Funke auf die Rosette einer Hauswurz und nicht auf das Schilf oder die Holzschindeln, blieb das Haus verschont. Zusätzlich sollen die feinen Spitzen der Hauswurzblätter für einen leichteren Spannungsausgleich von Luft und Erde sorgen und so eine Art Blitzableiter darstellen.
Auf lehmgedeckten Dachfirsten half die gepflanzte Dachwurz gegen Ausschwemmungen.
Schon der häufig gebrauchte Name Donarsbart (besonders für die *Jovibara*-Arten) lässt erkennen, welchem germanischen Gott die Hauswurz geweiht war. Damit zählt die Hauswurz zu den Pflanzenarten, bei denen sich die heidnische Gottheit bis heute im Namen erhalten hat.

POESIE
*Blumen sind die schönen Worte und Hieroglyphen der Natur,*
*mit denen sie uns andeutet, wie lieb sie uns hat.*
                                    *Johann Wolfgang von GOETHE*

# HEIDEKRAUT, BESENHEIDE

*Calluna vulgaris*, Erikagewächs

## GATTUNG

*Calluna*, eine Gattung, die sich schon im Tertiär vom Erikastamm abspaltete, umfasst nur diese eine Art. Heimisch ist sie in fast ganz Europa, östlich bis Westsibirien und südlich bis Nordafrika reichend.

## NAME

Der botanische Gattungsname leitet sich vom griechischen „kallyno" (= reinigen) ab und bezieht sich wie die deutsche Benennung auf die alte Verwendung als Kehrbesen.

## VOLKSNAMEN

*Heidach, Hoaderer* (Oberösterreich, Tirol, Kärnten); *Hoadl* (Burgenland); *Zetten* (Lechtal, Nordtirol); *Grampen* (Südtirol); *Senden, Sendel* (Niederösterreich, Oberösterreich, Salzburg, Bayern, Tirol).

## BIOLOGIE

Ihrer Anspruchslosigkeit ist es zu verdanken, dass man vor allem in atlantischen Gebieten Europas tagelang durch *Calluna*-Heiden marschieren kann. Diese stimmungsvolle Einförmigkeit verleiht der Landschaft einen eigenen melancholischen Reiz. Sie gedeiht nahe dem Nordkap und am Rande der Alpengletscher genau so üppig wie in der glühenden Hitze der marokkanischen Zistrosen-Maccie.

Die Besenheide stellt für Imker eine wichtige Bienenweide dar, denn ihr Nektar enthält 24 % Zucker, überwiegend Saccharose. Jede einzelne Blüte produziert durchschnittlich 0,12 mg Zucker täglich.

## ⚕ HEILPFLANZE

Besenheide-Tee wird in der Volksheilkunde bei schlechtem Schlaf, bei Harnwegserkrankungen und bei Entzündungen der Mundschleimhaut eingesetzt.

## ❀ NATURGLAUBE

Die Besenheide, auch Heidekraut genannt, ist Sinnbild für eine ganze Landschaftsform – der Heide. Überlieferungen zeigen, dass Besenheide dem germanischen Waldgott Widar zuerkannt war. Widar gilt als Gott der Stille, der Besonnenheit, Verwurzelung, Ursprünglichkeit und Gewissenhaftigkeit. Eigenschaften, die heute, in einer lauten und schnelllebigen Zeit wichtiger denn je sind.

Skandinavische Orte wie Vidarshof oder Widarsleff leiten sich vom Namen des Waldgottes ab.

## POESIE

*Die Seele ist wie der Wind,*
*wenn er über die Kräuter streicht.*

*Hildegard von BINGEN*

# HIMBEERE

*Rubus idaeus, Rosengewächs*

## GATTUNG

Von den rund 1000 Arten der Gattung kommen etwa 500 in Europa und 374 hierzulande vor, wobei Mitteleuropa zu den Mannigfaltigkeitszentren der Gattung gehört.

## NAME

Der botanische Gattungsname ist gleich dem der Brombeere von der germanischen Wurzel „reub" (= reißen) abzuleiten. Der botanische Artname ist umstritten. Die Herleitung vom kretischen Ida-Gebirge ist unzulässig, da die Art auf Kreta und in der gesamten Ägäis fehlt. Möglich erscheint als Herkunft allerdings das Ida-Gebirge (= Kasdagh) in Anatolien, wo die Himbeere wild vorkommt. Eine weitere mögliche Erklärung liefert das griechische Wort „ida", das soviel wie „Holz, Waldung" bedeutet.

Im Althochdeutschen hieß die Himbeere „hintperi", welches sich von der „Hinde"(= Hirschkuh) ableitet. LOEWE beschäftigte sich eingehend mit der Herkunft des Namens und vermutete, dass mit der weniger kratzenden Himbeere der weibliche Hirsch und mit der stärker bewehrten Brombeere der männliche Hirsch von den Germanen assoziiert wurde. Der Name Himbeere ist demnach eine Kurzform zu „Hirschkuhbeere".

## KULTUR

Himbeeren wurden bereits in vorgeschichtlicher Zeit gesammelt, wie aus zahlreichen Funden der Steinkerne in Pfahlbausiedlungen des Neolithikums und der Bronzezeit zu erkennen ist.

PALLADIUS, ein römischer Autor landwirtschaftlicher Schriften berichtete im 4. Jahrhundert von Himbeerkulturen. In Mitteleuropa wurde die Pflanze zunächst in Klostergärten gezogen.

## HEILPFLANZE

Himbeerblätter werden in der Volksheilkunde bei leichten Durchfallerkrankungen, bei Entzündungen im Mund- und Rachenbereich und bei chronischen Hauterkrankungen eingesetzt. Die Früchte sind reich an Kalium, Magnesium, Eisen, Vitamin E, B1, B2, B6 und Niacin. Die enthaltenen Polyphenole verleihen den Früchten entzündungshemmende Eigenschaften und schützen die Blutgefäße.

Bei den Indianern war die nächstverwandte *Rubus sachalinensis* ein traditionelles Heilmittel gegen Gelenk-, Bauch- und Augenschmerzen.

In China findet die Frucht als Gegenalterungs-Mittel Verwendung und im gleichen Land sind die nahe verwandten *Rubus chingii* und *Rubus coreanus* als Psychoaktivum und Aphrodisiakum im Einsatz.

WILDGEMÜSE

Neben den allerorts bekannten Beeren, die botanisch gesehen eigentlich Sammelsteinfrüchte darstellen, sind auch Blätter und Triebe der Himbeere genießbar. Die Blätter können zu Gemüsegerichten oder Tee verarbeitet werden, die jungen sogar zu Salat. Auch die jungen Triebe, die gerade das Erdreich durchstoßen haben, können geschält zu Gemüsegerichten verarbeitet werden.

 PRAKTISCHE ANWENDUNG

### Schwarztee aus Himbeerblättern

Aus schon etwas älteren, nicht ganz zarten Himbeerblättern lässt sich ganz einfach ein bekömmlicher schwarzer Tee herstellen. Zuerst sollen die Blätter anwelken, dazu werden sie auf einem Tuch ausgebreitet und einen Tag an einem warmen Ort liegen gelassen.

Danach werden die Blätter „gerollt", das heißt, mit den Händen etwas zerknittert, um die Oberfläche aufzubrechen. Das kann auch geschehen, indem man die Blätter mit Hilfe eines Nudelholzes walkt.

Für die folgende Fermentation müssen die zerknitterten Blätter mit Wasser besprüht werden, so dass sie gleichmäßig feucht, aber nicht tropfnaß sind. Diese Blätter werden dann locker in einen Topf geschüttet (am besten in einen aus Steingut, sonst geht ein emailierter, keinesfalls aus Metall). Der Topf muss mit einem Teller möglichst luftdicht abgeschlossen werden. Dann kommt er für drei Tage an einen Ort, an dem es konstant etwa 30 Grad hat (ein Dachboden im Sommer z. B.). Da während der Fermentation Gärungsgase frei werden, die nicht entweichen sollen, muß der Deckel zusätzlich mit einem Stein beschwert werden.

Wenn dieser Vorgang abgeschlossen ist, werden die Himbeerblätter wieder gleichmäßig ausgebreitet und fertig getrocknet. Für das leichtere Aufbrühen ist es sinnvoll, die ganz getrockneten Blätter grob zu zerkleinern.

### NATURGLAUBE

Hintperi hieß die Himbeere bei den Germanen. Der Hirsch war bei den Germanen ein heiliges Tier, welches als Sinnbild für die Fruchtbarkeit und den Wandel stand. Die Entstehung des Hirschkultes scheint weit über zwanzigtausend Jahre zurückzureichen und fand seine letzten Ausläufer zur Zeit der Kelten und Germanen.

So begleiten auch Hirsche die Göttin auf dem in der Steiermark gefundenem Kultwagen von Strettweg aus dem 6. vorchristlichen Jahrhundert.

Die Verehrung des Sonnentieres war tief in der Volksfrömmigkeit verwurzelt, und überlebte schließlich die Dämonisierung des alten Glaubens. Zwar verlangte noch der Erzbischof von Canterbury im 7. Jahrhundert von den Hirschhuldigern, „drei Jahre Buße zu tun, weil dies teuflisch ist", doch schon bald sah die mittelalterliche Symbolik im weißen Hirsch mit goldenem Geweih ein Symbol für Christus.

# HIRTENTÄSCHEL

*Capsella bursa-pastoris*, Kreuzblütler

## GATTUNG

Mit fünf Arten ist die Gattung vom Mittelmeergebiet bis Zentralasien beheimatet. Unser Gebiet besiedelt nur diese Art.

## NAME

*Capsella* ist vom lateinischen „capsa" (= Kapsel) abgeleitet, welches die Form der Frucht beschreibt. Auch der botanische Artname ist lateinischer Herkunft von „bursa" (= Fell) und „pastoris" (= Hirte). Die verkehrt herzförmigen Schötchen werden mit den aus Fell gefertigten Umhängetaschen mittelalterlicher Hirten verglichen.

## BIOLOGIE

Beim Hirtentäschel sind im Jahr bis zu vier Generationen möglich. Dabei produziert eine Pflanze bis zu 64.000 Samen.

## (⚕) HEILPFLANZE

Hirtentäschelkraut wird zur unterstützenden Behandlung bei Nasenbluten oder oberflächlichen, blutenden Hautverletzungen eingesetzt. Zu den Anwendungsgebieten in der Homöopathie gehören Gebärmutter- und Schleimhautblutungen sowie Steinleiden.
Der Schweizer Priester und Naturarzt Johann KÜNZLE schrieb:
*Der liebe Gott hat dieses Kräutlein extra mit vielen kleinen Taschen,*
*ähnlich den Taschen der Schafhirten, ausgestattet.*
*Der gütige Schöpfer gibt jedoch keine leeren Taschen,*
*sondern er legt immer etwas Gutes hinein.*
*Und in diese Taschen hat er Kraft der Kühlung hineingelegt gegen inneren und*
*äußeren Brand, besonders in Nieren und Unterleib und dortige Blutungen und Beschwerden.*

## (🍴) WILDGEMÜSE

Die gesamte Pflanze ist universell in der Küche einsetzbar: zu Salaten, zur Teegetränkzubereitung usw. Die Früchte ergeben ein senfartiges Gewürz, die Wurzeln haben ingwerähnlichen Geschmack.

## (➡) PRAKTISCHE ANWENDUNG

**Wildkräuterwasser**
Hirtentäschel in einen Krug mit kaltem Leitungswasser geben und einige Stunden stehen lassen. Auch andere Kräuter wie Gundermann, Spitzwegerich, Taubnessel, Sauerampfer, Giersch usw. sind dafür geeignet.

## 🌳 NATURGLAUBE

Hirtentäschel war vielerorts Bestandteil des Kräuterbüschels, welches zu bestimmten Vegetationsfesten in Form eines Kranzes oder Buschen gebunden wurde, um im kommenden Winter die Hausapotheke für die gesamte Hofgemeinschaft darzustellen. Diese Gebinde haben in manchen Gegenden bis heute noch die Form von Runen. Neun oder 99 verschiedene Kräuter kamen in den Buschen. Mit der Christianisierung verteufelte man die Vegetationsgottheit und auch die heilige Zahl Neun, woher womöglich auch der Schreckensausruf „Ach du grüne Neune" kommt. Auf der Synode von Liftinae wurde im Jahr 743 auf Betreiben des Missionars BONIFATIUS das Sammeln von Kräuterbuschen jedenfalls als heidnisches Brauchtum verboten.

Unsere Ahnen kannten sich gut in ihrer unmittelbaren Umgebung aus und nahmen davon das, was für sie von Nutzen war. Sie kannten die Pflanzen, die vor ihrer Tür in Wald und Heide wuchsen, und nutzten sie auf respektvolle Weise. Wenn sie die Kräuter zum Heilen sammelten, sprachen sie die Pflanze mit einem Spruch oder Gebet an. Die Menschen waren tief mit ihrem Land verbunden und schwangen im Gleichklang mit den Kräften der Natur.

# SCHWARZER HOLUNDER

*Sambucus nigra*, Geißblattgewächs

## GATTUNG

Von den neun Arten der Gattung kommen drei in Europa und in unserer Heimat vor.

## NAME

„Sabucus" ist der Name des Hollers bei den Römern, der dann zu „Sambucus" wurde, ohne dass eine sinnvolle Namenserklärung möglich ist.

„Holunder" als deutsche Benennung ist wahrscheinlich aus „hold" und dem germanischen Suffix „dra", welches dem germanischen Apfelbaum „apuldra" entstammt und noch in mehreren Gehölzen wie Wacholder, Maßholder oder Flieder steckt, zusammengesetzt.

## VOLKSNAMEN

*Holler* (Bayern, Österreich; abgeleitet von Holunder); *Flieder* (seit dem 13. Jahrhundert bekannter, aus dem niederländischen entlehnter Name, der im 16. Jahrhundert auf den aus Südosteuropa eingeführten Flieder, *Syringa*, übertragen wurde. Gebietsweise wird aber auch noch gegenwärtig *Sambucus* als Flieder und *Syringa* als Holunder angesprochen).

*Frau Holle ist eine Erscheinungsform der germanischen Göttermutter Frigga. Der Sage nach hat sie die Menschen Kulturtechniken wie Spinnen und Weben gelehrt und kehrt als Frau Perchta regelmäßig zur Midwinterzeit wieder, um die Faulen zu bestrafen und die Fleißigen zu belohnen.*

## ⚗ HEILPFLANZE

In der Volksheilkunde wird Hollerblütentee als schweißtreibendes Mittel bei fieberhaften Erkältungskrankheiten eingesetzt. Äußerlich finden sie in Gurgelwässern und Bädern Anwendung. Auch die gekochten, vitamin- und mineralstoffreichen Früchte werden bei Erkältungskrankheiten, bei Rheuma- und Nervenschmerzen genutzt.

## 🍴 WILDGEMÜSE, WILDOBST

Mit den Blüten lassen sich Strauben backen, Limonaden oder Tees herstellen und Süßspeisen würzen. Die herben Früchte hingegen sind zu Saft oder Mus verarbeitbar.

## ➤ PRAKTISCHE ANWENDUNG

**Holunderblütenessig**

Sechs Holunder-Blütenstände in 500 ml Weißwein-Essig in einem Einmachglas ansetzen. Nach 14 Tagen abfüllen und kühl lagern. Holunderblütenessig ist ein schmackhaftes Würzmittel, wird aber auch in der Volksmedizin bei Hautproblemen eingesetzt.

## 🌳 NATURGLAUBE

Holunder ist eine der wichtigsten Pflanzen im germanischen Glauben, welche Pflanze, Tier, Hof und die ganze Sippe beschützt. Bei jedem Hof stand ein Holler. In der Nähe der Menschen fühlt er sich wohl und strahlt Segen aus. Jedes Stückchen Holler ist medizinisch verwendbar, eine große Hausapotheke also direkt neben der Haustür. Im Holunder wohnt eine gute, den Menschen wohl gesonnene Göttin. Frigga, auch als Frau Ellhorn und später als Frau Holle bekannt. Die Germanen waren überzeugt, dass Fruchtbarkeit und Wachstumskräfte von den Ahnen aus dem Jenseits ins Diesseits geschickt werden. Der Holler als Sippenbaum ist ein Schwellenbaum, ein Zugang zu den verstorbenen Ahnen, welche man zu magischen Zeiten um Rat und Hilfe bitten konnte.

Mütter gingen mit ihren Neugeborenen zur Göttin im Holunder, um ihr das neue Familienmitglied vorzustellen. Sogar die Christianisierung überlebte die Verehrung des Baumes, auch im Mittelalter galt es als unheilbringend, den Hollerstrauch zu fällen und noch heute sind Redewendungen wie „Vor dem Holunder sollst du den Hut ziehen" oder „Vor Hollerstrauch und Kranawitt (Wacholder) ruck ich mein Huat und neig mich bis zur Mitt" den Alten geläufig.

Dem Zeitgeist entsprechend wird die Herleitung des Namens von der archaischen Göttin Holle bezweifelt. Und dennoch wird der Baum in ganz Mittel- und Nordeuropa mit Hochachtung als „Frau Holler", „Frau Ellhorn", „Holdermutter", dänisch „Hillemoer", englisch „mother elder" usw. angesprochen. Vielleicht gehört in die Etymologie doch auch ein Hauch von Mythologie und menschlicher Glauben.

# HOPFEN

*Humulus lupulus*, Hanfgewächs

## GATTUNG

Die Gattung umfasst nur zwei Arten, die in Mitteleuropa heimische Humulus lupulus und die ostasiatische Humulus japonicus.

## NAME

Auch hier ist nicht Latein oder Griechisch der Ursprung. Der botanische Name stammt von dem altdeutschen „humla", was so viel wie „herumtasten" bedeutet. Gemeint sind die Ranken, die sich herumtastend einen Halt suchen. Der Artname *lupulus* entstammt dem lateinischen „lupus" (= Wolf), weil der Hopfen die Weiden umschlingt.

Familiennamen wie Höppner, Höpfner oder Hopfmann sind auf den Hopfenbau zurückzuführen. Ortsnamen wie Hopfgarten, Hopfenweiler oder Hopfenbach stammen ebenfalls vom Hopfen, genauso wie die Straßennamen Hopfenstraße oder Hummelwiese.

## BIOLOGIE

Durch die rinnenartige Vertiefung der Blattstieloberseite wird das Regenwasser abgeleitet. Es tropft von Blatt zu Blatt bis zum Boden und kann so Schimmel vorbeugen.

## HEILPFLANZE

Die Hopfenzapfen enthalten unter anderem die Bittersäure Lupulon, welches antibiotisch wirkt und dem Bier seinen bitteren Geschmack verleiht.

Sowohl in der Volksmedizin als auch in der Schulmedizin wird Hopfen als Beruhigungsmittel eingesetzt, vor allem bei innerer Unruhe, Angstzuständen und Schlafstörungen. In der Aromatherapie setzt man Hopfenkissen bereits seit dem 18. Jahrhundert ein. In Kombination mit Baldrian erzielt Hopfen die beste Wirkung. Auch ist seine lustsenkende Wirkung altbekannt.

## WILDGEMÜSE

Die jungen Hopfentriebe stellen eine Delikatesse dar. Dazu werden die austreibenden Triebe im April geerntet und roh als Salat oder gekocht in Gemüsesuppen oder anderen Gemüsegerichten genossen. Die stärkehaltigen Wurzeln sind im Herbst und Winter als Kochgemüse verwertbar.

Männliche Blüten werden im Juli geerntet, gedünstet und serviert, weibliche Blüten eignen sich wegen des Lupulins nicht als Gemüse, gut aber zur Teebereitung.

## PRAKTISCHE ANWENDUNG

**Schlafgut-Bad**

*Zutaten*

20 g getrocknete Hopfen-Blütenzapfen

20 g getrocknete Kamillenblüten

1 kleines Tuch oder ein Strumpf

1 Stück Schnur

*Zubereitung*

Die Handvoll Hopfen-Blütenzapfen und die Handvoll Kamillenblüten werden gemischt, auf das Tuch gelegt oder in den Strumpf gefüllt und mit der Schnur zu einem Beutel gebunden. Das Säckchen beim Einlassen des Bades ins Wasser geben und immer wieder hin und her bewegen, um anschließend die ätherischen Öle des Schlafgut-Bades genießen zu können.

Sollte man im Spätsommer keinen Hopfen gesammelt haben, kann dieser auch in Apotheken gekauft werden.

## BIER

Bier war ursprünglich ein Ritualgetränk, welches bei schamanischen oder religiösen Zeremonien getrunken wurde, um die Götter zu ehren oder den Kontakt zur „anderen Wirklichkeit" herzustellen. Dafür wurde das Bier unter Zusatz von psychoaktiven Pflanzen gebraut

und den Göttern geweiht. Berühmt sind das Alraunen-bier der Ägypter, das germanische Bilsenkrautbier (= Pils) oder das Porstbier der Wikinger mit Sumpf-Porst (*Rhodo-dendron tomentosum*).

Das Deutsche Reinheitsgebot von 1516 war das erste deutsche Drogengesetz, in dem ausdrücklich der Gebrauch des Bilsenkrautes als Bierzusatz verboten wurde. Das Reinheitsgebot sollte vor allem den Gebrauch „heidnischer Ritualpflanzen" unterdrücken und so die Bemühungen der Kirche vollenden.

## NATURGLAUBE

Hopfen und Bier waren im germanischen Glauben Donar (= Thor) geweiht, von dem es hieß, er wäre einer schluckfesten Feier nicht gerade abgeneigt. Insgesamt standen die Germanen im Ruf, ordentlich feiern zu können und ausgesprochen gastfreundlich zu sein. So schrieb etwa TACITUS in seiner Germania: „Der Gesellig-keit und Gastfreundschaft gibt kein anderes Volk sich verschwenderischer hin. Irgendjemanden, wer es auch sei, vom Hause zu weisen gilt als Frevel.

Nach Vermögen bewirtet ein jeder den Gast an reich-licher Tafel. Ist das Mahl aufgezehrt, so dient der bishe-rige Wirt als Wegweiser zur neuen Bewirtung und als Begleiter. Ungeladen betreten sie den nächsten Hof. Mit gleicher Herzlichkeit werden sie auch dort aufgenom-men. Beim Gastrecht unterscheidet niemand zwischen bekannt und unbekannt. Sie freuen sich über Geschenke, doch rechnen sie nicht an, was sie geben und halten es nicht für verpflichtend, was sie empfan-gen. Die tägliche Kost ist unter Gastfreunden Gemein-gut. … Herr und Knecht werden unterschiedslos aufge-zogen, unter der gleichen Kost, demselben Vieh und demselben Erdboden. Dieses Volk, ohne Falsch und Trug, offenbart noch stets bei zwanglosem Anlass die Geheimnisse des Herzens."

# KLEINES IMMERGRÜN

*Vinca minor,* Hundsgiftgewächs

## GATTUNG

Sieben Arten umfasst die Gattung, wovon fünf in Europa und zwei bei uns ursprünglich oder alteingebürgert vorkommen.

## NAME

*Vinca* als botanischer Gattungsname ist die gekürzte Form von PLINIUS Namen „vincapervinca" für die Pflanze, abgeleitet wahrscheinlich vom lateinischen „vincire" (= umwinden).

## ⑧ HEILPFLANZE

Kleines Immergrün ist eine Gift- und Heilpflanze. Das Hauptalkaloid Vincamin wurde wegen seiner blutdruck-senkenden und sedierenden Wirkung in der Geriatrie verwendet. 1987 haben 27 immergrünhaltige Fertigarz-neimittel von 20 pharmazeutischen Unternehmen die Zulassung verloren, weil der Verdacht einer Blutbildver-änderung vorlag.

Gegenwärtig dient die Droge nur noch der Isolierung des Alkaloids Vincamin. Man verwendet es zur Behand-lung von Stoffwechsel- und Durchblutungsstörungen des Gehirns, der Netzhaut und des Innenohres.

## 🌳 NATURGLAUBE

Immergrün galt bei unseren Ahnen als „Waldweiblein" oder „Großmütterchen Immergrün" als weiblicher Schutzgeist, Überlieferungen zufolge der Göttermutter Frigga geweiht.

Pflanzen sind viel mehr, als die in ihnen enthaltenen Wirkstoffe. Sie sind nicht nur Behälter für Alkaloide, Glykoside, Bitterstoffe, Saponine oder ähnliche Stoffe. Es sind beseelte Lebewesen, die wahre Wunder vollbringen können, wenn man sie versteht.

Egal ob das Immergrün nun urheimisch oder aber nur alteingebürgert – ist – Freude in das Herz jedes Blumen-freundes bringt der Waldgeist immer. Und tatsächlich denkt man sich manches Mal in eine Welt der Elfen versetzt, steht man im zeitigen Frühling auf einer Wald-lichtung vor einem himmelblauen Immergrünteppich. Das Herz wird plötzlich frei von Sorgen und die Mund-winkel bewegen sich unbemerkt nach oben, in der Freude, was die Natur an Wundern für uns Menschen bereit hat.

Auch Heinrich von OFTERDINGEN schrieb: „Er sah nichts als die blaue Blume und betrachtete sie lange mit unnennbarer Zärtlichkeit".

Die Wunder der Natur spielen sich tagtäglich und vor unserer Haustüre ab. Wir sehen sie nur meist nicht und so ist uns eine Südseepalme aus dem Fernsehen oft näher als ein Immergrün am Waldrand hinterm Haus.

## POESIE

*Immergrün ist die Schwalbe unter den Blumen. Die blaue klare Farbe der Blüten, das Grün der Blätter ist ein Gedicht, das tief im Herzen des Menschen ruht und beim Anblick der kleinen Blume erwacht. Der Wald ist seine Heimat, von dort wurde es in die Gärten gebracht als Sinnbild fröhlicher Lebenskraft und auch auf die Gräber unserer geliebten Toten, als Zeichen ewig grünender Erinnerung. Im Garten und am Friedhof scheint es in gleicher Weise wie für die Stelle geschaffen, an der es steht – reine Schönheit trägt ihre Bestimmung in sich selbst. Werner HOPP erzählt eine erlebte Geschichte:*

*In einem erhaltenen Rosenstrauß waren Immergrüntriebe als Beigrün eingeflochten. Als der welke Strauß entsorgt wurde, sah die Hausfrau die Immergrüntriebe austreiben. Sie setzte sie auf den Balkon zwischen die Sommerblumen und vergaß sie. Im Herbst wurden die Geranien entsorgt und ein strenger nordischer Winter kam übers Land. Eisblumen schmückten die Fensterscheiben und als es Frühling wurde, traute sie ihren Augen nicht. Das Kistchen war überschüttet mit blauen Blüten und das Entzücken der Hausfrau unbeschreiblich.*

# ECHTES JOHANNISKRAUT

*Hypericum perforatum*, Johanniskrautgewächs

## GATTUNG

*Hypericum* umfasst etwa 400 Arten. Diese sind über fast die ganze Weltkugel verbreitet. Hauptverbreitungsgebiete der Gattung sind das Mittelmeergebiet, der Himalaja und die Anden. Im Gebiet kommen 13 Arten vor.

## NAME

Die Deutung des botanischen Gattungsnamens ist unklar und umstritten. Eine Theorie leitet den Namen vom griechischen „hypereikon" ab, eine Pflanze der Alten mit heidekrautähnlichen Laubblättern. Gemeint könnte *Hypericum empetrifolium* sein. Eine andere Möglichkeit ist die Herleitung von den griechischen Wörtern „hyper" (= über) und „eikon" (= Bild) und könnte auf die alte Nutzung gegen krankhafte Einbildung zurückgehen.

Der Artname leitet sich vom lateinischen „perforatus" (= durchlöchert) ab und beschreibt die durchscheinende Punktierung des Blattes dieser Art.

„Johanniskraut" als deutsche Benennung nimmt auf die Blütezeit im Frühsommer um Johannes (24. Juni) Bezug.

## VOLKSNAMEN

*Hartheu* (aufgrund der derben Stängel); *Tausendlöcherlkraut* (Steiermark; die Legende erzählt, dass der über die Heilkraft der Pflanze so erboste Teufel die Blätter mit unzähligen Nadelstichen durchlöcherte); *Färbakreitl* (Burgenland; Färberkraut); *Oelkong* (Norwegen; übersetzt Bierkönig, weil das Kraut dem Bier als Würze beigegeben wurde); *Teufelsflucht* (Oberösterreich; mit Johanniskraut wurde der Teufel verjagt).

## HEILPFLANZE

Johanniskraut gibt es heute in zahlreichen Fertigpräparaten, die zur kurmäßigen Behandlung von vorübergehenden depressiven Störungen angeboten werden. Neuerdings wurden bei Neurodermitis Erfolge mit einer Creme gesehen, die hyperforinreichen Johanniskraut-Extrakt enthält. Johanniskraut war die Lieblingspflanze von PARACELSUS. Er nannte die Blume ein „Arcanum, ein Universalmittel mit höchster Kraft, eine Sonnenpflanze, die Sonne und Licht in verzweifelte Herzen bringt".

## WILDGEMÜSE

Die Blätter und weichen Triebe werden als Schwarztee-Ersatz verwendet. Die Blüten geben eine hübsche, essbare Tellerdekoration ab.

## PRAKTISCHE ANWENDUNG

**Johanniskrautöl**

*Zutaten*

Frische Blüten des Echt-Johanniskrauts
Olivenöl
Leinentuch
Helles Schraubverschlussglas
Braunes Fläschchen

*Zubereitung*

An einem sonnigen, trockenen Tag werden die Blüten gesammelt und in das Schraubverschlussglas gefüllt. Leeren Sie nun das Olivenöl dazu, bis die Blüten damit bedeckt sind, und schütteln Sie das Ganze gut durch. Vier Wochen ruht das Glas nun an einem sonnigen Ort, wobei immer wieder durchgeschüttelt werden sollte. Anschließend die Mischung durch das Leinentuch filtern, in braune Fläschchen füllen und an einem dunklen Ort aufbewahren. Johanniskrautöl wirkt entzündungshemmend, schmerzstillend, beruhigt und entkrampft. Meiden Sie nach einer Einreibung die Sonne, da die Haut lichtempfindlicher wird.

*Echtes Johanniskraut (Hypericum perforatum)*

## 🌳 NATURGLAUBE

Johanniskraut stand bei den Germanen in hohem Ansehen. Es war der Überlieferung nach dem Lichtgott Balder geweiht. Zur Sommersonnenwende schmückten sich die Mädchen und Burschen mit Kränzen aus Johanniskraut und tanzten um das Feuer. Beim Erlöschen dieser warfen sie die Kränze auf die Hausdächer, um diese vor Blitzschlag zu schützen. In christlicher Zeit wurde das Fest der Sommersonnenwende um drei Tage verschoben und Balder musste Johannes dem Täufer Platz machen. Johanniskraut war immer schon ein wichtiges Kraut der germanischen weisen Frauen. Diese genossen in den Dörfern als Kräuterkundige, Hebammen, Traumdeuterinnen und Runenleserinnen hohes Ansehen. Viel von ihrem Wissen ist verloren gegangen. Wir glauben heute, durch Stoffanalyse die Geheimnisse der Pflanzen zu kennen – weit gefehlt.

*Bart-Johanniskraut (Hypericum barbatum)*

# KIRSCHE

*Prunus avium*, Rosengewächs

## GATTUNG

Von den rund 200 Arten der Gattung sind 17 in Europa und davon sieben bei uns heimisch. *Prunus* beinhaltet neben der Kirsche einige andere wichtige Obstarten wie Marille, Pfirsich, Pflaume oder Weichsel. Das Entfaltungszentrum der Gattung liegt in Ostasien, ein zweites, aber viel kleineres in Nordamerika.

## NAME

„Prumnon" hieß die Pflaume bei den Griechen, aus dem das lateinische „prunum" für die Pflaumenfrucht und *prunus* für den Pflaumenbaum und weitere Steinobstarten, wie der Kirsche wurde. Der botanische Artname ist vom lateinischen „avis" (= Vogel) abgeleitet, worauf sich der gebräuchliche Name „Vogel-Kirsche" für die kleinfrüchtige Wildform bezieht.

Als die großfrüchtigen Kirschen mit den Römern ins heimische Gebiet kamen, wurde auch deren Ausdruck „cerasus" mit übernommen. Aus „cerasus", nach der antiken Stadt Kerasos am Schwarzen Meer benannt, entstand das deutsche Wort „Kirsche". Das bis dahin gebräuchliche althochdeutsche Wort „wihsila" hingegen wechselte als Weichsel zu *Prunus cerasus,* der Sauer-Kirsche.

Orts- und Familiennamen wie Kirsch, Kirschbaum, Kerscher oder Kerschbaumer entstammen dem Baum.

## KULTUR

Die Vogel-Kirsche war schon früh ein wichtiges Wildobst für den Menschen, das belegen Steinkernfunde aus der Stein- und Bronzezeit, wie etwa von Pfahlbauten am Alpennordrand. Mit den Römern gelangten die ersten veredelten Kirschen nach Mitteleuropa. Heute zählt die Kultur-Kirsche zu den wichtigsten Obstarten im Hausgarten und im Erwerbsbau. Im deutschsprachigen Gebiet werden jährlich etwa 260.000 Tonnen Süß-Kirschen geerntet. Der Weltrekord im Kirschkern-Weitspucken liegt bei 28,98 Metern.

## ⟳ PRAKTISCHE ANWENDUNG

**Kirschkernauflage**

Gegen Blähungen empfiehlt die Volksmedizin Kirschkerne. Diese werden in einem Leinensäckchen am Ofen erwärmt und auf den Bauch gelegt.

## ⊛ NATURGLAUBE

Als Symbol der Fruchtbarkeit gilt der Kirschbaum seit je her. So entwickelte sich auch das Fruchtbarkeitsorakel der geschnittenen Kirschzweige Anfang Dezember, das später zu den Barbarazweigen christianisiert wurde, nach dem Gedenktag der im Volk sehr verehrten Heiligen BARBARA.

## ⓘ KLUGE PFLANZEN

**Können Pflanzen hören?**

Inzwischen nähert sich auch die skeptische Wissenschaft dem Tatbestand, dass Pflanzen auf akustische Stimulie-

rung reagieren. Eine ganze Reihe von Versuchen über die Wirkung von Musik auf das Pflanzenwachstum bestätigen solche Vermutungen.

Nun merkt auch der aufgeklärte Landwirt, dass die Feldfrüchte in jenen Landstrichen nicht mehr richtig gedeihen wollen, in denen breitflächig ausgesprühte Nebelschwaden giftiger Chemikalien sämtliche Insekten und Vögel ausgerottet haben.

In den Obst- und Weinplantagen hört man über Tonband das Zirpen von Grillen, das Singen der Vögel oder ein schönes Stück klassischer Musik. Das Ergebnis sind gesündere Pflanzen und schmackhaftere Früchte. Schon die Irokesen wussten, dass ohne das Summen, Zirpen und Zwitschern der Grillen, Zikaden und Vögel weder die Feldfrüchte noch die Waldbeere ordentlich wachsen und schmecken würde.

## POESIE

*Die einst so verbreitete Wildkirsche hat in einer forstwirtschaftlich geprägten Landschaft kaum mehr einen Platz. Fichtenforste, wohin das Auge schaut, mit sichtlich traurigen Fichten, die in Reih und Glied stehen müssen, als Flachwurzel-Monokultur Stürmen nicht mehr trotzen können, dem Borkenkäfer hilflos ausgesetzt und die ihrer Würde beraubt sind. Doch hie und da entging des Försters Kettensäge ein Kirschbaum, der dann aus dem Einheitsdunkelgrün freudig lacht, mit strahlend-weißen Blüten oder rotgelbem Herbstlaub. Welch Herzerwärmung für des Wanderers Gemüt.*

# WIESEN-KLEE

*Trifolium pratense,* Schmetterlingsblütler

## GATTUNG

Von den 238 Arten der Gattung sind 99 in Europa und 25 in unserem Gebiet heimisch. Mannigfaltigkeitszentrum sind die Länder um das Mittelmeer.

## NAME

Der botanische Gattungsname ist lateinischer Herkunft und heißt übersetzt sinnigerweise „Dreiblatt". Auch der Artname ist lateinisch von „pratum" (= Wiese).
Unser heutiger Ausdruck „Klee" entstammt dem germanischen „chleo".

## VOLKSNAMEN

*Zutzler* (Defreggental, Osttirol); *Himmelsbrot* (Niederösterreich, Steiermark); *Kotzenschwoafel* (Burgenland).

## BIOLOGIE

Die Zuckerkonzentration im Nektar ist mit 22–66% sehr hoch. Jede Blüte produziert durchschnittlich 0,04 Mikroliter Nektar.
Vierblättrige Pflanzen sind Launen der Natur. Sammler berichten von einer Quote, die bei etwa eins zu 10.000 liegt. Im Buch der Rekorde lag 2008 der Rekord bei einem 18-blättrigem Kleeblatt.

## NUTZPFLANZE

Wiesen-Klee kann sowohl als Grünfutter als auch siliert oder getrocknet verfüttert werden. Wertvoll ist hierbei sein hoher Anteil an verdaulichem Eiweiß.

## KNÖLLCHENBAKTERIEN

Der Zusammenhang zwischen Wurzelanschwellungen und dem Befall mit Bakterien wurde 1866 erstmals vom russischen Botaniker Michail Stepanowitsch WORONIN beschrieben, der auch den Begriff der Knöllchenbakterien prägte.

Hermann HELLRIEGL und Hermann WILFARTH waren es, welche 1886 die Symbiose der Schmetterlingsblütler mit den Rhizobiaceae-Bakterien entdeckten und auch deren Fähigkeit, elementaren Luftstickstoff in pflanzenverfügbare Stickstoffverbindungen zu überführen. Tiere, und damit auch der Mensch, nehmen Stickstoff auf, indem sie sich von anderen Lebewesen ernähren. Der größte Stickstoffvorrat befindet sich in der Luft, ist von dort aber für die meisten Lebewesen nicht nutzbar. Durch die Symbiose von Knöllchenbakterien mit Schmetterlingsblütlern wird Stickstoff verfügbar gemacht. Man schätzt die Menge des fixierten Stickstoffes auf etwa 120 Millionen Tonnen jährlich. Diese Fähigkeit macht Schmetterlingsblütler wie den Wiesen-Klee zu wichtigen Gründüngepflanzen. In Europa wird Wiesen-Klee zur Bodenverbesserung seit dem 4. Jahrhundert angebaut.

## WILDGEMÜSE

Blüten des Wiesen-Klees dienen zur Teegetränkbereitung und als Dekoration für Salate und Desserts.

## PRAKTISCHE ANWENDUNG

### Klee-Butterkugeln

Blüten des Wiesen-Klees abzupfen. Einen Löffel Butter ausstechen und daraus mit den Händen eine Kugel formen. Diese Butterkugel in den vorbereiteten Kleeblüten rollen und zur Grillfeier servieren. Es können statt Klee auch alle anderen essbaren Blüten wie Thymian, Bohnenkraut, Hornklee, Löwenzahn usw. verwendet werden.

## NATURGLAUBE

Klee als Glückspflanze war in der germanischen Mythologie der Liebesgöttin Freya geweiht. Wie fast alle der Freya geweihten Pflanzen wurde er mit dem Christentum der Gottesmutter Maria übertragen.

Wolf-Dieter STORL schrieb, dass bei den Kelten der dreiblättrige Klee die höchsten Mysterien, ja die Gottheiten selbst, die immer dreigestaltig erscheinen, symbolisiert: das Volk, das sich in Helden und Druiden und einfaches Volk aufteilt, oder auch den Druidenstand, der sich in Denker (Druiden), Barden (Sänger) und Vaten (Schamanen) aufteilt. Die Legende erzählt, dass der heilige PATRICK anhand eines Kleeblattes den schwer zu bekehrenden Iren die Dreifaltigkeit, Vater, Sohn und Heiliger Geist, erklärt habe.

Vierblättriger Klee gilt seit jäh her als Glückssymbol. Aber auch der typische dreiblättrige Klee war Sinnbild für Glück, Wohlstand und eine glückliche Ehe. Alte Volksnamen wie Himmelsbrot oder Redewendungen wie „über den Klee loben" zeugen vom Stellenwert der Pflanze.

## POESIE

*Blumen sind nur so klein, aber sie färben die Welt.*

*Norbert GRIEBL*

# FRÜHLINGS-KNOTENBLUME

*Leucojum vernum*, Amaryllisgewächs

## GATTUNG

Von den zehn Arten kommen acht in Europa und zwei hierzulande vor. Alle Arten sind auf Europa, Nordafrika und Westasien, östlich bis zum Iran beschränkt.

## NAME

Der botanische Gattungsname ist aus den griechischen Wörtern „leukos" (= weiß) und „ion" (= Veilchen) zusammengesetzt und bezeichnete ursprünglich mehrere andere Pflanzen wie etwa die Levkoje, deren deutscher Name noch heute „Weißes Veilchen" bedeutet. Der Artname leitet sich vom lateinischer „ver" (= Frühling) her.

Mit der deutschen Benennung ist der auffällig unter der Blüte hervortretende unterständige Fruchtknoten gemeint.

## VOLKSNAMEN

Poetischer sind hier schon die Volksnamen, welche aber auch andere Frühlingsblüher bezeichnen: *Märzenbecher* (Hessen, Franken, Oberösterreich usw.); *Schneeglöckerl* (Weststeiermark); *Schneekatzerl* (Salzburg); *Schneewittchen* (Oberfranken); *Högerli* (Luzern); *Gloggara* (St. Gallen).

## 🌳 NATURGLAUBE

Indem die Kirchenväter die alten Götter und Naturgeister vertrieben, um ihrem einzigen Gott Raum zu schaffen, leiteten sie einen Prozess ein, der allmählich zur Entzauberung der Natur führte. Die Aufklärung, die Alleinherrschaft von Vernunft und Wissenschaft, führte schließlich zur vollständigen Erblindung des modernen Menschen bezüglich der andersweltlichen Wesen.

Aber hinter dem schlichten grünen Gewand einer Blume verbirgt sich ein wahrer Meister, eine Pflanzenseele. Und wenn wir uns Zeit für diese Pflanzenseelen nehmen, dann offenbaren sie sich uns, dann tanzen sie wie Traumbilder durch unsere Seelen. Und je intensiver wir uns mit ihnen beschäftigen, umso mehr spüren wir die Lebenskraft, die von ihnen ausgeht. Man bemerkt Dinge, die man noch nie gesehen oder gespürt hat und manchmal ist es, als schaue die Pflanze zurück, so als ob sie wissen wolle, wer da ist und wer sich so intensiv mit ihr beschäftigt.

## POESIE

*Wenn der Feberwind die Buchenwipfel durcheinander rüttelt, die grauen Nebel über die Hügel jagt und die kahlen Zweige der Hecke erzittern vor Kälte und Unbehagen, wenn alles am Scheiden des Winters zweifelt und das Frühlingshoffen vergisst, macht eine Blume uns Mut. Zwei lange Blätter und ein Blütenschaft, ein Stängel mit zartem grünen Köpfchen, das sanft zur Erde blickt. Sie halten sich aufrecht und gerade, als gäbe es keine Angst und Not im Leben. So trotzt das entzückende Blümchen der Kälte, wächst unaufhaltsam dem Licht entgegen, immer auf die Sonne hoffend und auf das Leben. Und als endlich ein heller Strahl durch den Wald bricht, da ist plötzlich aus der grünen Knospe die*

schönste Blüte geworden. Willensstark wie Helden kämpfen sie sich durch die braune Decke des Waldes und nicht selten versperrt ein trockenes Buchenblatt der Blume ihren Weg – dann durchbricht sie dieses und das Buchenblatt wird zu einem abenteuerlich geformten Kragen um den Hals des Frühlingsblümchens. Siegreich blickt es über alle Hindernisse hinweg ins helle Tageslicht. Doch wenn die schönen Tage kommen, wenn die Sonne ihr Leben schickt, dann sinkt das Glöckchen sacht zusammen, als wäre es erdrückt von der Last des Glückes.

### Eine alte Sage

Als der erste Schnee auf die Welt fiel, erfroren alle Blumen und der Schnee hatte niemanden, mit dem er sich unterhalten konnte. Die Geister des Waldes halfen dem Schnee und ließen eine grüne Blume erspriessen, deren Blüte wie eine Glocke aussah. Die Blume verliebte sich auf den ersten Blick in den Schnee und weil sie auch so schön wie der Schnee sein wollte, färbte sie ihre Blüte weiß, damit jeder gleich wusste, dass sie zusammengehörten.

Von allen Schatzgräberexpeditionen,
die die Menschheit je unternahm,
ist es eine der erregendsten,
ganz früh an einem Vorfrühlingmorgen
gartenwärts zu schleichen,
in der insgeheimen Hoffnung,
schon ein paar Schneeglöckchen
durchs Falllaub brechen zu sehen.

*Beverly NICHOLS*

# GROSSBLÜTIGE KÖNIGSKERZE

*Verbascum densiflorum, Braunwurzgewächs*

## GATTUNG

Von den 360 Arten der Gattung kommen 87 in Europa und 14 im deutschsprachigen Gebiet vor. Am Balkan sind rund 50 Arten endemisch. Das Mannigfaltigkeitszentrum der Gattung erstreckt sich vom Balkan bis ins armenisch-iranische Hochland. Amerika und Australien werden ursprünglich nicht besiedelt.

## NAME

Die Herkunft des botanischen Gattungsnamen ist umstritten. Angeblich soll er eine Verstümmelung von „barbascum", abgeleitet vom lateinischen „barba" (= Bart) darstellen. Eine andere Theorie sieht den Namen wegen des Wortelements „asco" als Lehnwort ligurischer Abstammung an. Sicher ist nur, dass bereits PLINIUS den Namen für die Gattung verwendet hat.

Der botanische Artname wird von den beiden lateinischen Wörtern „densus" (= dicht) und „florus" (= blühend) abgeleitet und beschreibt die dichtblütige Infloreszenz.

## VOLKSNAMEN

*Himmelskerzen* (Pinzgau, Salzburg); *Donnerkerzen* (Bayern; es soll der Blitz einschlagen, wenn man eine Königskerze abreißt); *Zunderfackel* (die Stängel wurden als Fackel verwendet); *Bettelmann* (Franken); *Bärenkraut* (Bären sollen sich, wenn sie verwundet sind, mit dem Kraut heilen); *Himmelbrand* (Bayern, Österreich). Zweihundert weitere Volksbenennungen für die Königskerze sind bekannt.

## HEILPFLANZE

Königskerzen gelten seit Jahrtausenden als wichtige Heilpflanzen. Sie wirken hustenlindernd, abschwellend, schmerzlindernd, entzündungshemmend und blutreinigend. Der Presssaft oder ein Teeaufguss werden gegen Schleimhautentzündungen im Mund- und Rachenbereich eingesetzt. Eine Rotweinabkochung hilft gegen Husten und Brustschmerzen. Die Blätter werden in der Volksmedizin gegen Hautentzündungen verwendet. Als vielseitig eingesetztes Heilkraut wird die Königskerze in Deutschland, Ungarn, Belgien, Kroatien, Italien und der Slowakei feldmäßig angebaut. Zu diesem Zweck hat man einjährige Rassen auserlesen, die bereits im ersten Jahr blühen und damit beerntet werden können. Hildegard von BINGEN schreibt, dass der Tee aus Königskerzen ein schwaches und trauriges Herz erstarkt und fröhlich macht.

## WILDGEMÜSE

Die Blüten werden frisch oder getrocknet zur Teegetränkerzeugung genutzt. Sie gelten als Aromaverbesserer für Getränke und als essbare Dekoration.

## PRAKTISCHE ANWENDUNG

**Königskerzen-Räucherung**

Blüten oder Samen an einem sonnigen Vormittag sammeln, trocknen und in einer Räucherschale bei offenem Fenster verräuchern. Die Königskerze hilft, negative Energien, verursacht etwa durch Streit oder unliebsamen Besuch, zu nehmen.

## NATURGLAUBE

In der germanischen Mythologie halten Elfen, die den Königskerzenblüten entspringen, in Vollmondnächten einen Tanz um die Blüten. „Himilbrando" (= Himmelbrand) hieß die Pflanze bei unseren Vorfahren, weil sie aus ihren Stängeln Fackeln machten und die Haare der getrockneten Blätter zum Anfeuern verwendeten. Der Männername Hildebrand geht auf die Königskerze zurück.

Barmherzigkeit und Würde symbolisiert die Königskerze und so verwundert es nicht, dass man im Germanischen Nationalmuseum in Nürnberg, dem größten kulturhistorischen Museum Deutschlands, ein spätmittelalterliches Glasfenster bewundern kann, auf dem der Burggraf FRIEDRICH von Hohenzollern als Stifter einer Kartause dargestellt wird, wobei ihm zu Füßen eine Königskerze entspringt.

## POESIE

*Es ist so angenehm, zugleich die Natur und sich selbst zu erforschen, weder ihr, noch dem eigenen Geist Gewalt anzutun, sondern beide in sanfter Wechselwirkung miteinander ins Gleichgewicht zu bringen.*

Johann Wolfgang von GOETHE

*Kleinblütige Königskerze (Verbascum thapsus)*

# KORNELKIRSCHE

*Cornus mas,* Hartriegelgewächs

## GATTUNG

Von den rund 60 Arten der Gattung kommen vier in Europa und davon drei bei uns vor. Mannigfaltigkeitszentrum ist das mittlere China.

## NAME

*Cornus* als botanischer Gattungsname entstammt wahrscheinlich dem lateinischen „cornu" (= Horn) und soll auf die Härte des Holzes hinweisen. Möglicherweise lässt sich der Name aber auch vom griechischen „kérasus" (= Kirsche) ableiten. Sicher Latein ist der Artname „mas" (= männlich). PLINIUS sah in der großen, essbaren Kornelkirsche das Männchen, im niedrigeren Rot-Hartriegel, *Cornus sanguinea,* mit seinen ungenießbaren Früchten das Weibchen.

„Kornelkirsche" als deutsche Benennung ist vom botanischen Gattungsnamen abgeleitet.

## VOLKSNAMEN

*Dirndl* (Österreich, Bayern; von Dirlitze abgeleitet, doch ist nicht klar, woher dieser Name kommt); *Treanchtln* (Niederösterreich); *Herlitze* (Thüringen; nach Jacob GRIMM eine Abwandlung von Kornelle).

## ✓ NUTZEN

Der Kalender zeigt Februar. Kalter Wind pfeift um die Häuser und dennoch hat es ein heimisches Gehölz gewagt, die ersten Blüten zu öffnen – die Kornelkirsche. Manche Sträucher haben nur männliche Blüten, bei anderen harmonieren weibliche und männliche Blüten nicht – sie bilden keine Früchte aus. Umgehen kann man dies mit der Pflanzung von Fruchtsorten, etwa der weitverbreiteten „Jolico", die zufällig in einem österreichischen Botanischen Garten gefunden wurde. Aber auch diese Fruchtsorten sind weitgehend selbst unfruchtbar und benötigen einen Pollenspender, welcher wiederum eine Wilddirndl sein kann.

Kornelkirschen haben das härteste Holz aller Gehölze Europas. Das wusste schon ALEXANDER der Große, welcher gegen die Perser mit Lanzen aus Dirndlholz kämpfte.

## ① DIRNDLTAL

Im niederösterreichischen Alpenvorland liegt das Pielachtal, welches besonders für seinen Reichtum an Kornelkirschen bekannt ist und so auch den liebevollen Namen Dirndltal trägt.

8.267 Gelb-Hartriegeln, so der Büchername für *Cornus mas,* wurden 2004 hier gezählt. In den darauf folgenden Jahren setzte die Bevölkerung weitere Sträucher, sodass gegenwärtig rund 11.000 Dirndln im Tal nutzbar sind. Etwa 300 Bauern und 15 weiterverarbeitende Betriebe erzeugen aus der Frucht Marmelade, Saft, Wein, Schnaps und Likör. Besonders originell sind die „Pielachtaler Oliven"

## PRAKTISCHE ANWENDUNG

**Pielachtaler Oliven**

*Zutaten*

200 g unreifer Kornelkirschen, gelb bis hellrot in der Farbe

200 ml Weißweinessig

1 Wacholderbeere

1 Lorbeerblatt

1 TL Salz

1 Prise Zucker

1 Gewürznelke

*Zubereitung*

Kornelkirschen über Nacht in Salzwasser einlegen. Am nächsten Tag abspülen, trocken tupfen und in kleine Schraubdeckelgläser einschichten. Den Essig mit den Gewürzen aufkochen und fünf Minuten im geschlossenen Topf köcheln lassen. Essig abseihen und heiß über die Dirndln schütten, bis sie vollständig bedeckt sind. Gläser sofort verschließen und im Kühlschrank mindestens zwei Wochen ziehen lassen. Vor dem Genuss die „Oliven" mit Wasser abspülen.

## NATURGLAUBE

Kornelkirschen blühen oft schon zu einer Zeit, wo die ersten Vorfrühlingsfeste im Land gefeiert wurden: Fasnacht und Karneval. Mit lauten Ratschen, Klappern und Böllern wollte man den Winter austreiben. Je toller es dabei zuging, umso besser, denn der strenge Winter des Nordens war immer wieder eine harte, entbehrungsreiche Zeit und den beginnenden Frühling begrüßte man mit ausgelassener Freude. Dabei entstammt das Wort „Fasnacht" nicht etwa dem Wort „fasten", sondern dem frühneuhochdeutschen „faseln", was soviel wie „gedeihen, fruchtbar sein" bedeutet und mit welcher Nacht die Vegetationszeit im Jahr eingeleitet wurde.

## POESIE

*Wir Gärtner sind ein eigenes Volk.*
*Ist es doch nicht verwunderlich,*
*stetig Träumen nachzueifern,*
*jeden Frühling verrückt zu spielen,*
*offenen Ohres der Welten Dinge zu lauschen,*
*aber der Klangwelt eines Schneckenhauses*
*gegenüber der eines Palastes den Vorzug zu*
*geben!*

Christian KRESS

# KOHL-KRATZDISTEL

*Cirsium oleraceum,* Korbblütler

## GATTUNG

Von den etwa 200 Arten der Gattung kommen 60 in Europa und 19 im deutschsprachigen Gebiet vor. *Cirsium* ist in Eurasien, in Afrika südlich bis Abessinien und in Nord- und Mittelamerika verbreitet.

## NAME

Der botanische Gattungsname soll auf das griechische „kirsos" (= Krampfader) zurückgehen, gegen welche eine „distelförmige Sippe" bereits bei Plinius und Dioskurides helfen sollte. Der Artname ist lateinischer Herkunft, bedeutet „Gemüse, kohlartig" und beschreibt Pflanzen, welche als Gemüse verwendbar sind.

„Distel" als deutsche Bezeichnung geht auf das germanische „distila" (= stechen, spitz) zurück.

## VOLKSNAMEN

*Scherdistel* (Niederösterreich, Kärnten, Franken, Schlesien; abgeleitet vom germanischen „sceran" für „schneiden").

## ⊕ WILDGEMÜSE

Es ist schon sehr verwirrend. Einst galt die Kohl-Kratzdistel mit ihrem walnussartigen Geschmack als begehrtes Wildgemüse, welches ganz selbstverständlich von allen geerntet und genossen wurde. Doch bald begann die menschliche Dekadenz. Die Reichen leisteten sich teure exotische Früchte, Gemüse und Gewürze, später den raffinierten weißen Zucker und das weiße Mehl, welche durch ihre Herstellungsprozesse viel zu teuer für die einfachen Leute waren.

Heute sind raffinierter Zucker, weißes Mehl, geschälter Reis und Ähnliches mehr zum Inbegriff wertloser Nahrungsmittel geworden. Sie sind aber durch die Massenproduktion billig und werden so gekauft. Für einstige „Unkräuter" wie die Kohl-Kratzdistel muss man hingegen teuer bezahlen, um sie in Gourmet-Restaurants als Delikatesse auf den Teller zu bekommen. Mittlerweile werden solche „Unkräuter" sogar feldmäßig für den Genuss –angebaut – Giersch (*Aegopodium podagraria*) in Deutschland, Klette (*Arctium lappa*) in Japan, Löwenzahn (*Taraxacum officinale*) in Frankreich oder Brennnessel in den USA. Genau diese teuren Delikatessen wachsen aber nach wie vor frei vor unserer Haustür. Ist es nicht verrückt, sie nur dann zu schätzen, wenn sie uns die Haute Cuisine serviert? Was einst der Arme aß, isst heute der Reiche und was sich einst nur Reiche leisten konnten, damit geben sich heute die Ärmeren zufrieden. Kohl-Kratzdisteln sind ziemlich wehrlos, ein Entstacheln ist nur selten notwendig. Verwendbar ist praktisch alles. Junge Blätter und Stängel können roh als Salat serviert werden, die Köpfchenböden sind gleich den Artischocken nutzbar und aus allen –Teilen – auch den Wurzeln – kann man Kochgemüse oder Spinat machen.

In Russland zählt die Kohl-Kratzdistel auch heute noch zu den geläufigen Wildgemüsearten und in Japan wird der dort nicht heimische Korbblütler sogar feldmäßig gezogen.

##  PRAKTISCHE ANWENDUNG

**Kohl-Kratzdistel-Kartoffelsuppe**

*Zutaten*

Eine Handvoll junger Kohl-Kratzdistelblätter, Triebe
oder knospiger Köpfchen
2 Kartoffeln
1 Stange Sellerie mit Blatt
1 kleine Zwiebel
½ Karotte
½ Petersilienwurzel
1 Lorbeerblatt
750 ml Gemüsebrühe
125 ml Schlagobers
Salz und Pfeffer

*Zubereitung*

Alle Gemüsezutaten klein schneiden, in der Gemüsebrühe weich kochen und passieren. Nochmals erhitzen, mit den Gewürzen abschmecken und das
Schlagobers einrühren. Die würfelig geschnittenen
Kartoffeln als Einlage beigeben.
Anrichten im Teller und als Dekoration einen Löffel
geschlagenes Obers dazugeben.

## 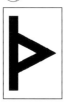 NATURGLAUBE

Disteln waren in der germanischen Mythologie dem Donnergott Thor (= Donar)
geweiht. Die Schamanen, Magier und
weisen Frauen sahen einen Zusammenhang zwischen Dornengebüschen und den
höhergeistigen Wesen. Zauberstäbe fertig-
ten sie vorrangig aus Schleh- oder Weißdornholz. Disteln
und Bäume mit Dornen symbolisierten Schutz und in der
Form der Thor-Rune ist ein solcher Dorn versinnbildlicht.
Die Rune wird bei der Wiedergabe von Runeninschriften
mit den Buchstaben unserer neuzeitlichen Schrift durch
„th" umschrieben. Dieser Lispellaut hat sich in der englischen Sprache bis in die Gegenwart bewahrt, im Deutschen ist er um 600 n. Chr. allmählich zu „d" geworden.
Die Thor-Rune, im altenglischen auch Thorn genannt,
symbolisiert einen Stängel mit einem Stachel. Sie ist die
Rune der Urkraft und des Schutzes, aber auch der Freude
und Kameradschaft. Die Germanen erkannten schon,
dass Disteln menschenfreundliche Wesen sind. Sie
wachsen gerne in der Nähe menschlicher Siedlungen,
sind sämtlich ungiftig, dienen dem Menschen als
Nahrung und bergen vielerlei Heilkräfte in sich.
Disteln und bewehrte Gehölze demonstrierten im
germanischen Glauben mit ihren allseits abweisenden
Stacheln, den oftmals kargen Wachstumsbedingungen
und ihrer zähen Lebenskraft Ausdauer, Kraft und Treue.
Im christlichen Glauben hingegen symbolisieren Disteln
das Leid Jesu. Je mehr Schmerz und Leid bildlich dargestellt werden sollte, desto mehr Disteln sind zu finden.

## POESIE

*Nur ein einzig Distelstöckchen*
*ließ er stehn auf meinen Wink,*
*dass sich mit dem bunten Röckchen,*
*setzt darauf ein Distelfink.*

*Friedrich RÜCKERT*

# BUCHS-KREUZBLUME

*Polygala chamaebuxus*, Kreuzblumengewächs

## GATTUNG

Die große Gattung umfasst etwa 500 Arten, verteilt auf fast der ganzen Erde. Der Verbreitungsschwerpunkt liegt mit 230 Arten in Amerika. In Südafrika bildet das Kreuzblümchen auch mittelhohe Sträucher (*Polygala myrtifolia*) aus. In unserem Gebiet kommen zehn Arten vor.

## NAME

Der botanische Gattungsname soll vom griechischen „poly" (= viel) und „gala" (= Milch) kommen. Allerdings führt keine Art der Gattung Milchsaft und auch die Milchleistung der Kühe wird durch die Gattung nicht gesteigert. Eine andere, allerdings an den Haaren herbeigezogene Theorie besagt, dass der Name von der milchweißen Unterart *P. vulgaris ssp. oxyptera* herrührt. Der Artname hingegen ist eindeutig vom griechischen „chamai" (= nieder) und „buxus" (= Buchs) und soll auf die Ähnlichkeit der immergrünen Blätter hinweisen.

## VOLKSNAMEN

*Pantofferl* (Schwaben, wegen der Form der Blüten); *Kloane Frauenschucherl* (Traunsee, Oberösterreich); *Gockelhahn* (Niederösterreich); *Bipihenderl* (Ebensee, Oberösterreich); *Pflümli* (Thurgau, Schweiz; nach dem schwachen Pflaumenduft der Blüten); *Miachn* (Lunz in Niederösterreich); *Muatergottespatschala* (Kärnten, Südtirol); *Waldmyrten* (Burgenland).

## ⊛ NATURGLAUBE

Kreuzblümchen waren die wichtigsten Blumen bei den germanischen Flurumzügen, an denen zu Ehren des Wettergottes Donar (= Thor) feierliche Prozessionen um die Felder stattfanden. Mit kleinen Opfergaben wie Blumen oder Met bat man Donar um gutes Wetter und damit einhergehend reiche Ernte. Nach der Christianisierung transformierte das Fest zu Christi Himmelfahrt. In der englischen Bezeichnung „Holy Thursday" für das Himmelfahrtsfest lebt das Andenken Thors heute noch fort. Geblieben ist auch, dass es immer ein Donnerstag ist, an dem Christi Himmelfahrt begangen wird, dem Tag Donars (= Thor).

## POESIE

*Die Pflanze ist ein geistiges Wesen –*
*sinnlich und zugleich übersinnlich.*

Johann Wolfgang von GOETHE

# KUHSCHELLE

*Pulsatilla vulgaris,* Hahnenfußgewächs

## GATTUNG

Von den 38 Arten der Gattung kommen elf in Europa und neun hierzulande vor. Hauptverbreitungsgebiet sind das asiatische Altai-Tienshan-Gebiet und in kleinerem Maße Europa und Nordamerika.

## NAME

*Pulsatilla* ist vom lateinischen „pulsare" (= schlagen, stoßen) abgeleitet und soll auf die glockenförmigen Blüten vieler Arten hinweisen.

Der botanische Artname ist unpassend, da er meist für gewöhnliche, allgegenwärtige Allerweltspflanzen gewählt wird. Vielleicht war aber die Kuhschelle einmal derart häufig und gemein, dass der Name zutraf. Heute jedenfalls zählt das Naturjuwel zu den seltenen, gefährdeten Arten.

## VOLKSNAMEN

*Küchenschelle* (Österreich, Deutschland; als Verkleinerungsform der Kuh, das Kühchen, welches schnell zur Küche wandelte); *Gockaloanzen* (Steiermark).

Alpen-Kuhschelle(Pulsatilla alpina)

Gelbe Alpen-Kuhschelle
(Pulsatilla alpina ssp.apiifolia)

Steirische Kuhschelle
(Pulsatilla styriaca)

### ☠ GIFTPFLANZE

Die Kuhschelle ist wie die meisten Hahnenfußgewächse giftig. Protoanemonin und Anemol sind die Hauptgiftstoffe.

### ✿ NATURGLAUBE

Kuhschellen sind Giftpflanzen, die in der richtigen Dosierung aber auch zu Heilzwecken dienen. Während unsere Vorfahren ihre Heilpflanzen mit einem Segensspruch an ihren natürlichen Standorten ernteten und sich beim Geist der Pflanze für seine Hilfe bedankten, sind die meisten der heute in kommerziellen Apotheken zum Kauf angebotenen Heilkräuter schlicht Ware. Sie werden ganz prosaisch nach kommerziellen Gesichtspunkten, oft in Billiglohnländern und unter Anwendung von Pflanzenschutzmitteln angebaut und geerntet. Die Pflanzen selber gelten lediglich als Produzenten verschiedener Molekularkomplexe, die einer sachlichen Analyse zugänglich sind und sich in chemischer Synthese nachbauen lassen.

Es sind, so scheint es, nur hoffnungslose Romantiker, die sich gegen die Entzauberung der Welt zur Wehr setzen und noch an den Geist der Pflanze glauben.

### POESIE

*Eine Vertreterin festen Willens und lebensstarker Zuversicht ist die Kuhschelle. An ihren kargen Wuchsorten öffnet sie ihre Blüten, wenn noch eisige Winde über ihre pelzigen Häupter fegen. Dem Wind muss sie widerstehen, den Schnee muss sie dulden und die Kälte, die mit dem Dunkel der Nacht gleich einem winterlichen Todesengel über die Erde schwebt.*

*Große Kuhschelle
(Pulsatilla grandis)*

# LÄRCHE

*Larix decidua*, Föhrengewächs

## GATTUNG

Zwölf Arten umfasst die Gattung *Larix*, wovon zwei in Europa und davon eine bei uns heimisch ist. Der Verbreitungsschwerpunkt der Gattung liegt in Ostasien.

## NAME

Der botanische Gattungsname geht auf die gallische Bezeichnung des Baumes („darix") zurück und wurde durch Wandel des Anlautes zu „larix". Der Artname geht auf das lateinische „deciduus" (= abfallend) zurück und beschreibt damit die Eigenart des Baumes, die Nadeln im Herbst zu verlieren.

„Lärche" als deutsche Bezeichnung ist dem althochdeutschen „larihha" entlehnt und dieses wiederum der lateinischen Bezeichnung.

*Salige Fräulein.*
*Zeichnung von Mathias SCHMID.*

## VERBREITUNG

Unsere Lärche ist ein Baum der Alpen, der Karpaten und des Vorlandes der Beskiden und Waldkarpaten. Im deutschsprachigen Gebiet häufig als Forstbaum kultiviert, auch in tiefen Lagen. Bestände unter 1.000 Höhenmetern gelten durchwegs als vom Menschen gepflanzt. Die mächtigsten Lärchenveteranen, „Urlärchen" genannt, findet man im Ultental bei Meran in Südtirol. Die höchsten Bäume mit einer Stammlänge von bis zu 53 Metern wachsen bei Schlitz nahe Fulda. Sie wurden dort vor etwa 180 Jahren gepflanzt.

## ⊛ HEILPFLANZE

Das aus dem Harz gewonnene Terpentin wirkt hautreizend und antiseptisch. Man nutzt es gegen Furunkel, Abszesse, rheumatische Beschwerden und Atemwegsbeschwerden. Zu den homöopathischen Anwendungsgebieten gehören Augenerkrankungen.

## ➤ PRAKTISCHE ANWENDUNG

**Lärchensalbe**

*Zutaten*

Ein nussgroßes Stück Lärchenharz aus dem Gebirgswald, wo man mit einem Taschenmesser das bereits erstarrte Harz ablöst.
Bio-Butter oder reines Schmalz

*Zubereitung*

Das etwa 20-fache der Harzmenge an Butter oder Schmalz abmessen und das Lärchenharz in einem Keramikgefäß am Herd langsam zum Schmelzen bringen. In einem anderen Gefäß die Butter zum Schmelzen bringen und wenn beide Massen etwa die gleiche Konsistenz haben, miteinander vermengen und solange rühren, bis sie eine einheitliche Masse bilden. Die entstandene Salbe in einen Tiegel

füllen und im Kühlschrank aufbewahren.
Lärchenharz gehört zu den wertvollsten Harzen. Bei
Husten und Bronchitis trägt man die Salbe in der
Lungengegend auf Brust und Rücken auf. Sie erleichtert das Abhusten des Schleims.

## 🌳 NATURGLAUBE

Im Alpenraum galten Lärchen als Wohnsitz der guten
Waldfrauen und „Saligen", unter deren Schutz vor allem
Mütter und Kinder stehen. Die Saligen, die Gesegneten,
gelten als anmutige Wesen der Anderswelt, die freundlich
zu Menschen sind und Tiere schützen. Oft werden die
saligen Fräulein als weiß gekleidete Geisterwesen
beschrieben, die unter alten Lärchen tanzen und liebliche
Lieder singen. In den Alpen setzte man daher die Lärche
vielfach als Hausbaum und alte Lärchenveteranen, wie
die im Tiroler Maria Waldrast, galten als heilige Bäume,
welche nach der Christianisierung mit Marien-Bildern
geschmückt wurden.

## POESIE

*Die Lärche gilbt unter den Nebelgeschwistern,*
*sie birgt das lichte Haupt.*
*Die Schwermut hab ich in ihrem Gezweige*
*wie einen Geist zu sehen geglaubt.*

*Keinen Flügel hebt der Herbstwind den Samen,*
*die Schuppen hüten ihn winterlos jung.*
*Im Astwerk bewahrt sie verjährte Zapfen*
*wie ich die taube Erinnerung.*

*Welcher Geist mag das Gezweige bewohnen,*
*wenn es die Nacht mit Sternen belaubt?*
*Unter dem vollen und schwindenden Monde*
*berge ich wie die Lärche mein Haupt.*

*Günter EICH*

# KOMPASS-LATTICH

*Lactuca serriola*, Korbblütler

## GATTUNG

Von den rund 100 Arten der Gattung (inkl. *Cicerbita und Mycelis*) kommen 17 in Europa und neun im deutschsprachigen Gebiet vor. Artenreich sind Asien und das tropische Ostafrika.

## NAME

Der botanische Gattungsname ist vom lateinischen „lac" (= Milch) abgeleitet und bezieht sich auf die Milchsaft führende Eigenschaft der Pflanze. Ebenfalls Latein ist der Artname von „serrula" (= kleine Säge) in Anspielung auf die bewehrten Stängelblätter.

„Lattich" als deutsche Bezeichnung ist eine alte Entlehnung vom Gattungsnamen *Lactuca*.

## KULTUR

Kompass-Lattich ist die Ausgangspflanze des bekannten Gartensalates, *Lactuca sativa*. Nach schriftlicher Überlie-

*Blüte des Alpen-Lattich (Lactuca alpina)*

ferung diente der Kompass-Lattich bereits 500 v. Chr. in Ägypten, Persien und Griechenland als Nahrung. Kopfbildende Typen des Garten-Lattichs finden sich erstmals im 16. Jahrhundert, Eissalat erst Ende des 19. Jahrhunderts. Durch das stets steigende Angebot an Gartensalatformen wie Römischer Salat, Lollo Rossa, Buttersalat, Pflücksalat, Eichsalat oder Frisee wächst bei uns auch die Nachfrage, sodass der Gartensalat bereits an siebenter Stelle in der Gemüse-Beliebtheitsrangfolge steht.

## (❙❙) WILDGEMÜSE

Die jungen Blätter können roh als Salat oder gekocht als Gemüsegericht genossen werden.

## (➡) PRAKTISCHE ANWENDUNG

Die Art ist eine Kompasspflanze, welche sich durch die Ausrichtung ihrer Blätter in Nord-Süd-Richtung auszeichnet und somit der Orientierung dient. Durch diesen Trick erreicht das intensive Licht der Mittagssonne die Blätter nicht frontal und die Blatttemperatur bleibt um 3,6 bis 7,6 °C niederer als bei waagrecht gestellten Blättern. Pflanzen, die im Schatten wachsen, weisen dieses Verhalten nicht auf.

## (🌳) NATURGLAUBE

Die heutige Wissenschaft sieht in Pflanzen intelligenzlose, durch die Mechanismen der Evolution zufällig entstandene Gebilde, in denen zwar höchst komplizierte biochemische Vorgänge stattfinden, denen aber kein wie immer geartetes „Bewusstsein" zugesprochen wird.

Doch die Überlieferungen aller alten Kulturen berichten von fühlenden Seelen und einem erkennenden Geist, der sich in Pflanzen offenbart.

Der wahre Pflanzenkundige verkehrt mit dem Geist der Pflanze, erklärt ihr seine Absicht und fragt um Erlaubnis. Die Pflanze einfach zu ernten, blindlings zu nutzen, käme einem Diebstahl gleich und würde zu nichts Gutem führen.

# BLASEN-LEIMKRAUT

*Silene vulgaris*, Nelkengewächs

## GATTUNG

Von den rund 700 Silene-Arten (inkl. *Cucubalus*, exkl. *Heliosperma* und *Atocion*) kommen 171 in Europa und 22 bei uns vor.

## NAME

Der botanische Gattungsname ist von Silen, einem Satyr (Mischwesen aus Mensch und Ziege in der griechischen und römischen Mythologie), abgeleitet. Silen wird oft als betrunkener, fettbäuchiger und aufgedunsener Begleiter des Bacchus dargestellt. Dieser Umstand dürfte zum Vergleich mit den aufgeblasenen Kelchen vieler Silene-Arten geführt haben.

„Leimkraut" als deutsche Benennung bezieht sich auf den klebrigen Blütenstiel mehrerer Arten der Gattung.

## VOLKSNAMEN

*Knaller* (Pfalz, nach dem knallenden Geräusch beim Zerplatzen der aufgeblasenen Kelche); *Klöckkraut* (Steiermark, Kärnten); *Klescherl, Klitschen* (Niederösterreich, Steiermark); *Pfnatscher, Pfnotschale* (Tirol), Schnalzer (Oberösterreich, Salzburg); *Greankraut* (Ötschergebiet in Niederösterreich); *Taubenkropf* (Böhmen, Schweiz, Siebenbürgen, Tirol); *Glockala* (Bayern).

## BIOLOGIE

Der aufgeblasene Kelch schützt die Blüten vor ungebetenen Nektardieben, wie den kurzrüsseligen Hummeln. Diese beißen gerne ein Loch durch den Kelch, um an das süße Gut zu gelangen. Nachdem dieser Einbruch für die Blume zwecklos ist und keine Befruchtung zur Folge hat, versucht sie dies durch den aufgeblasenen Kelch und einer lederartigen Beschaffenheit am Honiggrund zu verhindern.

## ✓ NUTZEN

Aus den Wurzeln wurde früher eine Seifenlauge gekocht. Als Tiefwurzler (bis 2,5 Meter tief) festigt die Pflanze Böschungen und für Nachtfalter stellt sie eine wichtige Futterquelle dar.

Als Weidepflanze ist das Blasen-Leimkraut beliebt, fördert es doch die Milchsekretion bei Kühen. Das Wild schätzt die Pflanze als bevorzugte Äsung, worauf sich auch der Name des Gämsen-Leimkrautes (S. *vulgaris ssp. antelopum*) bezieht.

## 🍴 WILDGEMÜSE

Früher war die Pflanze bei uns ein beliebtes Wildgemüse, welches jetzt wieder in Mode zu kommen scheint. Junge Blätter und Triebe schmecken am besten, wenn man sie leicht in Butter dünstet. Aber auch als Nudelgericht-Zutat oder roh in Salaten findet die Pflanze Verwendung. In Norditalien heißt die Pflanze „Strigoli", die Blätter werden „Scuplit" und der Spinat daraus „Crema di Scuplit" genannt. Im Tessin nennt man die jungen Triebe „Trusi". Heute gibt es bereits einjährige Kultursorten der sonst mehrjährigen Pflanze.

Frische Triebe schmecken ähnlich wie junge Erbsen. Die leichte Bitterkeit verliert sich durch kurzes Blanchieren. Das Gemüse wirkt auf den menschlichen Körper stoffwechselanregend.

## ⟳ PRAKTISCHER NUTZEN

**Kräuternudeln**

*Zutaten*

    1 Handvoll Kräuter (Blasen-Leimkraut, Bärlauch,
    Giersch, Brennnessel, Melde usw.)
    250 g Nudeln
    250 g Topfen
    1 Zwiebel
    2 Eier
    20 g Butter
    150 g geriebener Käse
    Salz, Pfeffer

*Zubereitung*

    Die Kräuter waschen und fein hacken, in der
    Zwischenzeit die Nudeln kochen und die Zwiebel in
    der Butter bräunen. Topfen mit Eiern, Salz, Pfeffer,
    Zwiebel und den gehackten Kräutern vermengen
    und mit den Nudeln mischen. In eine Auflaufform
    geben, mit dem Käse bestreuen und bei 180° eine
    ¾ Stunde backen.

## ❀ NATURGLAUBE

Überlieferungen lassen darauf schließen, dass unsere
Ahnen das Leimkraut zu Ehren Odins verehrten. In den
letzten Jahrhunderten wurde die Natur durch Aufklärung, Rationalismus und Materialismus „entzaubert",
einer zunehmend industrialisierten Nutzung unterworfen
und rücksichtslos ausgebeutet. Vieles wurde dadurch
zerstört, die Urverbundenheit der Deutschen mit der
Natur, mit den Pflanzen, den Tieren und der heimat-
lichen Landschaft konnte aber nicht genommen werden
und diese tiefe Beziehung zu unseren grünen Freunden
schlummert bis in die heutigen Tage in uns.

POESIE

*Hört auf mich zu necken,*
*denn ich kann erwecken*
*in den Kindern ein Lachen,*
*kann knallen und schallen,*
*und sie fröhlich machen.*

*Wolf-Dieter STORL*

# HOHLER LERCHENSPORN

*Corydalis cava*, Erdrauchgewächs

## GATTUNG

Von den rund 400 Arten der Gattung kommen elf in Europa und davon fünf bei uns vor. Die meisten Arten sind in Ostasien beheimatet.

## NAME

Sowohl der griechische Gattungsname als auch die daraus folgernde Benennung Lerchensporn gehen auf die Haubenlerche, *Galerida cristata*, zurück. Offenbar wurde der schopfartig abstehende Blütensporn mit dem Federschopf des Vogels verglichen.

Der botanische Artname entstammt dem lateinischen „cavus" (= hohl) und beschreibt die im Alter hohle Knolle.

## VOLKSNAMEN

*Donnerflug, Donnerwurz, Walpurgiskraut* (dem Wettergott Donar zugehörige Pflanze). Oftmals wird die Blütenform mit einem Vogel verglichen: *Kickelhähnchen* (Thüringer Wald), *Kikeriki* (Oberbayern), *Güggeli* (Solothurn), *Hahnerl* (Salzburg), *Gügarügü* (Schweiz); *Vogeltsjesopeenbeen* (Friesland; Vogel auf einem Bein). Die rote und die weiße Farbspielart wird mancherorts als Männchen und Weibchen gedeutet: *Enl und Anl* (Großvater und Großmutter; Oberösterreich, Steiermark), *Knabenkraut und Mädelkraut* (Schlesien).

## NATURGLAUBE

Die Nacht vor dem Ersten Mai ist die Walpurgisnacht, benannt nach der angelsächsischen Missionarin Walburga, Äbtissin des Klosters in Heidenheim und Schwester bzw. nach anderen Quellen Nichte des Bonifazius.

Die schöne Jahreszeit ist angebrochen, die Blumengöttin heiratet in dieser Nacht den Lichtgott und es gibt genug Grund, ausgelassen zu feiern. In germanischer Zeit wurde freizügig um die Feuer getanzt, getrunken und ganz sicher mit der einen oder anderen berauschenden Pflanze nachgeholfen, denn feiern konnten die Germanen.

Überreste dieser ausgelassenen Tänze finden wir heute noch in den recht braven Bändertänzen mit all seinen Verwicklungen.

Walpurgiskraut oder Philippisamen nannte man früher den Lerchensporn. Der Apostel Philippus galt als Patron des Ersten Mais, bis er 1955 Platz für Joseph machen musste.

## POESIE

*Lieblich der Anblick einer Lerchensporn-Gesellschaft mit roten und weißen Pflanzen. Umso mehr, als ihr die feinen Stängel und die zarten Blätter große Beweglichkeit verleihen. Jeder Windhauch bringt sie zum Neigen, als steckten sie flüsternd die Köpfchen zusammen und wenn einmal ein Luftstoß etwas derber kommt, dann sehen sich die kleinen Kerle so an, als schüttelten sie sich vor Lachen.*

Carolus STERNE

*Finger-Lerchensporn (Corydalis solida)*

# WINTER-LINDE

*Tilia cordata*, Lindengewächs

## GATTUNG

45 Arten umfasst die Gattung der Linden, die alle in Eurasien und Nordamerika beheimatet sind. Verbreitungsschwerpunkt und wahrscheinlich auch Entwicklungszentrum der Gattung ist Ostasien. In Europa kommen fünf Arten, bei uns zwei vor.

## NAME

Der botanische Gattungsname ist umstritten. Vielleicht leitet er sich von „ptelea" (= Ulme) ab, da sich die Blätter von *Tilia tomentosa* und *Ulmus glabra* ähneln. Der Artname kommt vom lateinischen „cor" (= Herz) und beschreibt die Form der Blätter.
„Linde" als deutsche Bezeichnung ist vom germanischen „lind" (= weich, zart) abgeleitet.

## VOLKSNAMEN

*Tanzpupperl* (Wien; das Hochblatt bewirkt beim Abfallen des Fruchtstandes eine drehende, tanzende Bewegung).

## ✓ NUTZEN

Lindenbastgewebe ist bereits aus der Pfahlbauzeit bekannt. Aus dem Gewebe wurden Matten, Getreidesäcke, Bogensehnen, Seile, Schachteln, Sattelzeug, Bastschuhe und Papier hergestellt. Heute ist der Linden-Bindebast durch den Raphia-Bast, gewonnen von der afrikanischen Raphia-Palme, verdrängt worden.
Für die Holzschnitzerei ist die Winter-Linde nach wie vor begehrt.

## ⚕ HEILPFLANZE

Lindenblüten sind ein bekanntes und beliebtes Mittel, welches man bei Erkältungskrankheiten und damit verbundenem Husten einsetzt. Die Volksheilkunde verwendet sie darüber hinaus als harntreibendes, krampflösendes und beruhigendes Mittel.

## 🍴 WILDGEMÜSE

Die jungen, austreibenden Blätter werden gerne roh als Salat genossen oder zu Spinat und Gemüsegerichten verkocht. Aus den Blüten wird der bekannte Lindenblütentee gewonnen.

## ➡ PRAKTISCHE ANWENDUNG

**Linden-Entspannungsbad**
Frische oder getrocknete Lindenblätter lose oder in einem Leinenbeutel in die Badewanne legen, die Wanne mit warmem Wasser füllen. Lose Blätter werden vom Badenden regelrecht angezogen und bleiben oft am Körper kleben – die Linde ist halt ein ausgesprochen menschenfreundliches Wesen.

## 🌳 NATURGLAUBE

Die Linde galt den Germanen als heilig. Jahrtausende lang wurde unter diesem Baum gesungen, getanzt, in Ruhe verweilt oder Gericht gehalten, denn unter Linden soll die Wahrheit ans Licht kommen. Noch bis Ende des 18. Jahrhunderts findet sich unter Gerichtsurteilen die Schlussfor-

mel „gegeben unter der Linde". Ein Urteil unter der Freya bzw. Frigga geweihten Linde war stets milder – –linder – als das unter einer dem Thor geweihten Eiche. Es wurde immer im Freien bei Bäumen Gericht gehalten – nur diese Urteile hatten Bestand. Urteile in von Menschen errichteten Gebäuden waren nichtig.

Die Linde war und ist der Baum der Liebe, Bescheidenheit und Geselligkeit. Wer sich unter eine Linde legt, erfährt ihre ausgleichende, beruhigende und stärkende Kraft. In fast jeder Ortsmitte wurde zumindest eine Linde gepflanzt. Man traf sich bei ihr, spielte unter ihr und redete mit ihr. Sie war der Ortsmittelpunkt, so wie es heute die Kirchen sind. Mit der Christianisierung der Germanen wurden viele der heiligen Linden gefällt oder mit christlichen Symbolen versehen.

Einige dieser geschichtsträchtigen Linden stehen heute noch, so eine Winter-Linde in Utstedt in Oldenburg mit 70 Meter Kronenumfang und 14 Meter Stammumfang in Brusthöhe. 1866 fand zum letzten Mal unter ihr die Gemeindetagung statt, bei welcher der damalige Bürgermeister die Einverleibung des Königreiches Hannover in Preußen mitteilte.

Eine andere mächtige Thing-Linde (Thing, die germanische Vollversammlung) findet sich in Boldesholm in Holstein, unter der noch im 18. Jahrhundert Lindengericht gehalten wurde. Manche Linden wurden auch zu Marien-Wallfahrtsorten wie von Grimmental in Thüringen, gegen die Luther zu Felde zog.

1991 knüpfte man an die Jahrtausende alte Verehrung der Linde an und setzte in Niederdorla in Thüringen, dem geografischen Mittelpunkt Deutschlands, eine Kaiser-Linde zum Dank an die Wiedervereinigung.

Die einstige hohe gesellschaftliche Bedeutung der Linde sieht man heute noch anhand der vielen nach der Linde benannten Orte. Mehr als 1.000 Orte in deutschen Landen verdanken ihren Namen dem Baum. Die Linde steht in der Pflanzensymbolik für Heilung und Frieden, worauf sich weibliche Vornamen wie Gerlinde begründen.

## POESIE

Die Linde wird in unzähligen Gedichten und Liedern besungen und verehrt. Mit ein Grund dafür sind ihre herzförmigen Blätter, die selbst GOETHE, SCHILLER und Walter von der VOGELWEIDE schwärmen ließen. Heinrich HEINE etwa schrieb:

*Sieh dies Lindenblatt, du wirst es*
*wie ein Herz gestaltet finden,*
*darum sitzen die Verliebten*
*auch am liebsten unter Linden.*

*Hier unter dieser Linde*
*saß ich viel tausendmal*
*und schaut nach meinem Kinde*
*hinunter in das Tal.*
*Bis dass die Sterne standen,*
*hell über ihrem Haus*
*und weit in den stillen Landen*
*alle Lichter löschten aus.*

*Jetzt neben meinem Liebchen*
*sitz ich im Schatten kühl,*
*sie wiegt ein muntres Bübchen,*
*die Täler schimmern schwül.*
*Und unten im leisen Winde*
*regt sich das Kornfeld kaum*
*und über uns säuselt die Linde,*
*es ist mir wie ein Traum.*

*Joseph Freiherr von EICHENDORFF*

# LÖWENZAHN

*Taraxacum officinale agg., Korbblütler*

## GATTUNG

Von den etwa 2.300 Arten der Gattung kommen rund 1.000 in Europa und mehrere Hundert im Gebiet vor. Die größte Mannigfaltigkeit hat die Gattung in den Gebirgen Eurasiens.

## NAME

Der botanische Gattungsname soll vom griechischen „taraxis" (= Augenentzündung) und „akeomai" (= ich heile) abzuleiten sein. Anderen Quellen zufolge entstammt er von den arabischen Wörtern „tarak" (= lassen) und „sahha" (= urinieren) und soll die harntreibende Wirkung der Pflanze zum Ausdruck bringen.

## VOLKSNAMEN

Die etwa 500 Volksnamen des Löwenzahns zeugen vom Bekanntheitsgrad in der Bevölkerung. Damit ist er der Rekordhalter im deutschsprachigen Raum. *Pfaffenöhrl* (Oberösterreich, Kärnten); *Pusteblume* (Brandenburg); *Röhrlsalat* (Ostösterreich); *Bettbrunzer* (Waldviertel, Oststeiermark); *Kuhblume* (Baden-Württemberg, Osttirol, Obersteiermark); *Elfenlamperl.*

## BIOLOGIE

Seinen ungeheuren Artenreichtum hat die Gattung einer speziellen Vermehrungsart zu verdanken, die nicht auf Fremdbefruchtung angewiesen ist. Diese asexuelle Vermehrungsart ist besonders bei Gattungen zu finden, die in unwirtlichen Gebieten mit kurzer Vegetationszeit ihren Ausgang haben. Dazu zählen neben dem Löwenzahn etwa Frauenmantel, Fingerkraut, Kohlröschen oder Habichtskraut. Da sie keine Bestäuber benötigen, konnten diese Pflanzen viel schneller neu geschaffenes Land erobern.

Seine gegenwärtige Häufigkeit erreichte der Löwenzahn erst in den letzten Jahrzehnten durch den übertriebenen Dünger- und Jauchenaustrag auf den Futterwiesen.

## ⚕ HEILPFLANZE

Löwenzahn ist zur Körperentschlackung einsetzbar. Die enthaltenen Bitterstoffe regen die Ausscheidungsdrüsen wie Leber, Galle, Niere und Bauchspeicheldrüse an. Löwenzahnsalat hilft gegen die Frühjahrsmüdigkeit. Neben reichlich Vitaminen enthält der Röhrlsalat auch Calcium und das Polysaccharid Inulin. Letzteres wird im Körper nicht zu Einfachzucker abgebaut und benötigt daher für den Stoffwechsel kein Insulin. Löwenzahn ist deshalb bei Diabetikern geschätzt. Ein regelmäßiger Verzehr von inulinhaltigem Gemüse senkt den Cholesterinspiegel.

## 🍴 WILDGEMÜSE

Löwenzahn gehört zusammen mit Brennnessel, Giersch, Melde oder Vogelmiere zu den Unkräutern des Gartens, welche im Suppentopf delikat schmecken. Die jungen

*Gerda, eigentlich eine Riesentochter, ist mit Freyr, dem Gott der Fruchtbarkeit und auch des Erfolgs verheiratet. Sie ist die Hüterin der Gärten und der Gartenfrüchte. Illustration von VOENIX.*

Blätter werden roh als Röhrlsalat oder gekocht als Spinat oder zu Kräuterkartoffeln genossen, die entkelchten Blüten können zu einem honigähnlichen Sirup verarbeitet oder roh zu Salaten oder zur Teegetränkbereitung genutzt werden. In Frankreich wird Löwenzahn feldmäßig angebaut mit einer Jahresernte von etwa 3.000 Tonnen.

### PRAKTISCHE ANWENDUNG

**Neunkräutersuppe**

*Zutaten:*

2 Handvoll Kräuter aus 9 verschiedenen Arten (z. B. Löwenzahn, Brennnessel, Wegerich, Sauerampfer, Bärlauch, Taubnessel, Giersch, Vogelmiere, Gänseblümchen)
2 Tassen Milch
2 TL Mehl
1 Knoblauchzehe
1 EL Butter
1 Eidotter
Sauerrahm
Salz, Muskat

*Zubereitung*

Aus Butter, Mehl und Milch eine Mehlschwitze (Einbrenn) anrühren. Die gesammelten Kräuter klein hacken und dazugeben, mit Wasser aufkochen und etwas köcheln lassen. Mit einem Stabmixer pürieren, mit dem Eigelb und Sauerrahm verrühren und nach Belieben würzen.

### NATURGLAUBE

Überlieferungen zeigen, dass in der germanischen Mythologie Löwenzahn Freya bzw. Gerda geweiht war. Gerda gilt als bodenständigstes aller Gottwesen mit ihrer Tierschar, bestehend aus Gänsen, Hühnern, Ziegen und Schweinen. Umkränzt von Wiesenblumen steht die Göttin der Schönheit für Eigenschaften wie Liebreiz, Sehnsucht, Frühling und Verlockung. Beseelte Tiere und Pflanzen wurden ihr zur Seite gestellt, deren Eigenschaf-

ten man verehrte. Gerda ist die Bar-Rune zuerkannt. Bar ist die Naturrune mit ihrer unerschöpflichen Kraft. Jedes Lebewesen der Erde steht im germanischen Glauben unter dem Schutz der weiblichen Bar-Rune, welche Geborgenheit, Mutterliebe und grenzenlose Hingabe symbolisiert.

### POESIE

*Löwenzahn ist schon seit jäh her,*
*als höchst kriegerisch verschrien,*
*denn er lässt bei gutem Winde*
*Fallschirmtruppen feindwärts ziehn.*
*Und ich sitz auf der Veranda*
*und verzehre meine Suppe*
*und entdecke in derselben*
*zwei Versprengte dieser Truppe.*

*Heinz ERHARDT*

# GROSSES MÄDESÜSS

*Filipendula ulmaria,* Rosengewächs

## GATTUNG

Mannigfaltigkeitszentrum der Gattung ist Ostasien. In Europa, unserem Gebiet und Nordamerika kommen jeweils zwei Arten vor. Insgesamt umfasst die Gattung zehn oder elf Arten.

## NAME

Der botanische Gattungsname setzt sich aus den beiden lateinischen Wörtern „filum" (= Faden) und „pendulus" (= herabhängend) zusammen und bezieht sich auf die wie an Fäden hängenden Wurzelknollen von *Filipendula vulgaris*.

Der botanische Artname soll auf die Ähnlichkeit der Einzelblättchen mit denen der Ulme hinweisen.

Das deutsche Wort entstammt nicht etwa einem süßen Mädchen, sondern dem Gebrauch zum Süßen von Met und Bier. Aus der „Metsüße" wurde im Laufe der Zeit das „Mädesüß". Aber nicht nur Getränke aromatisiert das Rosengewächs, ganze Wiesen duften süßlich nach der Mahd dieser Staude und so erscheint eine Namensherleitung von der „Mahdsüße" als ebenfalls wahrscheinlich.

## VOLKSNAMEN

*Rüsterstauden*, *Sunnwendhansl* (Ötschergebiet, Niederösterreich); *Wiesenkönigin*, *Heidhexen* (Niederösterreich), *Ameisenleiter* (Niederösterreich), *Wilder Holler* (Niederösterreich).

## ✓ NUTZEN

In Skandinavien und Mitteleuropa wurden die Blüten zum Aromatisieren des Bieres und des Mets verwendet. Heute findet man die getrockneten Blüten in den Apotheken unter dem Namen „Flores Spiraea" als harn- und schweißtreibendes Mittel.

In Russland wird nicht aus den Blüten, sondern aus den Blättern ein Tee hergestellt und in Sibirien werden die Wurzeln als Grütze zubereitet gegessen. Schwedische Bauern bestreuten wegen des aromatischen Geruches des gequetschten Krautes die Tanzböden bei ländlichen Festen.

Kühe und Pferde verschmähen die Blume, Ziegen hingegen reißen sich um das Kraut.

## 🜊 HEILPFLANZE

Aus dem ätherischen Öl des Großen Mädesüßes gewann 1835 der deutsche Chemiker Karl Jacob LÖWIG eine kristalline Substanz, die er Spirsäure benannte. Wenig später wurde nachgewiesen, dass diese mit der Salicylsäure identisch ist. Dieser Name rührt von der Weide (*Salix*) her, weil dieser Stoff vor allem in der Rinde der Silber-Weide (*Salix alba*) zu finden ist. 1899 wurde der Acetylsalicylsäure von der Farbenfabrik Friedrich Bayer & Co (heute Bayer AG) der bekannte Medikamentenname Aspirin gegeben, abgeleitet vom damaligen botanischen Namen des Mädesüß, *Spiraea ulmaria*.

Dr. Kurt WITTHAUER, der Namensgeber für Aspirin, schrieb 1897: „Auf Grund meiner günstigen Erfahrungen hat sich die Fabrik nach langem Zögern bereitfinden lassen, das Aspirin nunmehr in den Handel zu bringen, und ich will nur hoffen, dass die schwierige Herstellungsweise nicht einen allzu hohen Preis bedingt, damit dieses, wie ich glaube, wertvolle Mittel allgemein in Gebrauch genommen werden kann." All seine Wünsche sind in Erfüllung gegangen und heute zählt Aspirin, das schon lange nicht mehr aus Mädesüß oder Weide gewonnen wird, zu den wichtigsten Medikamenten weltweit.

Es ist allerdings keine neue Erkenntnis gewesen, dass Mädesüß in vielerlei Hinsicht positiv auf den menschlichen Organismus wirkt. Schon Kelten und Germanen nutzten die fiebersenkende, entzündungshemmende, schmerzstillende und stimmungserhellende Kraft der Wildstaude.

## 🍴 WILDGEMÜSE

Alles vom Mädesüß ist in der Küche verwendbar, von der Wurzel bis zur Blüte. Letztere dient erstrangig zum Würzen von Getränken und Süßspeisen. In Flüssigkeiten getaucht gibt sie ihr Aroma ab und sogar fader Wein wird wieder zu einer vollmundigen Sache.

In der mitteleuropäischen Küche hat die „Wiesenkönigin" zurzeit keinen Stellenwert. In Westeuropa hingegen schätzt man den honig-mandelartigen Geschmack, den die Blüten an Säfte, Eis und Cremen abgeben. Mädesüß-Blüten sind ein gesunder Zuckerersatz für Getränke. Zu viel davon schmeckt aber nach Medizin, man muss die richtige Dosis für sich herausfinden. Marmeladen und andere Fruchtprodukte werden mit Mädesüß nicht nur gesünder gemacht, sondern auch geschmacklich aufgewertet.

Aus den Blüten kann man einen „Sonnentee" zubereiten. Dazu wird das blühende Kraut in einem Glas mit Wasser übergossen und einige Stunden in die Sonne gestellt.

Die jungen Blätter können zu Gemüsegerichten oder Salaten verarbeitet werden. Sie haben einen orangenartigen Geruch und einen süß-bitteren Geschmack.

## ➡ PRAKTISCHE ANWENDUNG

**Kopfwehsirup**

*Zutaten*

> 6 Mädesüßblütenstände
> 1 l Wasser
> 50 g Zitronensäure
> 1,6 kg Rohrohrzucker

*Zubereitung*

> Die Blüten mit Wasser, der Zitronensäure und der Hälfte des Zuckers in einem Glasgefäß ansetzen. Nach 3 Tagen abseihen, mit dem restlichen Zucker mischen, auf 80°C erhitzen und heiß abfüllen. Die Flasche sofort verschließen und einige Minuten auf den Kopf stellen. Die enthaltenen Salicylsäureverbindungen bewirken die positiven Eigenschaften, ohne dass sie auf den Magen schlagen.

## 🌳 NATURGLAUBE

Bei den Germanen war Mädesüß als Metwürze bekannt und begehrt. Es ist anzunehmen, dass Mädesüß als geschätzte Heilpflanze der helfenden Riesin Grid, die für Eigenschaften wie Kameradschaft, Güte und Hilfsbereitschaft steht, geweiht war. Grid verkörpert die gütige Seite des Schicksals, wie allgemein die weiblichen Gottheiten wie Freya, Frigga, Iduna, Snotra, Fjörgyn oder Sunna für Liebe oder Güte standen, während man den männlichen Gottheiten wie Odin, Donar, Loki oder Tyr Attribute wie Kraft, Ehre, Macht und Kampf zugesprochen hat.

*Kleines Mädesüß (Filipendula vulgaris)*

# MAIGLÖCKCHEN

*Convallaria majalis, Spargelgewächs*

## GATTUNG

Drei Arten umfasst die Gattung, von denen eine in Europa und damit auch bei uns heimisch ist.

## NAME

*Convallaria* als botanischer Gattungsname ist vom lateinischen „convallis" (= Talkessel) abgeleitet und soll den Wuchsbereich in Tieflangen beschreiben, wenngleich die Art auch Höhen von 2.000 Meter erreicht. Der Artname ist ebenfalls lateinisch und beschreibt die Blütezeit im Mai.

##  GIFTPFLANZE

38 Glykoside wurden im Maiglöckchen gefunden. Besonders die süßlich-bitter, etwas scharf schmeckenden Früchte und die Blüten sind stark giftig. Der Verzehr von ein bis fünf Beeren zeigt meist noch keine Symptome, höchstens kurzzeitige Sinusarrhythmien. Die geruchlosen Blätter können bei sehr spät erntenden Bärlauch-Sammlern zu Verwechslungen und Vergiftungen führen.

## HEILPFLANZE

Maiglöckchen gehören zu den Giftpflanzen mit herzwirksamen Glykosiden, welche man gegen leichte Herzmuskelschwäche und bei Altersherzbeschwerden einsetzt. In der Homöopathie kommt die Pflanze ebenfalls bei Herzschwäche und Herzrhythmusstörungen zum Einsatz.

## NATURGLAUBE

Überlieferungen lassen vermuten, dass Maiglöckchen der germanischen Frühlingsgöttin Ostara und dem Lichtgott Balder geweiht waren, auf dessen Geheiß die Blume an den Gräbern der im Kampf gegen die Römer gefallenen jungen Helden –entspross – zum Trost ihrer unglücklichen Frauen.

Der botanische wie auch der deutsche Name des Maiglöckchens beinhalten den Blütemonat der Pflanze, welcher wiederum nach dem römischen Frühlingsgott Jupiter Maius benannt ist. Führen die deutschen Wochentage großteils Namen zu Ehren germanischer Gottheiten, so sind die heutigen Monatsnamen alle römischen Ursprungs. Einst hatten wir Namen für zwölf Monde, bei denen wir uns etwas vorstellen konnten. Sie hatten Leben und Farbe, blühten wie die Blumen am Feld und erzählten von der Eigenheit der Natur in dieser Jahreszeit. Aus dem Hartmond, auch Hartung genannt, wurde der Januar, benannt nach dem Gott Janus. Aus dem Siegmond, auch Hornung genannt, wurde der Februar. Lenzmond, Ostermond, Wonnemond, Brach-

mond, Heumond, Erntemond, Herbstmond, Heilig-
mond, Nebelmond und Julmond folgten. „Sind das
nicht Namen, die wie Buchenlaub flüstern und wie
Eichenbaumkronen? Tausendmal mehr sind sie wert als
die römischen Einfuhrwaren aus dünn gewalztem Blech,
die wir dankbar und bescheiden hinnahmen, als wir sie
in welscher Strohpapierverpackung ins Haus geschickt
bekamen, und die nicht mehr wert sind als leere
Einmachbüchsen", schrieb schon Hermann LÖNS.

## POESIE

*Ein Blumenmärchen berichtet, dass der Frühling
das Maiglöckchen liebte, das so zierlich im
weißen Kleid unter einem grünen Schirm stand
und auch das Maiglöckchen liebte den Frühling.
Aber der Frühling, der fröhliche Geselle, ist ein
Vagabund, der weder Rast noch Ruh kennt und
so kam es, dass er mit der kleinen Blume wohl
tändelte, aber doch von ihr ging und sie allein
ließ im sommerlichen Buchenwald. Das
Maiglöckchen trug still sein Leid, die weißen
Blüten fielen ihm ab und statt ihrer quollen
blutrote Tropfen aus dem Herzen der Blume.*

# WIESEN-MARGERITE

*Leucanthemum vulgare*, Korbblütler

## GATTUNG

Von den 43 Arten der Gattung kommen 33 in Europa und neun hierzulande vor.

## NAME

Der botanische Gattungsname ist aus den griechischen Wörtern „leukos" (= weiß, glänzend) und „anthemos" (= Blume) zusammengesetzt.

„Margerite" als deutsche Benennung ist dem französischen Wort für das Gänseblümchen „marguerite" abgeleitet. Den Ausdruck „Wucherblume" hat das liebliche Geschöpf nicht verdient.

## VOLKSNAMEN

*Orakelbleamel* (Steiermark, Kärnten); *Sunnwendrosen* (Kärnten, Oberösterreich, Salzburg).

## BIOLOGIE

Unter Echter oder Gewöhnlicher Margerite werden in unserer Heimat meist zwei Arten verstanden: *L. vulgare* und *L. ircutianum,* die nach der sibirischen Stadt Irkutsk benannt ist. Die Gattung stellt einen Polyploidkomplex dar, einen Komplex von Pflanzen, der aus verschiedenen Polyploidentypen zusammen mit ihren diploiden Vorfahren besteht. Die Polyploidie, also die Vervielfachung des Chromosomenbestandes in einer Zelle, ist vorrangig bei Kulturpflanzen zu finden, wo durch Kältebehandlung, Röntgenstrahlen und dem Gift der Herbstzeitlose die Zellkerne und Zellen vergrößert und die Pflanzen leistungsfähiger gemacht werden.

Polyploidie tritt aber auch natürlich auf. Die Chromosomengrundzahl des Margeritengenoms ist neun.

Seit der letzten Kaltzeit vor etwa zwei Millionen Jahren kam es mehrfach zu Artbildungsereignissen, wobei sich der Chromosomensatz teilweise vervielfachte. Spitzenreiter hierbei ist *Leucanthemum lacustre* mit 198 Chromosomen, die nur an einer Lagune bei Lissabon zu finden ist.

## ✓ ZIERPFLANZE

Margeriten sind heute beliebte Gartenpflanzen, besonders die 1798 vom französischen Botaniker und Politiker Louis François RAMOND, Baron de CARBONNIERE in den Pyrenäen gefundene *Leucanthemum maximum.* Durch ihre schmutzigweißen Blütenköpfe fand die Art anfänglich aber wenig Anklang. Erst als der Erfurter Gärtner HEINEMANN 1895 durch Einkreuzung der portugiesischen *L. lacustre* die Sorte „Perfection" mit reinweißen, großen Blüten züchtete, stieg das Interesse an Margeriten als Gartenstaude.

## 🌳 NATURGLAUBE

In der Pflanzensymbolik steht die Margerite für die Einstrahlung des höheren Lichtes und das Schicksal. Sie war Überlieferungen zufolge dem germanischen Lichtgott Balder geweiht. Die gelbe Blütenmitte stellt die Sonne, das Auge des Sonnengottes dar, die weißen Zungenblüten sind seine Wimpern. Balder zuerkannt ist die Sig-Rune, welche als Siegesrune die Kraft der Sonne in sich trägt und für den Sieg des Lichtes gegenüber der Dunkelheit steht.

Die Germanen liebten Orakeln und Weissagungen, dafür ist die Margerite mit ihren ungleich vielen Zungenblüten wie geschaffen. Noch in Goethes „Faust" bückt sich Gretchen, pflückt eine Margerite und zupft die einzelnen Blütenblätter ab. Mit dem letzten Blatt ruft sie beglückt: „Er liebt mich!"

# VOGELMIERE

*Stellaria media*, Nelkengewächs

## GATTUNG

Von den rund 200 *Stellaria*-Arten kommen 18 in Europa und zwölf im deutschsprachigen Gebiet vor. Das Entwicklungszentrum der Gattung liegt in den Gebirgen des östlichen Zentralasiens.

## NAME

*Stellaria* ist vom lateinischen „stella"(= Stern) abgeleitet und beschreibt die Form der Blüten, welche meist einem zehnzackigen Stern ähneln.

„Vogelmiere" als deutsche Bezeichnung verdankt die Pflanze ihrem ölhaltigen Samen, welcher gerne von Vögeln gefressen wird. Auch das Kraut liefert ein vorzügliches Vogelfutter.

## VOLKSNAMEN

*Hühnerdarm, Heanadarm, Garagraud* (Niederösterreich, Wien, Oststeiermark; nach dem garnartigen Gefäßbündelsträngen, welche beim Auseinanderziehen der Stängel zum Vorschein kommen), *Gratsche* (Osttirol), *Germandel* (Untersteiermark), *Jentivel* (Gröden).

## BIOLOGIE

Die Vogelmiere begleitet als Archäophyt den Menschen seit der Steinzeit. Heute ist die Art in den gemäßigten Breiten der ganzen Erde verbreitet. Eine Pflanze bildet bis zu 15.000 Samen aus. Pro Jahr können drei Generationen heranreifen. Abgerissene Stängelteile bewurzeln sich rasch wieder. Dieses starke Wachstum hat auch seinen Nutzen: So hält das Nelkengewächs den Boden feucht und schützt vor Erosion.

Andererseits ist die Vogelmiere auch Wirtspflanze für den Kartoffelkrebs (*Synchytrium endobioticum*) und Nährpflanze für Blattlausarten, die das Gurkenmosaikvirus übertragen können.

## HEILPFLANZE

Vogelmiere enthält unter anderem Vitamine, Saponine, Cumarine, Mineralien, Oxalsäure, Zink und ätherische Öle. Ein Extrakt aus der frischen Pflanze wird zur Behandlung von Rheumatismus und Gelenkschmerzen verwendet.

## WILDGEMÜSE

Das gesamte Kraut einschließlich der Blüten wird gerne als Salat gegessen. Dabei decken bereits 50 Gramm Vogelmierensalat den Tagesbedarf eines Erwachsenen an Vitamin C. Die Pflanze schmeckt nach jungem, rohen Mais.

## PRAKTISCHE ANWENDUNG

**Vogelmierensuppe**

*Zutaten*

> 100 g Vogelmiere
> 1 kleine Zwiebel
> 30 g Butter
> 300 g Kartoffeln
> 750 ml Suppe oder Wasser
> ½ Becher Schlagobers

*Zubereitung*

> Die Zwiebel hacken und in Butter glasig dünsten. Kartoffeln würfelig schneiden, zugeben und mit Suppe oder Wasser aufgießen. 20 Minuten kochen lassen, Schlagobers zugeben und würzen. Kurz vor dem Servieren die gehackte Vogelmiere beigeben und mit dem Pürierstab aufmixen.

## 🌳 NATURGLAUBE

Durch ihren unerschöpflichen Lebensdrang, der Eigenschaft, auch im Winter zu blühen und der Fähigkeit, abgerissene Stängelteile wieder einzuwurzeln, wurde die Vogelmiere im germanischen Glauben zumeist Iduna zugesprochen.

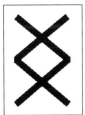

Iduna ist die Göttin der Erneuerung, welche für Lebenskraft steht. Ihr wird die Ing-Rune, die Vollendungsrune zugeschrieben.

Den hohen Stellenwert der Frau bei den Germanen sieht man nicht nur an der hohen Anzahl an Göttinnen (von den rund 100 bekannten Asen, Wanen und Riesen sind 60 weiblich und 40 männlich), sondern auch an mehreren anderen Gegebenheiten.

Männer und Frauen waren gleichberechtigt. Römer und Griechen wunderten sich darüber, dass bei wichtigen Stammesangelegenheiten der Rat weiser Frauen eingeholt wurde. Tacitus etwa berichtete: „Die Germanen glauben sogar, den Frauen wohne etwas Heiliges inne, deshalb achten sie auf ihren Rat und hören auf ihren Bescheid."

Der Grieche PLUTARCH berichtete vom Krieg der Römer mit den Kimbern, dass die Frauen geschickt mit den Waffen umgehen und weiters schrieb er: „... mitten unter den Kämpfenden rissen sie (die Frauen) mit bloßen Händen den Römern die Schilde weg, packten die Schwerter der Invasoren, achteten der Wunden nicht und ließen sich zusammenschlagen – bis zum Tode unbesiegbar in ihrem Zorn."

In der germanischen Schöpfungsgeschichte treten Frau und Mann gleichzeitig und gleichrangig aus dem Stamm des Weltenbaumes hervor. Diese Gleichheit zeigt sich auch darin, dass beide eine Mitgift in die Ehe einbrachten und dass die Töchter nicht verkuppelt wurden, sondern sich ihre Ehemänner aussuchen konnten.

# LAUBHOLZ-MISTEL

*Viscum album*, Mistelgewächs

## GATTUNG

Von den 100 Arten der Gattung sind zwei in Europa und auch bei uns beheimatet.

## NAME

Botanischer Gattungs- und Artname sind lateinischer Herkunft und beschreiben sowohl die Klebrigkeit der Früchte als auch deren weiße Farbe.

Mistel als deutsche Bezeichnung entstammt dem althochdeutschen „mistil", welches auf das Wort „Mist" zurückgeht und auf das halbparasitäre Wesen der Pflanze anspielt. Schon die Nordgermanen nannten den Mistelzweig „mistilteinn" und auch in Runensteinen ist die Mistel als „mistil" zu finden.

## VOLKSNAMEN

*Drudenast, Albranken, Heilig Kreuzholz, Heiligheu* (Mystische Pflanze, die im Volksglauben sowohl Heil als auch Verderben bewirken kann).

## ✓ NUTZEN

Die Römer spotteten über die Misteldrossel „Turdus ipse sibi cacat malum" (die Drossel kackt sich selbst ihr Verderben), weil der Vogel zur Verbreitung der Mistel beiträgt und mittels dieser die Römer den Vogelfang betrieben. Der Klebstoff Viscin wurde durch Auspressen der Mistelbeeren gewonnen. Damit bestrich man die Äste, damit die Vögel mit ihrem Gefieder daran hängen blieben. Die Misteldrossel galt als begehrter Leckerbissen und auch heute noch wird in manchen Mittelmeergebieten diese grausame Vogelfangart betrieben.

## ⚕ HEILPFLANZE

Mistelextrakte werden zur Unterstützung der Kreislauffunktion mit Neigung zu erhöhtem Blutdruck und zur Arterioskleroseprophylaxe eingenommen. Die Injektionsbehandlung verwendet man bei Tumorerkrankungen. Die Lektine gelten hier als wirksame Bestandteile, vor allem das Mistellektin I, ein zuckerhaltiger Eiweißstoff, dessen Vorhandensein in besonderem Maße von der Wirtspflanze und der Jahreszeit abhängt

## ☠ GIFTPFLANZE

Die Mistel wird als giftig bzw. schwach giftig eingestuft. Die Inhaltsstoffe sind auch hier von der Wirtspflanze abhängig. Am giftigsten sind Misteln von Ahorn, Linde, Walnuss, Pappel und Robinie, am wenigsten giftig vom Apfelbaum. Nach Auskunft der Vergiftungszentralen ist die Einnahme von wenigen Beeren meist symptomlos verlaufen.

## ⟳ PRAKTISCHE ANWENDUNG

### Mistel-Tee

Mistel-Tee wird als Kaltauszug hergestellt, da sich der leichte Giftstoff, den die Mistel enthält, nicht in kaltem Wasser löst. Pro Tasse wird ein schwacher EL Mistelblätter mit kaltem Wasser übergossen und zugedeckt einen halben Tag stehen gelassen. Dann wird abgeseiht, vorsichtig auf Trinktemperatur erwärmt (nicht zu heiß, da er sonst Heilstoffe einbüßt) und getrunken. Der Mistel-Tee gleicht zu hohen, aber auch zu niedrigen Blutdruck aus und wirkt weiters bei Herzbeschwerden und Nervosität, Kopfschmerzen und Schwindel.

## ❁ NATURGLAUBE

Die Mistel war bei den Germanen Balder, dem Lichtgott geweiht, der zur Mittsommerzeit durch einen Pfeil aus Mistelholz den Tod fand. Zur Wintersonnenwende hingegen, wenn die Mistel noch grün im kahlen Geäst hing, begleitete sie die Wiedergeburt des Lichtgottes. Als Zwischending zwischen dem Diesseits und der Anderswelt war die Mistel eine Brücke zwischen den Lebenden und den Verstorbenen. In der Weihezeit, der Wintersonnenwende und den darauf folgenden Raunächten wurde ein Mistelzweig über die Türschwelle gehängt, um den Jenseitigen die Verbindung zu den Lebendigen zu erleichtern. Besonders in England hat der heidnische Brauch bis in die heutige Zeit überlebt, zum Julfest unter der Mistel Glückwünsche fürs neue Jahr zu verschenken.

Wenn die Mistel (dann zumeist *Loranthus europaeus*) an einer Eiche, dem heiligen Baum Donars wuchs, hieß sie „Thunderbosam" und war als besonders zauberkräftig angesehen. Nach der Christianisierung mag dieser zauberstarke Donarbesen die Grundlage für den Aberglauben an einen flugfähigen Hexenbesen geliefert haben.

Die Mistel ist stark mit Weihnachten verbunden, ursprünglich das Fest der Neugeburt des Lichtes, der Neugeburt der Sonne. Sinnbildlich haben unsere Vorfahren diese neuerstehende Sonne mit einem neugeborenen Kind verglichen, das von Tag zu Tag stärker wird, womit es sich leicht mit dem Geburtsfest Jesu Christi verbinden ließ.

Ein wesentlicher Teil des germanischen Weihnachtsfestes war das Entzünden des Winter-Sonnwendfeuers. Am gleichen Tag ließ man auch das Herdfeuer in den Häusern erlöschen, um es in dieser heiligen Weihenacht mittels eines Brandes vom neu entfachten Sonnwendfeuer als symbolhafte Neugeburt der Sonne wieder zu entzünden.

# SCHLAF-MOHN

*Papaver somniferum, Mohngewächs*

## GATTUNG

Von den 80 Mohn-Arten sind 26 in Europa und sechs bei
uns heimisch oder alteingebürgert. Mannigfaltigkeitszentren sind das Mittelmeergebiet und Innerasien.

## NAME

*Papaver* als lateinischer Name findet sich bereits bei
Plautus, Cato und Plinius. Die Herleitung des Wortes ist
umstritten. Einer Theorie zufolge entstammt es der
Wortwurzel „pap" (= aufgeblasen) und bezieht sich auf
die bauchigen Mohnköpfe. Wahrscheinlicher erscheint
der Ursprung vom lateinischen „pappa" (= Brei, Speise),
weil der narkotisch wirkende Saft den Kindern in den
Brei gegeben wurde, damit sie schlafen.
Der botanische Artname ist ebenfalls lateinischer
Herkunft von „somnus" (= Schlaf) und „fer" (= tragend,
bringend) – wegen der zumindest schon im Altertum
bekannten narkotischen Wirkung.
„Mohn" als deutsche Bezeichnung leitet sich vom
germanischen „magan", weiters dem althochdeutschen
„máho, mago" und schließlich dem mittelhochdeutschen „mán" ab.

## VOLKSNAMEN

*Guggl* (Osttirol, Defreggental); *Rasselbleamel* (Niederösterreich, Waldviertel), *Mógn* (Niederösterreich).

## BIOLOGIE

Mit einem Calciumgehalt von 2,475 % ist Mohnsamen
eines unserer kalziumreichsten Lebensmittel. Mohn ist
außerdem reich an Vitamin B. Der Morphingehalt ist in
der Regel sehr gering (0,005 %) und gesundheitlich
unbedenklich, kann aber nach dem Genuss von mohn-
reichen Speisen zu positiven Befunden bei Drogentests
führen.

## ✓ NUTZPFLANZE

Es gibt wohl kaum eine anmutigere Nutzpflanze als
unseren Mohn. Unbewusst stoßen wir fast täglich auf
ihn, sei es am morgendlichen Mohnweckerl, beim Arzt
oder als roter Farbtupfer am Wegesrand.
Die österreichische Anbaufläche beträgt rund 1.700 Hektar. Hauptanbaugebiete sind das niederösterreichische
Waldviertel und das nördliche Oberösterreich. „Wald-
viertler Graumohn" ist eine geschützte Ursprungsbe-
zeichnung.
Geerntet werden sowohl die Samen als Lebensmittel als
auch die getrockneten Fruchtstände für die Floristik.
In Deutschland ist der Anbau nach dem Betäubungsmit-
telgesetz von 1981 verboten und bedarf der behörd-
lichen Genehmigung. Sogar gefüllt blühende Sorten
sind davon betroffen.
In Österreich ist der Anbau erlaubt und blickt auf eine
lange Tradition zurück, die bis in die Hallstattzeit zurück-
reicht. Entsprechend dem Zeitgeist und der Einfachheit
halber wird die Herkunft verschiedenster Kulturpflanzen
oft mit Mittelmeergebiet oder Asien angegeben. So auch
beim Schlaf-Mohn.
Betrachtet man die Sippe, die als Wildpflanze unbekannt
ist, genauer, wird man feststellen, dass sie eine mitteleuropäische ist. Sehr wahrscheinlich ist die Ausgangsform des Schlaf-Mohns der mediterrane Borsten-Mohn
(*Papaver setigerum*), der in Mitteleuropa zum Kultur-
Mohn ausgelesen wurde. In archäologischen Grabungen
konnten Schlaf-Mohnkapseln bei den Neandertalern vor
30.000 Jahren gefunden werden.
Im steinzeitlichen Mitteleuropa kann Schlaf-Mohn mehrfach nachgewiesen werden. Im Neolithikum wurde er in
Süddeutschland, der Schweiz und Norditalien nachweislich kultiviert. In den etwa 4.500 Jahre alten Pfahlbausiedlungen am Genfer- und Bodensee konnte die Kultur
als Nahrungs- und Heil(Rausch)pflanze nachgewiesen
werden.  Die gefundenen Mengen zeigen, dass es sich
dabei um eine wichtige Kulturpflanze handelte.

*Sand-Mohn (Papaver argemone)*

*Altai-Mohn (Papaver croceum)*

## HEILPFLANZE

Mohn ist eine der wichtigsten Heilpflanzen der gesamten Pharmaziegeschichte. Die Entdeckung der Opiumgewinnung liegt nicht, wie oft fälschlich vermutet, in Südostasien, sondern im weiten Alpenbereich des steinzeitlichen Mitteleuropas. Dank des Opiums standen der Medizin erstmals schmerzstillende Mittel zur Verfügung, welche Eingriffe für den Patienten erträglicher oder gar erst möglich machten. Die Isolierung des Morphins durch den deutschen Apotheker SERTÜRNER im Jahr 1805 hat die Pharmaziegeschichte revolutioniert, da erstmals ein reiner Wirkstoff vorlag.

## PRAKTISCHE ANWENDUNG

**Liebesräucherung**

Mohn wirkt aphrodisierend und entspannend. Zum Räuchern geeignet sind die Blütenblätter frisch oder getrocknet und die Samenkapseln mit den Samen.

## NATURGLAUBE

Die Germanen pflanzten Schlaf-Mohn auf ihren „Odinsäckern". Diese „Maganfelder" galten als Genesungsstätten, auf denen Odin heilsame Wunder wirkte. Von den Wikingern ist ebenfalls bekannt, dass sie Schlaf-Mohn als Nahrungs- und Heilpflanze, wahrscheinlich auch als Rauschpflanze kultivierten.

Als wichtige Nahrungs-, Heil- und Rauschpflanze war der Kultur-Mohn, je nach Region, Zeit und Überlieferung, verschiedenen Gottheiten zugesprochen. Neben Odin und Freyr weihten die Germanen den Mohn den Göttern Loll und Sif. Loll, der mit einem Kranz aus Mohnköpfen um den Hals dargestellt wird, wurde besonders in der Gegend um das heutige Schweinfurt verehrt. Der Korngöttin Sif, die als Sippenfrohe, als Sinnbild für Ernte, Gemeinschaft und eine gute Zeit steht, war der Mohn in großen Teilen des germanischen Gebietes geweiht. Sif zuerkannt steht die Eh-Rune, welche wiederum die Rune des Naturgesetzes ist.

*Sif, die Gattin Thors, steht für den goldenen Glanz eines reifen Ährenfeldes, für Ernte und Fruchtbarkeit des Ackerlandes. – Illustration von VOENIX.*

Klatsch-Mohn (Papaver rhoeas)

POESIE

Der Bauer steht vor seinem Feld
und zieht die Stirne kraus in Falten.
„Ich hab den Acker wohl bestellt,
auf reine Aussaat streng gehalten,
nun sieh mir einer das Unkraut an,
das hat der böse Feind getan."

Da kommt sein Knabe hoch beglückt,
mit bunten Blüten reich beladen.
Im Felde hat er sie gepflückt,
Kornblumen sind es, Mohn und Raden.
Er jauchzt: „Sieh Vater nur die Pracht!
Die hat der liebe Gott gemacht!"

Julius STURM

Schlaf-Mohn (Papaver somniferum)

Weißer Schmalkopf-Mohn (Papaver dubium ssp. austromoravicum)

# SCHWARZER NACHTSCHATTEN

*Solanum nigrum,* Nachtschattengewächs

## GATTUNG

Etwa 1.600 Arten umfasst die umfangreiche Gattung, wovon nur drei in unserem Gebiet heimisch bzw. alteingebürgert sind. Der Verbreitungsschwerpunkt liegt in den Tropen und Subtropen.

## NAME

Der botanische Gattungsname ist möglicherweise vom lateinischen „solari" (= trösten, lindern) abzuleiten, in Hinblick auf die einschläfernde Wirkung mancher Arten bei geringen Dosen. Der botanische Artname nimmt auf die schwarze Farbe der Früchte Bezug.

„Nachtschatten" als deutsche Benennung dürfte eine Ableitung von Schaden sein, hergeleitet vom Albdämon, einer nächtlichen Unruhe, die auch Nachtschaden genannt wurde und von den Ahnen mit diesem Kraut behandelt wurde.

## VOLKSNAMEN

*Hühnertod, Saukraut* (Niederösterreich; besonders für diese Tiere ist der Schwarze Nachtschatten giftig); *Stinkats Gras* (Niederösterreich; weil die Pflanze oft an Jauchenplätzen wächst).

## ☠ GIFTPFLANZE

Landläufig gilt der Schwarze Nachtschatten als Giftpflanze. Andererseits wurden in 25 kg Blattmasse nur Spuren eines mydriatischen Alkaloides entdeckt. Auch wurde die Art früher zu Gemüsezwecken angebaut und besonders in Griechenland gelten die Blätter als delikates Gemüse und die Früchte als Obst. Im Ersten Weltkrieg konnten russische Kriegsgefangene beobachtet werden, welche literweise Früchte des Nachtschattens aßen, ohne davon Schaden zu nehmen. In Nordamerika bezeichnet man die Früchte als Wonderberry und kocht aus ihnen Konfitüre.

Andererseits wurden auch nachweislich Vergiftungen bei Kindern, Hühnern und Schweinen gemeldet. Die grünen, unreifen Früchte sind giftig. Erst die schwarzen Beeren, die sich leicht vom Strauch lösen, sind frei von Alkaloiden und dürfen gegessen werden. Sie schmecken süßlich-fad, ein wenig nach Melone oder gezuckerter Gurke.

Eine Wiener Dame berichtet, dass ihre botanische Reisegruppe 2009 in Moskau einen Salat aus Blättern des Schwarz-Nachtschattens bekommen habe und dass nur sie diesen gegessen hat. Die anschließende Nacht habe angeregte Träume erbracht.

Die Giftnotrufzentrale in Berlin meldet, dass bei etwa zehn Prozent der Fälle, wo nachweislich Schwarz-Nachtschattentriebe konsumiert wurde, Vergiftungssymptome bemerkbar waren. Fressen Kühe viel Nachtschatten, schmeckt die Milch bitter.

Die Art wurde, zusammen mit dem Bittersüßen Nachtschatten, schon von den Germanen als Narkotikum eingesetzt. Nachtschaden und Albträume wurden mit der Pflanze bekämpft.

Aus den unreifen Beeren konnte DESFOSSES 1820 erstmals das Gift Solanin isolieren.

## 🍴 WILDGEMÜSE

Reife Beeren (wohl ohne die Kerne) können roh, als Gelee oder als Konfitüre genossen werden. Der Genuss der rohen Pflanze ist aufgrund der widersprüchlichen Meldungen aber nicht empfehlenswert.

## 🌸 NATURGLAUBE

Im Aussehen unserem heimischen Schwarzen Nachtschatten ähnlich ist die in der Kultur zu findende Wunderbeere, *Solanum × burbankii,* benannt nach dem berühmten Pflanzenzüchter Luther BURBANK (1849–1926) aus Kalifornien, dem Schöpfer von über 1.000 neuen Blumen-, Obst- und Gemüsesorten. BURBANK war ein durchaus rationaler Mensch. Der Zeitung offenbarte er, nicht an eine unsterbliche Seele zu glauben, einem Freund gestand er jedoch, dass er mit den Pflanzen redete und deswegen diese Erfolge hatte. Dem Philosophen Stanley P. HALL gegenüber äußerte er sich einmal, dass die Menschen zwar stolz auf ihre fünf Sinne seien, Pflanzen hätten aber mindestens 20 Wahrnehmungsorgane, jedoch ganz anders als wir. „Mittels der Gedankenübertragung verstehen die Pflanzen. Die meisten Forscher glauben das einfach nicht, deswegen haben sie keinen Erfolg." BURBANK war so populär, dass sich in den USA sogar ein neues Verb „to burbank" für das Verbessern und Verändern von Pflanzensorten einbürgerte.

Es gilt als wahrscheinlich, dass bei unseren germanischen Vorfahren der Nachtschatten, besonders der Bittersüße Nachtschatten, *Solanum dulcamara,* dem Mondgott Mani geweiht war.

# HEIDE-NELKE

*Dianthus deltoides*, Nelkengewächs

## GATTUNG

Von den rund 300 Nelkenarten kommen 115 in Europa und 17 bei uns vor. Hauptentfaltungszentren der Gattung sind die Gebirge des mediterran-kaukasischen Florengebietes und die iranisch-vorderasiatisch-turkestanische Region.

## NAME

Der botanische Gattungsname ist griechischer Herkunft von „dios"(= Zeus) und „anthos"(= Blume). Also ist die Nelke die Blume des Zeus.

Auch der botanische Artname ist griechischer Herkunft von „delta" (= Dreieck) und beschreibt die Zeichnung der Kronblätter.

Der deutsche Name „Nelke" war ursprünglich die Bezeichnung für die auf den Molukken heimische Gewürznelke (*Syzygium aromaticum*), deren getrocknete Blütenknospen einem Nagel ähneln. Aus der mittelhochdeutschen Verkleinerungsform für Nagel („Negellin") entstand unser heutiges Wort Nelke, wörtlich übersetzt „Nägelchen".

## VOLKSNAMEN

*Blutströpferl* (Der Sage nach wächst die Pflanze dort, wo Unschuldige ihr Blut vergossen haben), *Sommersprossen* (Dem Volksglauben zufolge bekommt man diese, wenn man an der Heide-Nelke riecht), *Schnidanagerl* (Waldviertel, Niederösterreich; steht zur Zeit des Kornschnittes in schönster Blüte).

## SYMBOLIK

Auffallend oft in der Geschichte der letzten Jahrhunderte standen Nelken für eine politische Einstellung. Während der Französischen Revolution (1789–1799) beschritten viele Adelige und Royalisten ihren Leidensgang zur Guillotine mit einer roten Nelke im Knopfloch, um so ihre unbedingte Treue zum Königshaus der Bourbonen zu bekunden.

Später wurde die rote Nelke zum Symbol der Arbeiterbewegung. Begonnen hat alles am Internationalen Sozialistenkongress in Paris 1889. Dort beschloss man, den

*Wilde Nelke (Dianthus sylvestris)*

*Pracht-Nelke (Dianthus superbus)*

1. Mai in allen Ländern als Kampftag zu feiern. Zu jener Zeit waren Aufmärsche mit roten Fahnen verboten und so bekundete man seine Gesinnung mit roten Nelken. Namengebend waren Nelken auch bei der portugiesischen Nelkenrevolution. Es war ein beinahe unblutiger Aufstand der portugiesischen Armee gegen die herrschende Diktatur. Angesichts der Freude steckte man an diesem 25. April 1974 den Soldaten Nelken in die Gewehrläufe.

## WILDGEMÜSE

Die farbenfrohen Blütenblätter aller heimischen Nelken sind essbar, wenn der herbe Ansatz entfernt wird. Sie schmücken Tees, Salate oder Süßspeisen.

## NATURGLAUBE

So wie die Griechen Nelken dem Göttervater Zeus weihten, war die Blume bei den Germanen Odin (= Wodan) geweiht.

*Die wilde Jagd nach einem Gemälde von P. N. ARBO.*

Blut-Nelke (Dianthus sanguineus)

Gletscher-Nelke (Dianthus glacialis)

Alpen-Nelke (Dianthus alpinus)

Belegt ist, dass Odin schon bei den germanischen Stämmen vor der Zeit der Völkerwanderung eine hohe Stellung hatte. Ihm zu Ehren war der Mittwoch „Wodanstag" benannt, wie er noch heute im Englischen (Wednesday), Niederländischen (Woensdag) oder Schwedischen (Onsdag) heißt.

Als Göttervater und nächtlicher Jäger zieht Odin in stürmischen Herbstnächten durch die Lüfte, begleitet von seinem wilden Heer. Als Hauptgott tritt Odin in vielerlei Gestalten auf, so begegnen wir ihm zur Weihnachtszeit als Oski, dem heutigen Weihnachtsmann oder aber als Wandersmann Grimnir, der den Charakter der Menschen prüft. Insgesamt sind für Odin über 100 Erscheinungsformen festgehalten.

## POESIE

*Jedes neue Blatt, jede sonderbare Blume ist irgendein Geheimnis,*
*was sich hervordrängt und das,*
*weil es sich vor Liebe und Lust nicht bewegen*
*und nicht zu Worten kommen kann,*
*eine stumme, ruhige Pflanze wird.*
*Findet man in der Einsamkeit eine solche Blume,*
*ist es da nicht, als wäre alles umher verklärt*
*und hielten sich die kleinsten befiederten Töne*
*am liebsten in ihrer Nähe auf?*

*Heinrich von OFTERDINGEN*

# SCHWARZ-PAPPEL

*Populus nigra, Weidengewächs*

## GATTUNG

35 Arten umfasst die Gattung *Populus*, fünf davon in Europa und drei ursprünglich in unserer Heimat. Hauptverbreitungsgebiete sind Ostasien, das Mittelmeergebiet und Nordamerika.

## NAME

*Bellen* hießen die Pappeln in deutschen Landen, bis sich Ende des Mittelalters der Name „Pappel", abgeleitet vom botanischen *Populus*, durchgesetzt hat. *Populus* ist wahrscheinlich vom griechischen „papelein" (= bewegen) abgeleitet, weil der Blattstiel vieler Pappelarten seitlich zusammengedrückt und das Blatt daher meist in Bewegung ist.

## VOLKSNAMEN

*Sarbaum* (Schweiz; zu Sar, dem Flussgeschiebe gehörend); *Wollenbaum; Viehle* (Mittelelbe, der Name ist heute ausgestorben; davon abgeleitet aber noch Flurnamen wie Viehlstück oder Viehlbaum); *Pugglen* (Schweiz).

*Zitter-Pappel (Populus tremula)*

## (§) HEILPFLANZE

Propolis nennt man das von Bienen von den Knospen verschiedener Laubbäume, besonders auch Pappel-Arten, abgeschabte und in der Nähe der Fluglöcher abgelagerte Kittharz. Es findet in der Volksheilkunde bei den unterschiedlichsten Indikationen Verwendung, so etwa zur unterstützenden Behandlung von Hautverletzungen oder bei Schleimhautentzündungen der Atemwege und der ableitenden Harnwege.

## (¶) WILDGEMÜSE

Das Kambium, also die innere Rinde, kann im zeitigen Frühjahr in dünne Streifen geschnitten und als Nudelersatz gekocht werden. Keinesfalls darf dieses Kambium aus lebenden Bäumen geschnitten werden, denn Rindenverletzungen führen dem Baum Schmerzen und Schaden zu.

Der Geschmack ist spargelähnlich, aber strenger. In Notzeiten diente das Zitterpappel-Kambium zum Strecken von Getreidemehl.

## (➔) PRAKTISCHE ANWENDUNG

**Pappelknospenspiritus**

200 Gramm frische, zerdrückte Pappelknospen, die im März/April gesammelt werden, solange sie noch geschlossen sind, in 0,7 Liter Korn geben, eine Woche ziehen lassen und dann abseihen. Pappelknospenspiritus hilft äußerlich als Umschlag bei Verstauchungen und Schürfwunden.

*Silber-Pappel (Populus alba)*

## ✿ NATURGLAUBE

Bei Kelten und Germanen galt die Pappel als feinfühliger Baum. Sie war, Überlieferungen zufolge, der Erdmutter Frigga bzw. dem Waldgott Widar, dem Errichter der Geistesordnung, geweiht. Widar steht für Eigenschaften wie Besonnenheit, Ursprünglichkeit und Gewissenhaftigkeit. Er ist in der germanischen Göttergeschichte der Sohn von Odin und der hilfreichen Riesin Grid. Widar lebt im Wald, im Einklang mit der Natur. Er wird als schweigsam, ausgeglichen, tapfer und hilfsbereit charakterisiert.

*Widar, der schweigsame Ase, gilt als Gott des Waldes – Illustration von VOENIX.*

Kein Lebewesen auf Erden wächst zu einer vergleichsweisen Mächtigkeit heran oder erreicht nur annähernd ein derartiges Alter wie Bruder Baum. 155 Meter misst der weltweit höchste Baum (*Eucalyptus amygdalina*), 3.500 Jahre ist der älteste und 6.000 Tonnen Masse der schwerste. Bäume sind Ausdruck naturgegebener Majestäten, sind Sinnbilder für die Ewigkeit und schon Schiller schrieb: „Suchst du das Höchste, das Größte? Die Pflanze kann es dich lehren."
Nichts verstanden hat der Mensch, der diesen Stolz bricht, indem er die Bäume wie erstarrte Soldaten umher kommandiert. Diese Aufstellung in Reih und Glied nennt er dann Forst. Alles vermeintlich Zufällige bereitet ihm offenbar Unbehagen – berechenbare Gleichartigkeit liegt seinem Denken näher. Aber wie traurig sieht so eine Pappel oder Fichte im Forst, im Abstand 2 x 3 Metern gesetzt, aus. Wie muss ihr Blick dann voller Wehmut, voller Verlangen zu einem benachbarten, wild aufgegangenen Vetter schweifen.

## POESIE

*Hegst die Zeichen, trauter Baum,*
*in der hartgewordnen Rinde,*
*und dein Laub, bewegt vom Winde,*
*flüstert Lieder, wie im Traum.*
*Lieder wunderbaren Klanges,*
*vor'ger Zeit verlorne Kunde,*
*und die Geister des Gesanges*
*wehn mich an im alten Bunde.*

*Adelbert von CHAMISSO*

# PIMPERNUSS

*Staphylea pinnata*, Pimpernussgewächs

## GATTUNG

Elf Pimpernuss-Arten sind in Eurasien und Amerika beheimatet, nur eine davon kommt in Europa und damit auch bei uns vor.

## NAME

Der botanische Gattungsname kommt vom griechischen „staphyle" (= Weintraube, Traube) und soll den traubigen Blütenstand beschreiben. *Pinnata* ist lateinisch und bedeutet „gefiedert, geflügelt".

Der lustige deutsche Name entstammt dem mittelhochdeutschen „pumpern"(= klappern, klopfen) und soll die reife Frucht beschreiben, bei der die Samen in der weiten Fruchthülle klappern.

## VOLKSNAMEN

*Bemmanißl* (Böhmennuss, Ost-Österreich); *Schnöller* (Innsbruck; „schnöllen" heißt knallen, durch das Aufschlagen der Blasenfrucht); *Glücksnussen* (Brandenburg; dem Volksglauben zufolge soll man die Nüsse immer bei sich tragen, um Glück zu haben); *Pumpernickel* (Bremen).

## BIOLOGIE

Die Blähfrüchte der Nüsse sind mit reichlich $CO_2$ gefüllt und erzeugen so einen Überdruck. Dieser pflanzliche Trick schützt die sich entwickelnden Samen und lockt verbreitende Tiere an, welche die Samen wieder unbeschädigt ausscheiden. Als wichtiges Wildgehölz hat die heimische Pimpernuss besonders viele Anhänger im Tierreich. Ein regelrechter Leckerbissen sind die Früchte für Fasane und Kernbeißer, die Triebe für Feldhasen.

## (!) ZIERDE

Die Natur hat zuweilen ganz besonders anmutige, heitere Launen. Und in einer solchen muss wohl die Pimpernuss entstanden sein, mit ihren cremeweißen, hängenden Blütenständen, die bei jedem Lufthauch zu läuten beginnen, ohne dass man sie hören könnte. In unseren Wäldern stellt der schon in prähistorischer Zeit seiner Früchte wegen gesammelte Strauch einen Schatz dar. Im Garten ist die Pimpernuss ein wunderbares Einzelgehölz mit mehrfacher Zierwirkung. Als Gehölz mit essbaren Früchten, das zur Beobachtung einlädt, passt es gut zu Kindergärten, Schulen oder auf Spielplätze.

## (¶) WILDGEMÜSE

Im Bayerischen Wald wird aus ihnen sogar ein Likör hergestellt. Die essbaren Blüten können kandiert als Nascherei serviert werden oder dienen als Zierde für den Tellerrand. Aufgrund ihrer Seltenheit sollten nur Sträucher aus der Kultur beerntet werden.

## (→) PRAKTISCHE ANWENDUNG

**Geröstete Pimpernusskerne**

Pimpernusssamen können direkt vom Strauch roh oder aber in einer Pfanne angeröstet als gesunde Knabberei genossen werden. Hierbei kann schon die Ernte zum Erlebnis werden, wenn dabei, so wie es die Ahnen gern machten, orakelt wird. Je mehr Samen in der Fruchthülle stecken, desto besser wird die folgende Zeit.

## 🌳 NATURGLAUBE

Die Pflanzenverehrung war bei den Germanen tief verwurzelt. Sie waren der Ansicht, dass nicht nur Menschen beseelte Wesen seien, sondern alle Lebewesen und dass alle Lebewesen gleichwertig sind.

Das geht auch aus zahlreichen Berichten von römischen und christlichen Autoren hervor. So beschreibt Tacitus, wie sich die Menschen bei den Bäumen versammelten, um Feste für ihre Götter zu feiern. Die Wälder, Blumen und Wiesen waren den jeweiligen Gottheiten geweiht. Es waren vor allem alte Bäume, Steinformationen, Quellen und andere Kraftplätze, wo sich die Menschen trafen. Hier wurde gefeiert, in die Zukunft geschaut und der Hohe Rat abgehalten.

Die christlichen Missionare versuchten diese dem Volk heiligen Orte mit neuem Sinn zu erfüllen, so entstanden an ihnen oft Kapellen oder Kreuze. Dort, wo ehemals der Hohe Rat abgehalten und später ein Kreuz errichtet wurde, nannten die Menschen die Stelle „Rat-Kreuz". Im Laufe der Jahrhunderte wurde aus dem „Rats-Kreuz" sprachlich das „Rote Kreuz". Heute findet man bei Wanderungen in deutschen Landen recht oft die Bezeichnung „Rotes Kreuz" und dann kann man mit einiger Sicherheit davon ausgehen, dass es sich um einen alten Kraftort unserer Ahnen handelt.

# PORST

*Rhododendron tomentosum* (Syn.: *Ledum palustre*), Erikagewächs

## GATTUNG

Von den 850 *Rhododendron*-Arten (inkl. *Ledum*) kommen nur sechs in Europa und vier im deutschsprachigen Gebiet vor. Hauptverbreitungsgebiete sind die regenreichen Ketten des östlichen Himalaja, die südchinesischen Gebirge und das indische Archipel. Etliche Arten finden sich auch in Japan, dem atlantischen Nordamerika und dem arktischen Gebiet, nördlich bis Grönland.

## NAME

Der botanische Gattungsname ist aus den griechischen Wörtern „rhodon" (= Rose) und „dendron" (= Baum) zusammengesetzt. Lateinischer Herkunft ist hingegen der botanische Artname, welcher von „tomentum" (= Polster) abzuleiten ist und in der Regel filzig-behaarte Pflanzen benennt.

„Porst" leitet sich von der germanischen Wurzel „pur" (= Feuer) ab, vielleicht wegen seiner Verwendung als psychoaktiver Räucherpflanze.

## VOLKSNAMEN

*Brauerkraut, Wilder Rosmarin, Zeitheil, Mottenkraut.*

## ⏾ HEILPFLANZE

Heute ist Porst nur mehr in der Homöopathie bei Entzündungen der Atemwege, Gelenkbeschwerden, Insektenstichen oder Hautausschlägen gebräuchlich. Die getrockneten Zweige mit kampferartigem Geruch halten Motten und anderes Getier von Kleidungsstücken fern. In Sibirien verräuchert man das Kraut, um Mücken abzuhalten.

## ☯ PSYCHOAKTIVE PFLANZE

Porst ist eine Giftpflanze. Das enthaltene Ledumöl hat eine stark berauschende Wirkung, weshalb der Porst gerne zum Bierbrauen verwendet wurde. Nachdem Porst im Gegensatz zum Fliegenpilz aggressiv macht, war er ein ideales Mittel für den Berserkergang. Dazu versetzten sich die Männer vor einem Kampf durch Porstbier und Räucherungen in Ekstase, verwandelten sich geistig in einen Bären und zeigten dadurch beim Kampf keinerlei Angst oder Schmerz.

Aber auch zu Räucherungen wurde Porst eingesetzt. Die Schamanen der sibirischen Burjaten inhalierten große Mengen davon. Auch die Tungusen, aus deren Sprache das Wort „Schamane" stammt, benutzten Porst als rituellen Räucherstoff. Bekannt ist die Verwendung auch von den Schamanen der Ainu, der Urbevölkerung des nördlichen Japans. Bereits der längere Aufenthalt in Porstbeständen kann zu Schwindel und rauschartigen Zuständen führen.

Eine der frühesten Nachweise über die Verwendung von Porst als Brauzusatz fand sich in einer bronzezeitlichen Bestattung aus dem 15. Jahrhundert v. Chr. aus Egtved, Dänemark. Bis zum 19. Jahrhundert wurde mit Porst und anderen Kräutern anstelle von Hopfen, obwohl schon lange verboten, „Grutbier" gebraut.

## ⊛ NATURGLAUBE

Porst wird in der germanischen Mythologie dem Kriegsgott Tyr zugeschrieben und stand in fester Verbindung

mit den Berserkern. Berserker waren
Krieger, die sich im Kampf durch besondere Wildheit und Tapferkeit auszeichne-
ten. Der römische Historiker TACITUS
schreibt in seiner „Germania", dass viele
römische Soldaten der Mut verließ, als sie
den Germanen das erste Mal in der Schlacht gegenüber-
standen. Der Kriegslärm, bestehend aus wilden Gesängen, Schlachtgebrüll, Trompeten und das Schlagen der
Schwerter auf die eigenen Schilde. Doch was die Legio-
näre in totale Panik versetzte, waren die wilden Männer,
die in todesverachtender Kampfeswut ihrem Heer
vorausstürmten. Dabei bissen sie in ihre Schilde und
ließen sich weder von Pfeilen und Schwerthieben noch
von Feuer aufhalten. Mit unzähligen Wunden übersät

*Die Berserker versetzen sich durch Grutbier und andere Rausch-
mittel in eine Ekstase, in der sie auch Schmerz nicht mehr wahrnehmen. Häufig kämpften sie in Wolfsfelle gehüllt, wie hier auf
dieser Zeichnung nach einer skandinavischen Bronzeplatte aus
dem 7. Jahrhundert.*

kämpften sie weiter, ohne an Kraft und Wildheit zu
verlieren. Diese wilden Kämpfer, die sogenannten Berserker, kannten keine Angst, denn sollten sie im Kampf ihr
Leben lassen, war ihnen in Walhall ein Platz bei den
Walküren sicher.

Hauptsächlich ausschlaggebend für diese Wildheit war
das Grutbier, ein mit Porst gebrautes Bier, welches
aggressiv macht. Dieses Grutbier finden wir auch in der
Comic-Serie Asterix. Hier heißt es zwar Zaubertrank, hat
aber eine vergleichbare Wirkung gegenüber den römischen Invasoren. Heute weiß man, dass dies mit Hilfe
von psychoaktiven Pflanzen möglich war. Diese brachten
die Berserker in eine Art überwache Trance und mit
zunehmendem Kriegsgetümmel in eine Kampfeswut, die
sich bis zur Schmerzlosigkeit steigerte. Nach dem Kampf
verfielen die Berserker zumeist in einen tagelangen
Schlaf.

Aus dem germanischen Berserkergang hat sich der
Perchtenlauf entwickelt. Diese alte Tradition hat sich in
manchen Gegenden wie Salzburg und Bayern bis heute
erhalten. Jedes Jahr rund um die Zeit der Wintersonnenwende, von Anfang Dezember bis Januar, verkleiden sich
junge Männer mit Tiermasken und laufen unter mächti-
gem Getöse durch die Gassen, wie einst die Berserker.
Tyr und den Berserkern ist die Tyr-Rune zuerkannt. Es ist
die Kriegsrune, aber auch die Rune der Gerechtigkeit
und der Selbstaufopferung. Die Rune selbst stellt das von
den Weltensälen gestützte Himmelsdach dar.

## POESIE

*Eigentlich ist jede Pflanze eine Zauberpflanze,
jedenfalls dann, wenn wir in ihr das Wunder der
Natur, das Mysterium des Lebens, die Schönheit
ihrer Erscheinung, die natürliche Perfektion
erkennen. Dann kann uns jede Pflanze
bezaubern, unseren Geist entzücken und unser
Bewusstsein mystisch erfüllen.*

# FLIEGEN-RAGWURZ

*Ophrys insectifera*, Orchidee

## GATTUNG

Je nach Artabgrenzung umfasst die Gattung rund
150 Arten, von denen etwa 100 in Europa und fünf
ursprünglich im deutschsprachigen Gebiet vorkommen.
Mannigfaltigkeitszentrum der äußerst interessanten
Gattung ist das östliche und zentrale Mittelmeergebiet.

## NAME

*Ophrys* als botanischer Gattungsname ist griechisch und
in seiner Bedeutung unklar. Diskutiert werden als Über-
setzungen Augenbraue und Hügel. Möglicherweise
übernahm LINNÉ den Namen von PLINIUS, der damit
eine andere Pflanze. Der Artname ist lateinisch, bedeutet
„Insekten tragend" und beschreibt das verblüffende
Aussehen der Blüten.
„Ragwurz" als deutsche Benennung findet sich erstmals
bei Brunfels 1530 und spielt auf die vermeintlich aphro-
disierende Wirkung an.

## VOLKSNAMEN

*Mückli* (Baden); *Elfenständel* (St. Gallen); *Fluigala* (Lech-
taler Alpen); *Immli* (Schaffhausen); *Engeli* (Aargau);
*Bergmanderl* (Oberösterreich); *Gamperlan* (Kärnten).

## BIOLOGIE

Orchideen im Allgemeinen und die Ragwurz im Speziellen haben in Bezug auf die Bestäubung unwahrschein-
lichen Einfallsreichtum bewiesen. Die entwicklungsge-
schichtlich junge Gattung beschreitet einen völlig
neuen, revolutionären Weg zur Arterhaltung: Die Männchen einer bestimmten Insektenart erscheinen im Frühjahr kurz vor den geschlechtsreifen Weibchen. In dieser
Zeit blühen die zugehörigen Ragwurze und ihre Blüten
täuschen durch Aussehen, Sexualduft und Behaarung ein
Weibchen vor. Die Männchen fallen darauf hinein und
beginnen mit der vermeintlichen Kopulation, wobei
ihnen die Pollenpakete an der Stirn kleben bleiben.
Nicht klüger geworden versuchen sie es bei der nächs-

ten Blüte erneut. Die Pollenpakete bleiben an der Narbe
kleben, die Bestäubung ist vollzogen.
Dieser Einfallsreichtum ist eine Meisterleistung der Natur,
den wir nur mit Ehrfurcht bestaunen können.
Ein Grund dafür, warum die Gattung Ragwurz so viele
begeisterte Freunde gefunden hat, ist der Umstand, dass
ihre Entwicklung noch nicht abgeschlossen ist. *Ophrys*
befindet sich in lebhafter Artbildung und man kann teil-
haben an dieser spannenden Entwicklung. Evolution ist

nämlich nicht immer eine Sache von Jahrhunderten oder Jahrtausenden. Von Jahr zu Jahr ändert sich oft das Aussehen einer Population und manche entwickeln sich regelrecht vor unseren Augen zu neuen, eigenständigen Sippen.

## 🌳 NATURGLAUBE

„Elfenständel" wird die Ragwurz im Volksmund auch genannt, denn Elfen spielten in der germanischen Mythologie eine wichtige Rolle. Sie zeichnen sich den Menschen gegenüber mit Wohlwollen und Hilfsbereitschaft aus. Elfen sind weiblich oder männlich, klein, meist unsichtbar und lieben Musik und Tanz. So mancher glaubt auch heute noch an Elfen und Kinder berichten, dass sie an besonders schönen Orten, welche mit Licht, Pflanzen und oft auch mit Wasser in Zusammenhang stehen, Elfen gesehen hätten. Vielleicht sind es nur wir Erwachsenen, die nicht sehen wollen, was es scheinbar nicht geben darf. In anderen Ländern Europas wie Norwegen, Irland und ganz besonders Island wird mit dem Thema weit offener umgegangen. Hier gehören Trolle und Elfen zum Alltag und jeder hat sich seine eigene Meinung darüber gebildet, ohne gleich als Spinner zu gelten.

*Elfen bzw. Feen spielen nicht nur in alten Märchen und Sagen eine Rolle, auch in unseren Tagen gibt es Menschen, die bekunden, ihre Existenz wahrgenommen zu haben. In Island glaubt mehr als die Hälfte der Bevölkerung an das Vorhandensein übernatürlicher Wesen. – Gemälde von John Auster FITZGERALD (1819–1906).*

## POESIE

*Blumen sind die Liebesgedanken der Natur.*

# RAINFARN

*Tanacetum vulgare*, Korbblütler

## GATTUNG

Von den rund 70 Arten der Gattung kommen ursprünglich 15 in Europa und zwei hierzulande vor.

## NAME

Der botanische Gattungsname *Tanacetum* ist seit mindestens dem neunten Jahrhundert n. Chr. bekannt, ohne dass die Herkunft mit Sicherheit geklärt ist. Möglich erscheint die Herleitung vom griechischen „tainia" (= Bandwurz) oder vom lateinischen „athanasia" (= Arzneimittel). Letzteres ist gleichlautend dem griechischen Wort für „Unsterblichkeit".

Der deutsche Rainfarn hat zwei unterschiedliche, beides einleuchtende Erklärungsmodelle: „Rain" als begrenzende Böschung, wo die Pflanze bevorzugt wächst und „Fahne" als Grenzfahne, als gelbes Grenzzeichen. Die zweite Erklärung geht auf „rein" in Form von reinigend, heilend zurück und beschreibt den Einsatz der Pflanze gegen Würmer und Parasiten. Der zweite Namensteil verweist auf die Farnähnlichkeit der Blätter.

## VOLKSNAMEN

*Donnerrute* (Tirol, Rheinland); *Stinker* (Kals in Osttirol).

## ✓ NUTZEN

Getrocknete Rainfarnblätter beruhigen die Bienen und finden so bei den Imkern Anwendung. Auch als Färberpflanze kommt Rainfarn zum Einsatz. Zusammen mit Alaun färben die Blütenköpfe die Wolle dunkelgelb.

## ☠ GIFTPFLANZE

Über viele Jahrhunderte galt der Rainfarn als Mittel gegen Würmer, Flöhe und Kopfläuse. Allerdings ist Vorsicht zu wahren, ruft doch bereits ein Gramm Rainfarn nach dem Verzehren Vergiftungserscheinungen hervor. Ab fünf Gramm kann die Pflanze für den Menschen tödlich sein. Es wird von beschleunigter Atmung, hohem Puls, Bewusstlosigkeit und Krampfanfällen berichtet.

## ➤ PRAKTISCHE ANWENDUNG

**Rainfarntee zur Schädlingsbekämpfung**

30 Gramm getrocknete Rainfarnblüten mit einem Liter kochendem Wasser übergießen. Nach dem Abkühlen wird der Tee unverdünnt über das Laub der befallen Pflanzen gesprüht. Rainfarntee hilft gegen Läuse, Frostspanner, Apfelwickler, Brombeermilben und andere Schädlinge. Vorbeugende Spritzungen im Herbst und im zeitigen Frühjahr sind empfehlenswert.

## 🌳 NATURGLAUBE

„Raynvane" ist der alte Name für den Rainfarn. Er ist Überlieferungen zufolge dem germanischen Wettergott Donar (= Thor) geweiht. Donar gilt als Beschützer der Bauern und Landarbeiter. Attribute wie Willenskraft, Stärke, Schutz, Männlichkeit und Kameradschaft sind ihm zuerkannt.

Rainfarnblätter waren Teil der germanischen Frühlingskultspeise, welche zu Ostern mit anderen Frühlingskräutern in Eierkuchen oder Gebäck gegessen wurde. Der Brauch hat sich im ländlichen England bis in die Gegenwart erhalten.

## POESIE

*Goldene Knöpfe, Blätter wie Farn,*
*Hüter der Schwelle, dein Wesen ist warm.*
*Nach altem Brauch reinigt dein Rauch,*
*dein würziger Duft, verpestet die Luft.*

*Du wendest der kalten Würmer Wut,*
*bist selber giftig und dennoch gut.*
*Denn Gift vertreibt Gift, das lehrten die Alten –*
*so kannst du Mensch und Vieh gesund erhalten.*

*Wolf Dieter STORL*

# RINGELBLUME

*Calendula officinalis, Korbblütler*

## GATTUNG

Von den 20 Arten der Gattung kommen fünf in Europa, davon aber ursprünglich keine bei uns vor. Mannigfaltigkeitszentrum ist das Mittelmeergebiet.

## NAME

Der botanische Gattungsname soll sich vom lateinischen „Calendae" (= der Monatserste) ableiten und die lange, oft über Monate dauernde Blütezeit beschreiben. Gut möglich erscheint aber auch die Annahme von Genaust, dass mit dem Namen *Caltha,* welcher heute die Hahnenfußgattung Dotterblume benennt, ursprünglich die Ringelblume gemeint war und dieser Name erst später zu den *Ranunculuaceae* wechselte. Ein Vorgang, welcher im Mittelalter üblich war.

Die deutsche Benennung „Ringelblume" bezieht sich auf die eingeringelten Früchte.

## VOLKSNAMEN

*Sonnenwende; Totenbleamel* (wegen der späten Blütezeit, oft noch zu Allerseelen Anfang November); *Feuerrösel* (Steiermark); *Sonnenblume* (vor der Ankunft von *Helianthus* aus Amerika war die Ringelblume unsere Sonnenblume).

## HEILPFLANZE

Die Echte Ringelblume ist nur als Kulturpflanze bekannt. Es gilt als wahrscheinlich, dass die Ausgangsform im (westlichen) Mittelmeergebiet zu suchen ist. So könnte es sich um eine hybridogene Entstehung in Nordwestafrika aus *Calendula incana* × *C. suffruticosa* handeln. Ringelblume wirkt antibakteriell, entzündungshemmend, krampflösend und wundheilend. Bei offenen Wunden wird sie eingesetzt, um eine Entzündung zu verhindern. Eine zerdrückte Blüte auf der Haut hilft bei Wespen- oder Bienenstichen. Die Blätter und Blüten sind in der Kosmetik Bestandteil vieler pflegender Hautcremen und eine Tinktur hilft nach einem Sonnenbrand bei der Bildung neuer Haut.

## WILDGEMÜSE

Ringelblume kann zum Gelbfärben der Butter und des Käses genutzt werden. Die Blüten dienen als hübsche Speisendekoration und zur Teebereitung, mancherorts aber auch zur Fälschung des teuren Safrans.

## PRAKTISCHE ANWENDUNG

**Ringelblumen-Öl**

*Zutaten*

> 3 Handvoll frische Ringelblumenblüten
> Helles Schraubverschlussglas
> Hochwertiges Pflanzenöl, wie etwa kaltgepresstes Olivenöl
> Baumwoll- oder Leinentuch
> Braune Glasflasche

*Zubereitung*

> Die Ringelblumenköpfchen an einem trockenen, sonnigen Tag ernten. Die Blütenköpfchen zerzupfen und alle grünen Teile entfernen. Die Blütenblätter in

das Schraubverschlussglas leeren und so viel Pflanzenöl dazu geben, bis die Blüten gut bedeckt sind. Das Glas gut durchschütteln, etwa fünf Wochen in der Sonne stehen lassen, und während dieser Zeit immer wieder durchschütteln. Danach durch das Tuch filtern und in eine braune Flasche füllen. So bleibt das Ringelblumenöl etwa ein Jahr haltbar.

 NATURGLAUBE

Mit ihren goldgelben Blütenköpfchen symbolisiert die Ringelblume die Sonne und war Überlieferungen zufolge der germanischen Sonnengöttin Sol (= Sunna) zuerkannt. Sol steht für Lebenskraft, Wachstum, Licht und Ernte, für die Liebe zur Natur und die Liebe der Natur zu allem Lebendigen.

# HUNDS-ROSE

*Rosa canina*, Rosengewächs

## GATTUNG

Von den weltweit rund 150 Wildrosenarten kommen etwa 45 in Europa und 29 im deutschsprachigen Gebiet vor.

Vor etwa 100 Jahren wurden noch mehrere tausend Arten unterschieden. Ursprünglich kommen Wildrosen nur in der nördlichen Hemisphäre vor. Das Entfaltungszentrum der Gattung dürfte in den Gebirgsländern Mittel- und Südwestasiens liegen, aber auch die kalkreichen Gebirge Mitteleuropas sind reich an Wildrosenarten.

## NAME

Sowohl der botanische als auch der deutsche Name gehen auf das indogermanische „vrod" zurück. Daraus lassen sich das germanische „ros", das lateinische „rosa", das keltische „roschaill", das slawische „roza" und weitere Bezeichnungen ableiten.

*Canina* als botanischer Artname ist lateinisch, bedeutet „Hund" und soll die Minderwertigkeit der Wildrose gegenüber der Kulturrose ausdrücken, da der Hund in der Antike nicht die heutige Wertschätzung genoss. Als bekannte und in der Symbolik bedeutende Pflanze tritt die Rose vielfach in Ortsnamen (so in Rosenheim, Rosenthal, Rosenau oder Rosenberg) in Familiennamen (Rose, Rosemann, Rosemaier) und in Vornamen (Rosa, Rosalinde, Rosemarie, Rosamunde) auf.

## VOLKSNAMEN

Neben den ausgesprochen reichlich vorkommenden Abänderungen des Wortes „Rose" fällt besonders das Wort „Hagebutte" mit vielen Spielformen auf. Das Wort setzt sich aus „Hag, Hagen" (= Umfriedung, Dornengebüsch) und „Butte" (= kurz und dick, wie etwa noch in der Tragebutte oder im englischen Wort für „Flasche", „bottle", zu finden) zusammen.

*Hetschepetsch, Hetscherl* (Bayern, Österreich; wahrscheinlich eine Assimilation von Hagebutte mit möglichem Wortverlauf: *–Heckenbutte – Heckenbützlein – Heckenpetzlein – Heckenpetschlein – Hetschepetsche*). *Friggas Dorn* heißt die Pflanze heute noch mancherorts am Niederrhein.

## ⚜ SYMBOLIK

Keine andere Zierpflanze hat in so vielfältiger Weise und nachhaltig die verschiedensten Bereiche des menschlichen Lebens beeinflusst wie die Rose. Die Rosenkultur hat in Asien begonnen. Aus dem heutigen Iran, aber auch aus China sind Rosenkulturen seit Jahrtausenden bekannt. Mit griechischen Kolonisten gelangte sie nach Italien und bei den Römern erlangte der Rosenkult eine Hochblüte, der sich schließlich bis zur Dekadenz hochschaukelte. So gab KLEOPATRA, die Königin von Ägypten, dem römischen Feldherrn ANTONIUS ein Gastmahl, bei dem der Fußboden des Saales eine Elle hoch mit Rosenblüten bestreut war. Unter Kaiser NERO und seinen Nachfolgern feierte man keine Orgie ohne Unmassen an Rosenblüten und sogar von unter Rosen erstickten Gästen wird berichtet. Rosen bekränzten Tänzerinnen bei üppigen Trinkgelagen und es verwundert nicht, dass für die frühen Christen der Rose Verwerflichkeit und sündige Gottlosigkeit anhaftete.

*Weiche Rose (Rosa mollis)*

## ✓ NUTZEN

Kulturrosen haben als Zierpflanzen eine besondere
Bedeutung, Wildrosen für die heimische Tierwelt. Sie
bieten Nistplatz, Unterschlupf und Nahrung.
Rosenöl wird aus getrockneten Kronblättern gewonnen.
Es ist hier zu 0,1 bis 0,4 % enthalten, besteht aus rund
350 Komponenten und kostet ca. 4.000 Euro je Liter. Für
einen Kilo Öl benötigt man drei bis vier Tonnen Rosen-
blütenblätter.
Über 30.000 Rosensorten sind heute bekannt. Der
größte Rosengarten der Welt liegt in Sangerhausen in
Sachsen-Anhalt, wo rund 6.500 Sorten bzw. Arten zu
bewundern sind.

*Rotblatt-Rose (Rosa glauca)*

## 🍴 WILDGEMÜSE

Die Blütenblätter der Wildrose schmecken mild säuerlich.
Sie können als Tellerdekoration Verwendung finden oder
in den Teig süßer Pfannkuchen eingearbeitet werden.
Der Vitamin-C-Gehalt der Hagebutten, also der Wildro-
senfrüchte, ist außerordentlich hoch. Am höchsten ist er
bei den reifenden Früchten, zur Vollreife sinkt der Gehalt
wieder. Am vitaminreichsten haben sich die Hagebutten
von *Rosa majalis*, R. *corymbifera*, R. *rubiginosa* und
R. *pendulina* herausgestellt. Aus den Hagebutten lassen
sich Tee, Marmelade oder mit Oregano gewürzt eine Art
pikante Sauce herstellen.

## ➔ PRAKTISCHE ANWENDUNG

**Hagebuttentee**
Zwei Teelöffel Hagebutten in einem Mörser zerkleinern
und anschließend mit einem viertel Liter kaltem Wasser
aufgießen. Nach kurzem Aufkochen den Tee zehn
Minuten ziehen lassen und genießen.

## 🌳 NATURGLAUBE

Ganz anders als die dekadenten Römer der Spätzeit
gingen die Germanen mit der Rose um. Sie verehrten sie
im Namen der Liebesgöttin, pflanzten sie in Zaubergär-
ten und nur an Freitagen, dem Namenstag Freyas,
durften Priester und weise Frauen die Rose zu Heil- und
Zauberzwecken schneiden. Die Rosenblüte verkörperte
die Schönheit der Göttin Freya, aber auch die Vergänglichkeit des Lebens und das Weiterleben der Seele nach
dem Tode und so pflanzte man Rosen oftmals um Opfer-
stätten und Grabstellen. Im 8. Jahrhundert ließ KARL der
Große das Heidentum bekämpfen und alle heiligen
Stätten der Liebesgöttin zerstören. Der Frankenkönig
ging so nachhaltig vor, dass nur wenig des alten Freya-
kults erhalten blieb. Eines dieser Freya-Heiligtümer war in
Hildesheim, an dessen Stelle heute der Dom von Hildesheim steht, von einer „Tausendjährigen Wildrose"
umrankt. Mit der Zerstörung der Rosengärten Freyas
ging auch die Symbolik der Rose als Beschützerin der
Frauen verloren.

## POESIE

*Die Blume erweist sich als größerer Pionier eines*
*neuen Verhältnisses zwischen Welt und Seele, als*
*wir ahnen. Es gehen unvorstellbare Wirkungen*
*von Gärten und Blumen aus.*

*Karl FOERSTER*

# SAUBOHNE, PUFFBOHNE

*Vicia faba,* Schmetterlingsblütler

## GATTUNG

Von den 140 Arten der Gattung kommen 54 in Europa und 23 in unserem Gebiet vor. Die meisten *Vicia*-Arten sind in der nördlichen gemäßigten Zone Eurasiens und Amerikas beheimatet, einige auch in Südamerika.

## NAME

*Vicia* als botanischer Gattungsname ist vielleicht dem lateinischen „vincire" (= winden) entlehnt, ganz ähnlich dem deutschen „Wicke", abgeleitet von „wickeln, winden". *Vicia faba* hingegen trägt den abfälligen deutschen Namen „Saubohne". Verdient hat sie den Namen nicht, war sie doch unsere ursprüngliche Bohne. Als die amerikanischen Arten im 17. Jh. nach Europa kamen, wanderte der Ausdruck Bohne zu diesen *Phaseolus*-Arten und für unsere einst so wertvolle Pflanze blieb kein Name über. So behilft man sich heute mit Bezeichnungen wie „Rossbohne" oder improvisiert mit Namen wie „Puffbohne" oder „Dicke Bohne".

*Faba* als botanischer Artname ist wahrscheinlich von der indogermanischen Wurzel „bhà" (= schwellen) abgeleitet, in Beziehung zur Dicke der Früchte und Samen. „Bohne" als deutsche Benennung entstammt der gleichen Wortwurzel.

## ✺ SYMBOLIK

Saubohnen standen je nach Volk in unterschiedlichem Ansehen. Die Griechen verehrten sie, feierten Bohnenfeste und hatten sogar einen eigenen Bohnengott. Römer hingegen hielten sie für eine Totenpflanze. Sie glaubten, dass die Seele auf dem Weg ins Jenseits in den Früchten vorübergehend verweilen müsse. Bei den Ägyptern galt die Bohne sogar als unrein. Priester durften sie nicht essen, was wohl eher weltliche Gründe hatte.

Bei unseren Vorfahren hingegen stand sie stets in gutem Ruf, konnte sie sich doch auch auf feuchten, schweren Böden durchsetzen. Ihre tief reichenden Wurzeln lockern den Boden und versorgen ihn dank der Knöllchenbakterien mit Nährstoff. Nach der Ernte sollte die Wurzel der Pflanze daher im Boden bleiben, weil ein Teil des angesammelten Stickstoffes erst nach dem Zersetzen frei wird.

## 🍴 GEMÜSEPFLANZE

Die Heimat von *Vicia faba* ist das Mittelmeergebiet. Wild ist die Art nicht bekannt und auch die Stammsippen sind unbekannt. In unserem Gebiet ist der Anbau der Saubohne seit mindestens 3.000 Jahren nachgewiesen. Im Unterschied zu den im rohen Zustand giftigen Bohnen der Gattung *Phaseolus* können Puffbohnen auch ungekocht gegessen werden, allerdings zeigen manche Menschen allergische Reaktionen.

Geerntet werden sollten die grünen, noch weichen Früchte. Sammelt man die getrockneten Hülsen, müssen die Kerne über Nacht vorgequollen und gekocht werden. Besonders schmackhaft wird der Schmetterlingsblütler, wenn man Bohnenkraut mitkocht. Ernährungswissenschaftlich hervorzuheben sind der hohe Eiweiß-, Calcium-, Phosphor- und Eisengehalt – ein wahres Kraftpaket.

In Südamerika ist die Saubohne als Knabberei beliebt. Die Bohnen werden dazu in der Pfanne oder im Rohr

angebraten, bis sie knusprig sind und als „habas"
serviert.

Archäologische Funde in den ehemaligen Stollen des
Bergwerkes Hallstatt zeigen, dass die Saubohne mit Hirse
und Gerste gekocht bereits die Hauptnahrung der
Althallstädter Bergleute war. Das steirische Ritschert
stimmt mit diesen Funden so gut überein, dass man von
einer drei Jahrtausende alten Kochtradition ausgehen
kann.

## PRAKTISCHE ANWENDUNG
### Puffbohnen-Salat
Je Person eine Handvoll noch weicher Puffbohnen aus
der Schale lösen, diese mit Petersilie, Rauke und Radic-
chio mischen, Käse darüber hobeln, salzen und pfeffern.
Danach Olivenöl darüber gießen und mit Balsamico-Essig
abschmecken. Bis zum Verzehr im Kühlschrank ruhen
lassen.

## NATURGLAUBE
Genauso wie die Wälder waren den Germanen die Äcker
heilig, und wie der Wald allen gehörte, gehörten auch
die Äcker allen. „Das Ackerland wurde von der Gesamt-
heit des Dorfes im Wechsel in Nutzung genommen und
dann unter den Dorfbewohnern nach Bedarf aufgeteilt",
berichtete bereits TACITUS.

Die Germanen bestellten ihre Äcker mit Wende- und
Räderpflügen, die eine eisenbeschlagene Pflugschar
aufwiesen. Auch die Eggen waren eisern. Durch die neue
Art des Pflügens entstanden die langen Parzellen, die wir
gebietsweise heute noch kennen.

Vor diesen Erfindungen wurden Flächen brandgerodet
und mit Holzpflügen kreuz und quer bearbeitet. Nach
einigen Jahren nimmt die Fruchtbarkeit solcher Felder ab
und die Bauern müssen weiterziehen. Unsere Ahnen
hingegen entwickelten neue Düngemethoden. Sie
kompostierten, kalkten und mergelten. Sie beachteten
die Fruchtfolge und legten Brachen ein.

Angebaut wurden neben Saubohnen Hafer, Mohn,
Dinkel, Emmer, Gerste, Hirse, Erbsen, Linsen, Wicken,
Gänsefuß, Butterraps und einige weitere Nutzpflanzen.
Lein und Hanf waren ihre wichtigsten Kulturen zur Stoff-
gewinnung und mit Waid und Resede färbten sie diesen.
Gemüse zogen sie in eingezäunten Gärten, an Obst
wurden nur Äpfelbäume kultiviert. Die anderen Obstsor-
ten wie Kirsche, Holler, Schlehe, Himbeere, Brombeere
oder Erdbeere sammelten sie aus der Natur. Gemüse
lagerten sie in Erdmieten, Getreide in eigenen Getreide-
lagern und Fleisch machten sie durch Räuchern oder
Einsalzen haltbar.

## KLUGE PFLANZEN
Bei einer verwandten Art, der Limabohne, *Phaseolus
lunatus*, wurde vor nicht langer Zeit eine aufsehenerre-
gende Entdeckung gemacht: Pflanzen warnen sich untereinander vor Feinden.

Wird eine Limabohne von einem Bohnenkäfer attackiert,
entsteht als Antwort auf diese Verletzung Jasmonsäure.
Über Drüsen sondert die Pflanze den Nektar ab und lockt
so Ameisen an. Weil diese auf ihren Futtergründen keine
Konkurrenz dulden, beißen sie den Bohnenkäfer, bis es
diesem zu viel wird. Beim Angriff durch Raupen wirft die
Bohne eine Duftproduktion an, welche Schlupfwespen
anlockt. Diese versenken mit ihrem Legestachel ein Ei in
der Raupe und töten sie. Gleichzeitig beginnt die Pflanze
ihre Nachbarn mittels eines Alarmduftes zu warnen. Die
unversehrten Pflanzen vernehmen die Botschaft, dass der
Feind nicht mehr weit ist, und beginnen mit der Nektar-
produktion. Und so dauert es nicht lange, bis die ersten
verteidigungsbereiten Ameisen eintreffen, obwohl es
noch gar nichts zu verteidigen gibt. Bei Limabohnen
konnte man die gegenseitigen Warnrufe feststellen,
wahrscheinlich sind sie aber überall in der Natur gängig.
Pflanzen warnen sich untereinander!

# WIESEN-SAUERAMPFER

*Rumex acetosa*, Knöterichgewächs

## GATTUNG

*Rumex* umfasst rund 200 Arten, 44 davon in Europa und 22 im heimischen Gebiet. Besiedelt werden von der Gattung alle Kontinente.

## NAME

Der botanische Gattungsname *Rumex* ist seit dem 2. Jahrhundert v. Chr. für einen Wurfspeer belegt. Wegen seiner lanzenförmigen Blätter bekam dann die Gattung Ampfer diesen Namen.

*Acetosa* als botanischer Artname ist lateinisch, bedeutet essigsauer und nimmt auf den Geschmack der Pflanze Bezug.

Das deutsche Wort Ampfer ist aus der germanischen Silbe „ampra" herzuleiten, welche „scharf, bitter, sauer, unreif" benennt. Der Name Sauerampfer heißt demnach wörtlich „Sauersauer".

*Blut-Ampfer (Rumex sanguineus)*

## VOLKSNAMEN

*Sauerkraut* (Hessen), *Surimuri* (Schweiz, Bern), *Saure Wanzen* (Franken), *Gugitzer* (Oberösterreich), *Kiseljak* (Burgenland).

## (!) INHALT

Der Gehalt an Oxalsäure (primäres Kaliumoxalat) kann beim Genuss von großen Mengen des Sauerampfers zu Oxalvergiftungen führen, welche sich durch Übelkeit äußert. Oxalsäure, beständig über Monate zugeführt, kann zu Calciumentzug und Schädigung der Niere führen. Dem kann man entgegen wirken, indem die Pflanze gekocht und das Kochwasser entfernt wird. Oxalsäure ist wasserlöslich.

## (§) HEILPFLANZE

Ampfer ist durch seine harntreibende, reinigende, abführende, entzündungshemmende und fiebersenkende Wirkung bekannt. Durch seinen hohen Vitamin-C-Gehalt wurde er in der Vergangenheit gegen die heute praktisch ausgestorbene Krankheit Skorbut eingesetzt. Vor allem als Gurgelwasser bei Entzündungen der Mundschleimhaut und des Rachens, als Blutreinigungsmittel, bei Hautleiden und Krämpfen findet der Sauerampfer auch heute noch Anwendung.

## (¶¶) WILDGEMÜSE

Sowohl von der Wildform, *Rumex acetosa ssp. acetosa*, als auch von der Gartenform *var. hortensis* sind die Blätter geeignet. Besonders im Frühjahr werden sie zu Suppen, Salaten oder als Beimischung zu Spinat verwendet. Kräutertees bekommen durch die Zugabe einiger Ampferblätter einen frischeren Geschmack. Wer das ganze Jahr über Sauerampfer ernten möchte, kann auf eine neue Züchtung aus Kanada mit dem Namen „Profusion" zurückgreifen, welche nicht zur Blüte gelangt.

## PRAKTISCHE ANWENDUNG

**Frühlingsaperitif**

Etwas Holundersaft mit Wasser verdünnen, mit frischem Sauerampfer pürieren, in Sektgläser geben und mit Sekt oder anderen Getränken aufgießen.

 ## NATURGLAUBE

Unsere Vorfahren hatten ein inniges Verhältnis zur Pflanzenwelt, das sich in Märchen und Sagen, aber auch in Gedichten wie dem nebenstehenden von Ludwig TIECK, einem großen Dichter der Romantik, widerspiegelt. Es sind aber nicht nur „hoffnungslose Romantiker", die ein persönliches Verhältnis zu den Pflanzenseelen aufbauen können, gerade führende Gärtner und Naturforscher unserer Zeit haben sich diesen intuitiven Zugang auch bewahrt.

## POESIE

*Blumen sind uns nah befreundet,*
*Pflanzen unserm Blut verwandt.*
*Und sie werden angefeindet,*
*und wir tun so unbekannt.*
*Unser Kopf lenkt sich zum Denken*
*und die Blume nach dem Licht,*
*Und wenn Nacht und Tau einbricht*
*sieht man sie die Blätter senken -*
*wie der Mensch zum Schlaf' einnickt,*
*schlummert sie in sich gebückt.*
*Schmetterlinge fahren nieder,*
*summen hier und summen dort,*
*summen ihre trägen Lieder,*
*kommen her und schwirren fort.*
*Und wenn Morgenrot den Himmel säumt,*
*wacht die Blume auf und sagt sie hat geträumt,*
*weiß es nicht, dass voll von Schmetterlingen*
*alle Blätter ihres Kopfes hingen.*      *Ludwig TIECK*

# WALD-SAUERKLEE

*Oxalis acetosella*, Sauerkleegewächs

## GATTUNG

Etwa 700 Arten umfasst die Gattung, wobei nur diese eine in Mitteleuropa heimisch ist. Drei weitere, ursprünglich in Amerika bzw. dem Mittelmeerraum beheimatete Arten kommen in unserem Gebiet als Neubürger vor. Mannigfaltigkeitszentren der Gattung sind Südafrika, Süd- und Mittelamerika.

## NAME

Der botanische Gattungsname ist vom griechischen „oxos" (= Weinessig) abgeleitet. Damit war der säuerliche Geschmack von *O. acetosella* gemeint. Auch der botanische Artname leitet sich vom Essig, nämlich vom lateinischen „acetum" ab.

## VOLKSNAMEN

*Guggizer, Gugerklee* (Zillertal, Pinzgau, Pongau, Oberösterreich; abgeleitet vom Kuckuck, der erstmals ruft, wenn der Wald-Sauerklee blüht); *Guggabro* (Waldviertel); *Hasenbrot* (Harz, Thüringen, Hessen); *Bampfjakl* (Bayern); *Waldmännlein* (Egerland), *Vogalegagga* (Kärnten).

*Die germanische Frühlingsgöttin Ostara in einer Illustration von Johannes GEHRTS*

## HEILPFLANZE

Wald-Sauerklee enthält Kleesalz (Kaliumhydrogenoxalat) und Oxalsäure. Er wirkt harntreibend, reinigend, abschwellend und durstlöschend. Durch den Gehalt an löslichen Oxalaten empfiehlt sich die Pflanze nicht für Personen mit Leber- oder Magenbeschwerden.

## PRAKTISCHE ANWENDUNG

**Kräuter-Gemüsesalz**

*Zutaten*

> 1 Bund Kräuter wie Thymian, Rosmarin, Dost und Sauerklee-Blätter, je nach Lust und Laune
> 250 g grobes Meersalz
> 100 g Knollensellerie
> 1 Bund glatte Petersilie
> 1 Bund Schnittlauch
> 3 Knoblauchzehen
> 2 Zwiebeln
> 3 Karotten
> etwas frischer Kren

*Zubereitung*

> Kräuter fein hacken, Gemüse fein würfeln, Kren reiben. Alles zerkleinerte in einer Schüssel gut durchmengen. Salz und die Kräuter-Gemüse-Mischung abwechselnd schichtweise in Glasbehältnisse füllen und gut verschließen. Besonders zum Würzen von Gerichten geeignet, die etwas länger köcheln müssen – dabei kann sich das Aroma so richtig entfalten.

## NATURGLAUBE

In der germanischen Mythologie wird der Wald-Sauerklee mit Ostara, der Frühlingsgöttin, assoziiert. Dafür sprechen die auch heute noch gebräuchlichen Volksnamen wie Hasenklee, Hasenbrot oder Hasenampfer. Der Hase war bei den Germanen ein angesehenes, heiliges Tier, welches zusammen mit dem Kuckuck als Bote der

Göttin galt. Schon CAESAR schrieb, dass der Hase zu den heiligsten Tieren der Barbaren zählt.

Sinneslust und Fruchtbarkeit versinnbildlichte der Hase bei unseren Ahnen. Er streift mit Ostara durch den nächtlichen Wald und als Zeichen des wiederkehrenden Frühlings legt der Spielgefährte Ostaras, also Freyas in der Gestalt als Frühlingsgöttin, magische bunte Eier. Die Kirche lehnte diese heidnische Verehrung eines solch rammeligen Tieres ab und versuchte den Hasen als Symbol für Ostern zu unterdrücken. Auch der Name Ostern, abgeleitet von Ostara sollte dem Pascha-Fest weichen. Papst ZACHARIAS verbot im 8. Jahrhundert sogar den Genuss von Hasenfleisch, da dieses Tier als Fruchtbarkeitssymbol verschiedenen heidnischen Liebes-göttinnen (neben Freya auch Venus bzw. Aphrodite u. a.) zugeordnet war. Andererseits wurde der Hase in der Kunst des Mittelalters bald zum Symbol Gottes (hört alles, sieht alles). Und auch unser Osterfest ist nicht nur immer noch nach der alten germanischen Göttin benannt, auch die uralten Fruchtbarkeitssymbole – Hase und Eier – sind ihm nach wie vor zugeordnet.

## POESIE

*Dämmerung, die Nacht bricht an.*
*Drin im Wald die Blume vor der Dunkelheit erzittert –*
*in der Hoffnung, dass es einen nächsten Tag gibt.*
*Und blinzeln die ersten Sonnenstrahlen durch die Zweige,*
*kündet ein Finke der Nacht ihr Ende an –*
*wie glücklich ist sie da, dass der Himmel ihrer gedenkt.*

*Norbert GRIEBL*

# ACKER-SCHACHTELHALM

*Equisetum arvense*, Schachtelhalmgewächs

## GATTUNG

15 Arten umfasst die Gattung, von denen zehn in Europa und neun bei uns heimisch sind.

## NAME

*Equisetum* als botanischer Gattungsname setzt sich aus den beiden lateinischen Wörtern „equus"(= Pferd) und „seta"(= Borste, Haar) zusammen.
Schachtelhalm als deutsche Benennung bezieht sich auf die ineinander geschachtelten Stängelglieder.

## VOLKSNAMEN

*Katzenschwoaf* (Bayern, Österreich; Vergleich der sterilen Triebe mit einem Katzenschwanz); *Fuchsschwaf* (Niederösterreich); *Tannl, Bäumlein* (Egerland, Karlsbad; treffender Vergleich mit Miniatur-Bäumen); *Pfannenbutzer* (Thurgau), *Kannelwisch* (Erzgebirge), *Zinnkraut* (im gesamten Gebiet; durch den hohen Gehalt an Kieselsäure zum Putzen von Zinngeschirr verwendet); *Herrmuss* (Norddeutschland).

## ✓ NUTZEN

Schachtelhalme sind Urzeitpflanzen, die schon im Devon vor rund 360 Millionen Jahren die Erde besiedelten, lange bevor Blütenpflanzen oder Säugetiere das Land eroberten.
Gärtner fürchten den Acker-Schachtelhalm als kaum wegzubringendes Beikraut, lieben aber andererseits die fungizide Wirkung der Pflanze. So wird das Zinnkraut vorbeugend gegen Pilzkrankheiten im Gemüsegarten genutzt. In Jauchen angesetzt düngt es den Boden und trägt zur Stärkung der Kulturpflanzen bei.
In von Giftstoffen belasteten Böden schätzt man seine regenerierende Wirkung.

## ⚘ HEILPFLANZE

Acker-Schachtelhalm wird als harntreibendes Mittel bei entzündlichen Erkrankungen der ableitenden Harnwege und bei Nierengrieß eingesetzt. Aus dem Kraut wird ein Tee zubereitet, der in der Volksmedizin bei rheumatischen Beschwerden Einsatz findet.
Heute ist Acker-Schachtelhalm Bestandteil vieler standardisierter Präparate, wie Rheuma-, Husten-, Nieren-, Blasen- und Blutreinigungstees.

## 🍴 WILDGEMÜSE

Die braunen Sporen tragenden Triebe schmecken pilzartig und können roh zu Salaten oder gekocht zu Omelett oder Pfannengemüse verwendet werden. Die grünen Triebe schmecken aber bitter.

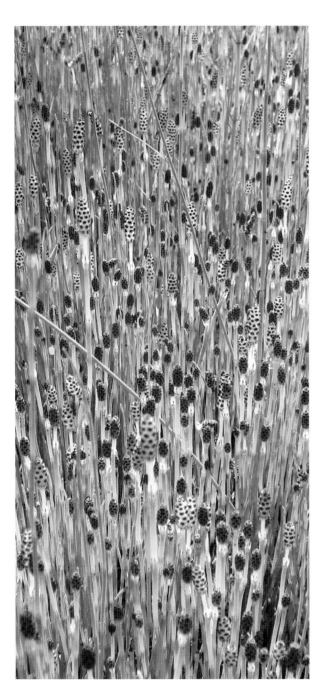

*Bunter Schachtelhalm (Equisetum variegatum)*

## ⟐ PRAKTISCHE ANWENDUNG

**Schweißfußbad**

*Zutaten*

1 kg Steinsalz

50 g getrocknete, gemahlene Kräuter, bestehend aus Schachtelhalm, Malvenblüten, Rosenblüten, Lavendel und Salbei

*Zubereitung*

Kräuter und Steinsalz vermischen und in Gläser füllen. Für ein Fußbad einen Esslöffel Badesalz in drei Liter Wasser auflösen. Das Fußbad erfrischt und hilft gegen Schweißfüße.

## ⟐ NATURGLAUBE

Kelten und Germanen heilten fast ausschließlich mit Kräutern. Im Mittelalter überlagerte die christliche Klostermedizin die altüberlieferte Heilkunde, verdrängte sie aber nicht. Erst das Aufkommen der sog. „Heroischen Medizin" im 18. Jhdt., die bevorzugt mit mineralischen Giften wie Quecksilber, Vitriol, Arsen oder Antimon hantierte, begann die Kräuterheilkunde zu verdrängen, ein Trend, der sich im 19. und 20. Jahrhundert durch den Siegeszug chemischer Heilmittel verstärkte. Gleichzeitig wurde aber begonnen, diese Medizin infrage zu stellen. Unbewusste Urerinnerungen regten sich in den Seelen begabter, sensitiver Menschen. Zu ihnen zählte GOETHE, SCHILLER, HERDER, WIELAND, FICHTE und Jean PAUL, die lieber auf Kräutertee, Quellwasser und Bewegungstherapie als auf Aderlass und Quecksilberpräparate setzten. Sebastian KNEIPP, Maria TREBEN und Edward BACH führten diesen Sinnungswandel fort und langsam erkämpft sich die natürliche Medizin ihren Stellenwert zurück.

# SCHARBOCKSKRAUT

*Ficaria verna*, Hahnenfußgewächs

## GATTUNG

Als eigene Gattung, von *Ranunculus* abgetrennt, umfasst die Gruppe vier Arten, welche alle in Europa beheimatet sind. Unsere Gegend wird von drei Arten besiedelt.

## NAME

Der botanische Gattungsname, einst Artname, ist vom lateinischen „ficus" (= Feige) abgeleitet und beschreibt die Form der Wurzelknollen. Auch der botanische Artname ist lateinischer Herkunft und erklärt sich aus der frühen Blütezeit im Jahr.

„Scharbockskraut" als deutsche Bezeichnung geht auf die Verwendung der jungen, vitaminreichen Blätter gegen den Skorbut, einer Vitaminmangelerkrankung, zurück.

## (!) SKORBUT

Zwei Herkunftstheorien für das Wort „Skorbut" und seiner Eindeutschung „Scharbock" stehen zur Verfügung: Einerseits soll es vom germanischen „skyrbijugr", von „skyr" (= Quark) und „bjugr" (= Gewebeveränderung) herrühren, andererseits wird auch das holländische „scheurerbek" (= wunder Mund) als Erklärung verwendet.

Im Zeitalter der Entdeckungen war Skorbut oft die Todesursache der Seeleute. So verlor das Schiff des Vasco da GAMA auf einer Reise von 160 Mann Besatzung etwa 100 durch Skorbut. Bereits 1734 forderte der Mediziner Johann Friedrich BACHSTROM die Verwendung von frischem Obst und Gemüse zur Heilung der Krankheit. Aber erst der britische Schiffsarzt James LIND konnte durch eine Studie 1754 beweisen, dass pflanzliche Kost wie etwa der Saft von Zitrusfrüchten die Krankheit heilen oder ihr vorbeugen kann.

## (¶) WILDGEMÜSE

Vor der Blüte gesammelt stellen die Blätter einen erfrischenden Salat dar. Gekocht werden sie zu Gemüseeintöpfen oder Spinat verarbeitet. Die eingesalzenen Blütenknospen dienen als Kapernersatz. Nach der Blüte steigt der Alkaloidgehalt in der Pflanze und es wurde schon von Durchfall nach dem Genuss von alten Blättern berichtet.

Scharbockskraut ist eine der wenigen Pflanzen aus der Familie der Hahnenfußgewächse, welche als Wildgemüse geeignet sind.

## ✓ PRAKTISCHER NUTZEN

**Wildkräuterpüree**

*Zutaten*

100 g Wildkräuter (junge Scharbockskrautblätter,
Brennnessel, Giersch, Bärlauch, Wiesen-, Bärenklau,
Gefleckte Taubnessel oder ähnliche Kräuter)
500 g Kartoffeln
1 TL Salz
50 g Butter
Milch

*Zubereitung*

Kartoffeln würfelig schneiden und in Salzwasser
weich kochen. Wildkräuter grob schneiden und in
Salzwasser einige Minuten kochen, abseihen und mit
dem Stabmixer pürieren. Kartoffeln abseihen und
stampfen. Butter, etwas heiße Milch und das warme
Wildkräuterpüree zugeben, würzen und gut verrühren.

## 🌳 NATURGLAUBE

Überlieferungen zeigen, dass Scharbockskraut mit seinen
sonnenförmigen Blüten in der germanischen Mythologie

der Sonnengöttin Sunna geweiht war.
Sunna, in verschiedenen Quellen auch
Sol genannt, steht für Wachstum,
Lebenskraft, Selbstvertrauen, Licht und
Großzügigkeit.

Ihr zugeordnet ist die Sig-Rune – die
Siegesrune, welche die Kraft der Sonne in sich trägt und
den Sieg des Lichtes über die Dunkelheit symbolisieren
soll, den Sieg des Frühlings über den Winter.
Es war auch die Sonne, die das Tun und Feiern der
Germanen bestimmte. Unsere Ahnen mussten gegen die
Kälte des Nordens kämpfen. Sie mussten, anders als die
Völker warmer Länder, Vorräte anlegen, um im Winter
überleben zu können. Die Sonne war die alles bestim-
mende Kraft, die über Leben und Tod entschied. So
wurde den Ahnen die Sonne zum Urbild des göttlichen
Funkens und so wurden auch die Feste nach dem Stand
der Sonne gefeiert. Beim Fest der Wintersonnenwende,
dem heutigen Weihnachten, wird der Wiedergeburt des
Lichtes gedankt. Zu Ostern brennen die Höhenfeuer und
bekunden den siegreichen Wiederaufstieg des Frühlings,
genau wie zu den Sonnenwenden, wo auf allen
Anhöhen Feuer leuchteten.
Bei den Germanen war im Gegensatz zu den meisten
anderen Kulturen die Sonne weiblich und der Mond
männlich. Trotz des kulturellen Drucks, der vom latinisie-
renden Mittelalter ausging, hat sich diese Geschlechts-
verteilung in der deutschen und den skandinavischen
Sprachen erhalten.

*Die Sonnengöttin Sunna und ihr Bruder, der
Mondgott Mani, werden in der nordischen
Mythologie von Wölfen verfolgt, von denen sie
am Ende der Tage verschlungen werden.*

SCHILF

*Phragmites australis, Süßgras*

## GATTUNG

Drei Arten umfasst die Gattung, wovon eine in Europa bzw. bei uns heimisch ist.

## NAME

*Phragmites* als botanischer Gattungsname ist vom griechischen „phragma" (= Zaun) abgeleitet und beschreibt die Verwendung als Zaun- und Dachbedeckungsmaterial. Der Artname ist lateinisch, bedeutet „südlich" und erscheint wenig sinnvoll, ist die Art doch ein Kosmopolit und auch die beiden anderen Arten der Gattung sind mit Südamerika und dem tropischen Asien nicht nördlicher verbreitet.

„Schilf" als deutsche Benennung geht auf das lateinische „scirpus" (= Binse) zurück, wandelte zum althochdeutschen „sciluf" und schließlich zu „Schilf". Den Anlass zur Entlehnung mögen die römischen Flechtarbeiten aus Binsen gegeben haben.

## VOLKSNAMEN

*Schloten* (Bayern); *Schiemen* (Schwaben); *Maueli* (Thurgau); *Babbel* (Schleswig); *Isreit* (Norddeutschland; das Rohr ragt aus dem Eis und kann so zur Dachbedeckung geschnitten werden); *Greeder* (Baden-Württemberg).

## BIOLOGIE

Schilf vermehrt sich generativ über Samen und vegetativ über Ausläufer. Diese können bis zu 20 Meter lang – sein – ganze Schilfbestände stellen so oft nur eine einzige Pflanze dar. Im Donaudelta fand man Pflanzen, deren Alter man auf 8.000 Jahre schätzt.

## ✓ NUTZEN

Schilf spielt eine Rolle als Naturbaustoff, und zwar sowohl in Form von Reet als Dachdeckmaterial als auch in Form von mehrschichtigen Schilfrohrplatten. Als Putzträger im Lehmbau dient das Rabitzgeflecht aus Rohr. Schilf nimmt keine Feuchtigkeit auf und verrottet daher nicht. Weitere Bauelemente sind Dämmstoffe für die Außen- und Innendämmung und Trennwände für den ökologischen Trockenbau.

Schilfrohrmatten dienen als Sichtschutz und zur Beschattung von Gewächshäusern. Auch zur Landgewinnung und als Energiegras ist Schilf einsetzbar.

Besondere Bedeutung hat es aber in der Abwasserreinigung. Eine etablierte Schilffläche verdunstet etwa 900 Liter Wasser je m² und Vegetationsperiode. Für den Bau von biologischen Pflanzenkläranlagen ist *Phragmites australis* eine kaum entbehrliche Hilfe geworden.

## 🍴 WILDGEMÜSE

Im Frühling geerntete und von den Blättern befreite jungen Triebe ergeben gekocht ein Gemüse oder roh einen Salat. Aus den Wurzeln kann man im Herbst ein Mehl gewinnen.

## 🌳 NATURGLAUBE

Pflanzen sind beseelte Wesen, das hat schon Goethe und das haben auch unsere Urahnen gewusst und auf kurz oder lang lernen auch wir wieder diese Zeichen zu sehen. So schrieb etwa der bekannte britische Naturforscher David ATTENBOROUGH 1995: „Pflanzen können sehen, sie können zählen und miteinander kommunizieren. Sie haben die Fähigkeit, die Zeit mit geradezu unglaublicher Präzision zu registrieren."

Überlieferungen lassen vermuten, dass Schilf, ein Baumaterial von großer Wichtigkeit, der Göttermutter und Göttin der Häuslichkeit Frigga geweiht war

## ⚠ KLUGE PFLANZEN

Schilf wächst oft in natürlichen Monokulturen. Doch wie man von den landwirtschaftlichen Monokulturen weiß, sind solche ohne besondere Schutzmaßnahmen in Kürze aufgefressen.

Und nachdem niemand ein Insektizid gegen die Schilfeule (*Nonagria typhae*) versprühte, musste das Schilf sich etwas einfallen lassen. Zwei bis drei Jahre wartet das Schilf, ob die Schmetterlingsraupenattacke als ernst einzustufen ist. Wenn ja, kommen die Triebe nun viel zarter und schlanker aus dem Boden. Die Raupen beginnen zwar ihre normale Entwicklung, bleiben aber in den dünnen Rohren stecken – Rohrkrepierer. Der Befall ist schlagartig gestoppt und in den kommenden Jahren kehren die Schilfhalme zum Normalmaß zurück.

Ein raffinierter Schachzug, denn so lässt sich verhindern, dass die Raupen eine Gegenstrategie entwickeln. So behauptet sich das Schilf trotz Monokultur – gerade so, als würde es etwas von den Gesetzen der Evolution verstehen.

# ARZNEI-SCHLÜSSELBLUME

*Primula veris*, Primelgewächs

## GATTUNG

Etwa 400 Arten umfasst die Gattung der Primeln, eine schöner als die andere. Hauptverbreitungsgebiet ist dabei Hochasien mit über 200 endemischen Arten. Herausragend hierbei der östliche Himalaja, Tibet und Westchina. 25 Arten sind in den Alpen heimisch, vier davon wurden erst in den 1990er-Jahren beschrieben.

## NAME

Der botanische Gattungsname stammt aus dem Lateinischen und heißt wörtlich übersetzt „kleiner Erstling", weil einige Arten der Gattung die ersten Blüher im Jahr sind. Ganz ähnlich auch der lateinische Artname mit seiner Bedeutung „Frühling".
Die deutsche Bezeichnung „Himmelsschlüssel" findet sich bereits im althochdeutschen als „himilsluzzil". „Schlüsselblume" scheint dann erst im 16. Jahrhundert auf. Der Name kommt daher, dass die Blumenkrone wie der Schlüssel ins Schloss der Kelchröhre passt und die Blüten wie ein Bund Schlüssel beisammen hängen.

## VOLKSNAMEN

*Schlüsselblumenweibchen* (Mittelfranken; das Männchen ist *Pr. elatior*); *Heiratsschlüssel* (Siebenbürgen; Hochzeitsorakel); *Bettlerhauben* (Burgenland); *Laternderl* (Nordtirol); *Breinreasl* (Oststeiermark, Südburgenland; wegen der ähnlichen Farbe des Hirsebreis, dem Brein); *Ganserl* (Burgenland); *Fastenbischal, Ostapischl* (Burgenland, Oststeiermark); *Kuku* (Lothringen); *Butennerln, Bodeinerl* (Niederösterreich; = Hähnchen); *Scharniggel* (Gailtal, Kärnten) und viele weitere Volksbezeichnungen.

## ⟨ ⟩ HEILPFLANZE

*Primula veris* wirkt reinigend, krampflösend, hustenstillend und abschwellend. Die Pflanze wird eingesetzt bei Nervosität, Schlaflosigkeit, Hysterie, Herzklopfen, Migräne, Schwindel und Neuralgien, ihre Wurzel bei Gichtschmerzen, geschwollenen Füßen und Prellungen. Zu den Anwendungsgebieten in der Homöopathie gehören Kopfschmerzen und Hautausschläge.

## 🍴 WILDGEMÜSE

Die jungen Blätter und Blüten werden im Frühjahr roh als Salat genossen. Die Blätter können auch gekocht in Gemüsegerichten Verwendung finden, roh zeigen sie aber am besten ihre reinigende Wirkung.

## ➡ PRAKTISCHE ANWENDUNG

**Wildkräutersalat mit Nüssen**
*Zutaten*

  Blattsalat der Saison
  Wildkräuter (Schlüsselblumen-Blätter, Wiesen-Schaumkraut, Taubnessel, Vogelmiere, Löwenzahn, Gundermann und ähnliche)
  Balsamico-Essig
  Kernöl
  Walnüsse
  Salz

*Zubereitung*

  Blattsalat und Wildkräuter waschen und in mundgerechte Stücke teilen, mit Salz, Balsamico und Kernöl marinieren und die grob gehackten Walnüsse darüber streuen.

## 🌳 NATURGLAUBE

Der Legende nach ist die Schlüsselblume der vom Himmel gefallene Himmelsschlüssel Freyas, der den milden Frühlingshimmel aufsperrt.

Vielen Menschen fällt es schwer, in Pflanzen das Göttliche zu sehen. Die heidnischen Sichtweisen, in denen die Tempel noch heilige Haine und die Blumen Symbole der Götter waren, haben die meisten vergessen, dies hat in einer naturwissenschaftlichen Weltsicht keinen Platz. Doch wir können jedes Kräutlein in noch so viele Teile zerlegen, dem Mysterium des Lebens kommen wir so nicht näher. Für den wahren Naturwissenschafter sind Wissenschaft und Mystik kein Widerspruch, sondern sich gegenseitig ergänzende Anschauungen einer ganzheitlichen Weltsicht.

## POESIE

*Die Natur hat ihre überströmenden Launen – und in einer solchen schüttet sie oft tausende der gelben Blüten über den grünen Boden der Wiesen.*

*Und wenn die Sonne mit ihrem Glanz sich dazugesellt, dann ist es fast, als lägen alle Blumen am Herzen der Mutter Erde, als könnte man das leise Beben wahrnehmen, das ahnungsvoll unter dieser himmlischen Blumendecke wogt.*

# SCHNEEROSE

*Helleborus niger,* Hahnenfußgewächs

## GATTUNG

Mit 21 Arten kommt die Gattung in Europa, Kleinasien und isoliert in Westchina vor. Elf Arten sind in Europa heimisch, vier davon in unserer Heimat. Das Hauptverbreitungsgebiet der Gattung liegt am Balkan.

## NAME

Der botanische Gattungsname ist sehr alt und stammt möglicherweise vom Fluss Helleborus in Antikyra an der ägäischen Küste, wo die wirksamsten Nieswurze wuchsen, oder vom griechischen „ellos" (= Hirschkalb) und „boros" (= gefräßig), welches aber wenig Sinn ergibt. Sicher ist jedenfalls, dass zwei ganz unterschiedliche Pflanzen von den Alten *Helleborus* genannt wurden:

*Skadi, die germanische Göttin der Jagd, der Künstler und des Winters Zeichnung von David Thiérée*

Der Germer (*Veratrum*) als *helleborus candidus* und die Nieswurz bzw. die Schneerose als *helleborus niger*. Beide Arten enthalten in ihrem Rhizom Niesreiz erregende Stoffe, die noch heute offizinell, also als anerkannte Heilpflanze, eingesetzt werden. In der antiken Säftelehre galt das Niesen als bestes Mittel gegen den Wahnsinn und andere psychische Krankheiten. Man glaubte, dass während des Niesens das Tor zur Anderswelt geöffnet ist und musste diese Zeit mit einem Segensspruch entschärfen. Ein Brauch, der sich mit dem Wort „Gesundheit" bis heute gehalten hat.

Der Artname ist lateinischer Herkunft und soll die dunkle Farbe des Wurzelstockes beschreiben.

## VOLKSNAMEN

*Julrose, Christrose, Weihnachtswurz* (in allen deutschen Ländern, geht auf die Blütezeit der Pflanze zurück, die in milden Wintern schon um Weihnachten, dem altgermanischen Julfest liegen kann); *Schneebleamel, Schneekatzen* (Traunsee und Hallstatt, Oberösterreich); *Schelmrosen* (Kärnten, Bayern; die Pflanze, vor allem aber *H. viridis* wird gegen den Schelm, eine ansteckende Tierkrankheit, eingesetzt).

## ☠ GIFTPFLANZE

Schon vor mehr als 2.500 Jahren setzten die Gallier die Schneerose als „chemische Waffe" im Kriegsfall ein, indem sie die Spitzen ihrer Pfeile damit vergifteten. Aus dem 19. Jahrhundert sind tödliche Vergiftungen dokumentiert, die durch die Verwendung als Wurmmittel ungewollt eingetreten sind.

Der Saft der Schneerose ruft auf der Haut Entzündungen und Blasenbildungen hervor. Orale Einnahme führt zu Ohrensausen, Sehstörungen, vermehrtem Speichelfluss und im schlimmsten Fall zum Tod durch Atemlähmung. Bei der früher als Herzmittel eingesetzten Pflanze galt der Spruch „3 Tropfen machen rot, 10 Tropfen tot". Auch von ostalpinen Almen sind Vergiftungen von Pferden und Kühen bekannt. Die Tiere zeigten zentralnervöse Erregungen und digitalisähnliche Herzbeschwerden.

### NATURGLAUBE

Der Mythologie zufolge beherbergt die Schneerose die Seele eines armen Kindes, welches in einer bitterkalten Nacht verstoßen und von der Göttin Skadi aus Mitleid in diese Blume verwandelt wurde. Skadi, die germanische Winter- und Schneegöttin steht für Eigenschaften wie Gewissenhaftigkeit, Rückzug, zur Ruhe kommen und Opferbereitschaft. Ihr Tier ist die Elster, ihre Rune die Is-Rune. Als Göttin des kalten hohen Nordens tragen einige Ortsnamen in Schweden und Norwegen den Namen ihr zu Ehren. Auch „Skandinavien" stellt eine Ableitung ihres Namens dar.

### POESIE

*In der schweigenden Welt,*
*die der Winter umfangen hält,*
*hebt sie einsam ihr weißes Haupt,*
*selber geht sie dahin und schwindet*
*eh der Lenz kommt und sie findet,*
*aber sie hat ihn doch verkündet,*
*als noch keiner an ihn geglaubt.*

Johannes TROJAN

*Grün-Nieswurz (Helleborus viride)*

# DEUTSCHE SCHWERTLILIE

*Iris (×) germanica*, Schwertliliengewächs

## GATTUNG

Ungefähr 210 Arten umfasst die Gattung der Schwertlilien, wovon 30 in Europa und elf hierzulande beheimatet bzw. alteingebürgert sind. Alle Arten sind auf der Nordhalbkugel und hier vorwiegend in der gemäßigten und subtropischen Klimazone verbreitet.

## NAME

„Iris" als botanischer Gattungsname ist griechischer Herkunft, bedeutet „Regenbogen" und beschreibt damit die Farbenpracht der Blüten. Den Artnamen wählte Linné aufgrund der häufigen Kultur und Verwilderung in deutschen Landen.

## VOLKSNAMEN

*Veiglwurz*, *Veilchenwurz* (wegen der veilchenartig duftenden Wurzelstöcke); *Schwabenhosen* (Schaffhausen).

## VERBREITUNG

*Iris (x) germanica* ist nur aus der Kultur bekannt. Als Ausgangsarten werden *Iris lutescens, I. mesopotamica* oder nahe verwandte Sippen vermutet. Als Burgenpflanze hat sie ihr Verbreitungsgebiet ausgedehnt und gilt heute im Gebiet als eingebürgert.

## ✓ NUTZPFLANZE

*Iris (x) germanica* und ihre Varietät *florentina* werden in der Kosmetik vielfach verwendet. In der Toskana wird die Pflanze feldmäßig zur Gewinnung der Veilchenwurzel angebaut. Des Weiteren dient der Wurzelstock zum Aromatisieren von Likören und Bitterschnäpsen.
In der Homöopathie wird Iris gegen Migräne, Ischias, Schmerzen der Gesichtsnerven usw. eingesetzt. Hier ist es aber vorwiegend der Wurzelstock der nordamerikanischen Art *Iris versicolor*.

## ⚜ SYMBOL

Schwertlilien sind Symbolpflanzen mehrerer Wappen, so etwa dem der Stadt Florenz. Es zeigte die „Florentiner Schwertlilie" (*I.(x) germanica var. florentina*) auf rotem Grund. Nach der Vertreibung der kaisertreuen Ghibellinen im Jahr 1266 vertauschten die papsttreuen Guelfen die Farben und machten daraus kurzerhand eine rote Iris auf weißem Grund.

## 🌳 NATURGLAUBE

Schwertlilien, allen voran *Iris pseudacorus* waren im germanischen Glauben Symbol des Wonnemondes, des heutigen Monats Mai. Sie waren Teil der Frühlingsfeste, welche neue Kraft für die Felder und neue Kraft für die Liebe bringen sollten und so je nach Gebiet Freya bzw. Donar zuerkannt waren. Für die Germanen war der gesamte Monat Mai eine Zeit des Feierns, beginnend mit dem Mai-Eintanzen und dem Aufstellen des Maibaums. Es ist die Zeit, in der die gesamte Natur mit Kraft erfüllt ist und die Zeit, in der unsere Ahnen mit

Ehrfurcht diese Wachstumskräfte miterlebten. Wie festlich der ganze Monat Mai war, können wir daraus entnehmen, dass die katholische Kirche den Mai der Muttergottes geweiht hat und unter Übernahme der alten Bräuche heute noch durch den ganzen Wonnemonat allabendliche Maiandachten abhält.

POESIE

*Das sind die Blumen, die wie Kirchen sind.*
*Ein Blick in sie hinein zwingt uns zu schweigen.*
*Wie Weihrauch fromm berauschend strömt ihr Duft,*
*Wenn wir uns zu der schönen Blüte neigen.*
*Sie sind wie Schmetterlinge dünn und zart.*
*Und wissen ihr Geheimnis doch zu hüten.*
*Es hellen bunte Kerzen sanft den Pfad,*
*ins Allerheiligste der Wunderblüten.*

*Francesca STOECKLIN*

# ECHTER SEIDELBAST

*Daphne mezereum,* Seidelbastgewächs

## GATTUNG

Etwa 50 Arten zählt die Gattung *Daphne*. 17 davon kommen in Europa und fünf im heimischen Gebiet ursprünglich vor.

## NAME

*Daphne* als botanischer Gattungsname war bei den alten Griechen der Name des Lorbeers, *Laurus nobilis*. Die Übertragung des Namens vom Lorbeer zum Seidelbast geht auf den Lorbeer-Seidelbast zurück, der mit seinen grünen Blüten, den glänzenden, immergrünen Blättern und den schwarzen Steinfrüchten dem Lorbeer ähnelt. Daphne findet sich schon in der griechischen Mythologie als Bezeichnung der Tochter des Flussgottes Peneus, die in einen Lorbeerbaum verwandelt wurde.

Carl von LINNÉ benannte 1753 aber den Seidelbast und nicht den Lorbeer mit dem Namen *Daphne* und so ist dieser heute gültig.

Der Artname *mezereum* stammt wahrscheinlich aus dem persischen „mazeriyn" (= töten), lateinisiert „mazerium" und weist damit auf die starke Giftwirkung der Pflanze hin.

## VOLKSNAMEN

*Kellerhals* (Deutschland; „Kelle" bedeutet mundartlich „quälen, drängen, plagen". Der Verzehr der Beeren verursacht Brennen im Hals und Schluckbeschwerden.); *Giftschlucksi* (Oberbaden); *Zeiland, Zilant* (Steiermark; aus „ziu-linta", dem Bast des Zius); *Hühnertod* (Waldviertel, Niederösterreich); *Schnöller* (Reutte in Tirol; die Kinder werfen die Beeren ins Feuer, wo sie schnöllen, also platzen); *Lausbleamel* (Burgenland; wurde zum Vertreiben von Ungeziefer verwendet); *Dem Teufel sein Anbiss* (Lavanttal, Kärnten).

## ☠ GIFTPFLANZE

Die gesamte Pflanze ist stark giftig. Zehn bis zwölf Beeren sind für erwachsene Menschen tödlich, für Wölfe reichen sechs Beeren. Ziegen, welche die Blätter fressen, gehen an Blähung zugrunde. Für Pferde sind 30 Gramm getrocknete Blätter tödlich. Die Milch nimmt bei den Tieren nach dem Verzehr von Seidelbast einen eigenartigen, scharfen Geschmack an.

Schon das Kauen des Holzes führt zu Verbrennungen und Entzündungen im Mund (Vergiftungsberatungsstelle Berlin). Ein Zweijähriger, der zwei Blätter des Seidelbastes aß, war 24 Stunden später apathisch, erbrach und hatte enge Pupillen.

Schon bei äußerlicher Einwirkung durch Angreifen der Pflanze kann es zu Rötungen und Blasenbildung der Haut kommen. Bei empfindlichen Personen kann der Duft Kopfschmerzen, Gereiztheit und Nasenbluten hervorrufen.

*Echter Seidelbast (Daphne mezereum)*

## 🌳 NATURGLAUBE

„Ziulinta", der Bast des Gottes Ziu (= Tyr), nannten die Germanen den Seidelbast. Daraus entstanden die Benennungen „Zilantesbere" und später „Zilant". Ziu (= Tyr) ist der germanische Kriegsgott, der für Tapferkeit, Ruhm und Gerechtigkeit steht. Ihm zu Ehren war der „Ziustag" (Tuesday) benannt, bis er zum „Dienstag" transformierte. Aber nicht nur Seidelbast und Dienstag sind nach dem Gott der Tapferkeit benannt, auch das Land Tirol hat seine Benennung sehr wahrscheinlich Tyr (= Ziu) zu verdanken. Aus „Tyr-Odal" (= Tyrs Besitz) wurde „Tyrol" und später „Tirol". Nun ist Tyr der Göttername der Nordgermanen, denn im fünften bzw. sechsten Jahrhundert eroberten Goten und Langobarden Südtirol. Oberflächlich bereits christianisiert setzten sie ihrem Gott Tyr im Vintschgau nahe Meran ein Heiligtum an der Stelle, wo heute das Schloss Tirol steht. Am Portal der dortigen Kapelle findet man gegenwärtig noch heidnische Motive wie den Fenriswolf.

*Der germanische Kriegsgott Tyr opferte seine Hand, um den Fenriswolf, eines der schrecklichen Chaosungeheuer, fesseln zu können. – Schwedische Darstellung aus dem 8. Jahrhundert.*

# STECHHÜLSE, STECHPALME

*Ilex aquifolium,* Stechhülsengewächs

## GATTUNG

Ilex umfasst rund 400 Arten, mit der größten Mannigfaltigkeit in den tropischen und subtropischen Zonen beider Erdhälften. In den gemäßigten Zonen dünnt sich die Artendichte stark aus und bis zu uns schafft es nur mehr *Ilex aquifolium*.

## NAME

Bei den Römern war *Ilex* der Name der Stein-Eiche, *Quercus ilex*. Durch die Ähnlichkeit der Blätter mit der Stechhülse übertrug sich der Name auf unsere Pflanze. Der Artname war bei den Römern der Primärname der Stechpalme, welcher auf das lateinische „acutus" (= spitz, scharf) und „folium" (= Blatt) zurückzuführen ist. Im Englischen heißt die Pflanze „holly", worauf sich auch das amerikanische Hollywood, übersetzt „Stechhülsen-Wald", bezieht, denn hier wächst sie besonders zahlreich.

## VOLKSNAMEN

*Quacken* (Gütersloh; quick bedeutet lebendig, durch die immergrünen Blätter); *Wilder Lorbeer* (Südtirol); *Schornsteinfeger* (Deutschland; ein Stechpalmen-Büschel wurde von Rauchfangkehrern bis in die 1950er-Jahre zum Durchputzen benutzt); *Schrattelbaum* (Bayern, Österreich; da die Stechhülse den Schratten, den Nachtteufeln unangenehm sein soll).

## 💀 GIFTPFLANZE

Stechhülsen sind stark giftig. Für Erwachsene gelten 20 bis 30 Beeren als tödlich. Es wird von Übelkeit, Erbrechen, Herzrhythmusstörungen, Lähmungen und Schläfrigkeit berichtet. Drei Beeren rufen Erbrechen hervor. Bei Kindern musste auch schon Gastroenteritis mit tödlichem Ausgang beobachtet werden. Andererseits ist auch ein Fall bekannt, wonach ein Kind fünf Früchte aß, danach Fieber bekam, erbrach und komplikationslos wieder gesundete.

## 🌳 NATURGLAUBE

Ilex ist der einzige in Nordeuropa heimische immergrüne Laubbaum. Den Germanen war die Stechhülse heilig. Stechhülse war eines der neun Hölzer des Frühlingsmaien, eines im gesamten keltisch-germanischen Kulturkreis verbreiteten Frühlingsfestes.

Der deutsche Name geht sowohl auf die stechenden Blätter, als auch auf das germanische „hulis, huls" (= heilig) zurück und beschreibt die hohe Wertschätzung der Pflanze bei unseren Ahnen. Stechpalme als ebenfalls geläufige Benennung geht darauf zurück, dass die immergrünen Blätter am Palmsonntag zusammen mit anderen Pflanzen anstatt der hier nicht wachsenden Palmwedel geweiht werden. Aus der Stechhülse wurde die Stechpalme.

# WILDES STIEFMÜTTERCHEN

*Viola tricolor*, Veilchengewächs

## GATTUNG

450 Arten umfasst die Gattung, welche großteils in der nördlichen gemäßigten Zone und in den Gebirgen Südamerikas zu finden sind. Acht Arten leben in Australien und Neuseeland, acht auf den Sandwichinseln. In Europa kommen 91 Arten vor, im heimischen Gebiet 25.

## NAME

Die Herkunft des botanischen Gattungsnamens ist strittig. Eine Erklärung versucht, den Namen vom griechischen „ion" herzuleiten. „Ioplokamos" (= veilchengeflochten) findet man schon bei Homer. Eine andere Erklärung ist noch älter und soll von der nordischen Mythologie ausgehen: Tyrsfiola war das dem Gott Tyr (= Zius) geweihte Veilchen.
Der Artname ist eindeutig, kommt aus dem Lateinischen und bedeutet „dreifärbig".
Die deutsche Benennung Stiefmütterchen wird folgend erklärt: Das untere Blütenblatt ist die Stiefmutter. Selbstsüchtig ist sie das größte Blütenblatt und schmückt sich in den schönsten Farben. Die zwei großen oberen Kronblätter sind die leiblichen Kinder der Stiefmutter, die ebenfalls mit bunten Streifen aufgeputzt sind. Alle drei haben einen Sessel (Kelchblatt an der Unterseite). Die zwei kleineren Blütenblätter dazwischen sind die Stieftöchter. Sie müssen stehen, haben keinen Sessel bekommen und müssen beengt zwischen Stiefmutter und -geschwistern ausharren. Der Vater (weißer Griffel und Narbe) hat einen blassen Kopf bekommen, als er die Zurücksetzung seiner ersten beiden Kinder sieht. Er darf nur zum Vorschein kommen, wenn die Frau und ihre Kinder ausgegangen sind (beim Verblühen). „Veilchen" als weitere Benennung ist dem botanischen *Viola* abgeleitet und findet sich erstmals im Jahr 1570.

## VOLKSNAMEN

*Menschengsichterl* (Pfalz); *Liebgsichtli* (Zürich); *Stiefkindlar* (Zillertal, Tirol); *Mütterli* (Baden); *Denk an mich, Gedenkblümli, Wildi Denkeli* (Rheinland, Schaffhausen, Thurgau); *Englieblin* (Wiesloch, Baden); *Herzliebchen* (Hunsrück).

## HEILPFLANZE

Stiefmütterchenkraut verwendet man innerlich und äußerlich bei leichten Hauterkrankungen mit Schuppenbildung, Juckreiz, Milchschorf und Akne. Auch bei rheumatischen Beschwerden, Katarrhen der Atemwege und fieberhaften Erkältungen wird die Droge genutzt.

## WILDGEMÜSE

Die jungen Triebe werden im Frühling roh als Salat gegessen. In Suppen zeigt das Dreifarben-Stiefmütterchen eine andickende Wirkung. Die Blätter werden zur Teegetränkbereitung verwendet und die Blüten ergeben eine essbare Tellerdekoration. Veilchenblüten in kandierter Form finden in der Zuckerbäckerei Verwendung.

*Ostalpen-Stiefmütterchen (Viola alpina)*

### ⟲ PRAKTISCHE ANWENDUNG

**Veilchenessig**

*Zutaten*

  5 g Veilchenblüten
  10 g Gänseblümchenblüten
  10 g Holunderblüten
  10 Löwenzahn-Köpfchen
  70 g Honig
  1 l Weinessig

Die gesäuberten Blüten und der Honig werden mit einem Trichter in eine Flasche geleert und mit dem Weinessig aufgefüllt. Nach etwa vier Wochen Reife, idealerweise an einem lichtgeschützten Ort bei etwa 18 °C, wird der Inhalt aus der Flasche gesiebt. Veilchenessig passt hervorragend zu Blattsalaten. Die Geschmacksintensität nimmt mit der Zeit ab, weshalb er relativ rasch verbraucht werden sollte.

### ⟳ NATURGLAUBE

In der germanischen Mythologie waren Veilchen dem Kriegsgott Tyr (= Zius) geweiht, zu dessen Ehren der Dienstag vor der Christianisierung Ziustag hieß. Auch andere Wochentage tragen noch die Namen unserer heidnischen Götter:
Der Montag war und ist der Tag des Mondes, der Dienstag, englisch heute noch Tuesday, abgeleitet vom germanischen Kriegsgott Zius (= Tyr). Der Mittwoch, ursprünglich Wodanstag, ist der Tag des Wotans (= Odin), der in anderen germanischen Sprachen, wie dem englischen als Wednesday, erhalten blieb. Der Donnerstag war und ist dem Donar (= Thor), englisch Thursday, geweiht, der Freitag der Freya. Der Samstag war der Sonnabend und der Sonntag der Tag der Sonnengöttin Sunna.
In Island werden Veilchen und Stiefmütterchen auch heute noch Tyrsfiola genannt.

*Wiesen-Veilchen (Viola hirta)*

### POESIE

*Veilchen – in den lauen Lüften,*
*macht ihr mir das Herz so weit –*
*süß erinnerungsvolles Düften,*
*du gemahnst mich alter Zeit.*

*Schmeichelnd weht mir, duftgetragen,*
*holde Kunde ins Gemüt.*
*Von den schönen blauen Tagen,*
*da mein Herz mit euch geblüht.*

*Heinrich SEIDEL*

*Veilchen, schlicht nur bist du stets gewesen,*
*unbedeutend oft und klein,*
*dennoch nimmt dein liebes Wesen*
*jeden, jeden für dich ein.*

*Rainer Maria RILKE*

# RUPRECHTS-STORCHSCHNABEL

*Geranium robertianum,* Storchschnabelgewächs

## GATTUNG

Von den 429 Arten der Gattung kommen 38 in Europa und 19 im behandelten Gebiet vor. *Geranium* ist in den gemäßigten Zonen der ganzen Erde verbreitet. In den Tropen ist sie auf die Gebirge beschränkt.

## NAME

*Geranium* ist dem griechischen „geranos"(= Kranich) abgeleitet und soll auf die Ähnlichkeit der Frucht mit dem Schnabel des Vogels hinweisen. „Storchschnabel" als deutsche Bezeichnung würde eigentlich auf *Pelargonium*, abgeleitet von „pelargos"(= Storch) passen. Aber schon bei Hildegard von BINGEN hießen die Pflanzen „Storckenschnabel".

Carl von LINNÉ führte *Pelargonium* unter der Gattung *Geranium* und erst der französische Botaniker Charles Louis L´HERITIER trennte 1789 *Pelargonium* von *Geranium* ab. Der botanische und deutsche Artname entstammt dem althochdeutschen „hródbert". Die althochdeutsche Silbe „hród" bedeutet Ruhm, Lob und wurde erst später zu „rot" bzw. „herba rubra" trivialisiert. Ein schlagendes Indiz dafür, dass schon Kelten und Germanen die Heilwirkung der Pflanze kannten. Aus Hródbert, dem Ruhmvollen wurde Robert bzw. Ruprecht.

## VOLKSNAMEN

*Krempelkraut* (Kärnten; die Früchte werden mit einem Pickel verglichen); *Kindskraut* (Alpen; wegen der angeblich fruchtbarkeitsfördernden Wirkung); *Blutkraut, Siachkräutl* (Salzburg, Steiermark; gegen das „Siachen", das Blutharnen des Viehs verwendet); *Friggawurz, Muttergottesgnadenkraut* (Schweiz; vor und nach der Christianisierung).

*Blut-Storchschnabel (Geranium sanguineum)*

## 🕯 HEILPFLANZE

Ruprechtskraut wirkt entzündungshemmend und wund-schließend. Es fehlte früher in keiner Apotheke, fand es doch gegen Geschwüre, innere Blutungen, Entzündungen und ebenso bei Nasenbluten, Zahnschmerzen, Fieber, Gicht, Quetschungen oder Halsweh Anwendung. Heute wird die Art in der Volksheilkunde vor allem bei Entzündungen der Mundschleimhaut und des Rachens eingesetzt.

## 🔄 PRAKTISCHE ANWENDUNG
### Kindsmacherwein

Ruprechts-Storchschnabel wird von den Alten eine fruchtbarkeitsfördernde Wirkung nachgesagt, daher auch der alte Volksname „Kindsmacher".

Das in Weißwein eingelegte Storchschnabelkraut gilt als besonders wirksam: Eine Handvoll frisches Storch-schnabelkraut zerkleinert in einen Topf geben, mit einem halben Liter Weißwein erhitzen und sobald er kocht von der Platte nehmen. Wenn er erkaltet ist, abseihen, abfüllen und kühl lagern.

## 🌳 NATURGLAUBE

Die Germanen feierten am 15. Tag im Erntemond, dem heutigen 15. August, den Großen Frauentag, auch Wurzelweihtag oder Frauendreißiger genannt. Nicht nur dieser Tag, der nach der Christianisierung zu Maria Himmelfahrt wurde, sondern auch die 14 Tage vorher und die 15 Tage nachher waren den weiblichen Gottheiten geweiht. Man glaubte, dass in dieser Zeit des Ernte-monds die Natur den Menschen besonders hold und freundlich ist und dass zu dieser Zeit geerntete Kräuter noch heilkräftiger sind.

Es waren verschiedene Kräuter wie der Ruprecht-Storch-schnabel, die am Großen Frauentag der Göttermutter Frigga bzw. Freya geweiht wurden und fortan ein Jahr lang als Hausapotheke, Blitzabwehr oder zur Versöhnung mit den Naturgeistern dienten. Noch heute wird in vielen katholischen Gebieten am 15. August eine „Kräu-terweihe" abgehalten.

Frigga werden als heilige Tiere Storch und Reiher zu-erkannt. Der Storch galt schon in der germanischen Mythologie als Fruchtbarkeitsbringer und wurde dann als Adebar zum Bringer der Kinder. So verwundert es nicht, dass bis ins Mittelalter Storchschnabelwurzeln als Amulett um den Hals getragen wurden, um einem nicht gegönnten Kinderwunsch abzuhelfen.

Frigga gilt als die schicksalswissende Himmelsmutter, der Eigenschaften wie Hellsichtigkeit, Treue, Weisheit, Frei-heitsliebe, weibliche Intuition und Liebenswürdigkeit eigen sind.

Frigga lebt heute weiter als Frau Holle im Märchen und der Storchschnabel steht in der Pflanzensymbolik weiter für Zufriedenheit, Leichtigkeit und Herzensstärke.

„Erwarte einfach, was der Himmel dir beschert", drückt die Unbeschwertheit aus, die der Storchschnabel vermittelt.

*Wald-Storchschnabel (Geranium sylvaticum)*

# TANNE

*Abies alba*, Föhrengewächs

## GATTUNG

40 Arten in den nördlich gemäßigten Zonen umfasst die Gattung, wovon vier in Europa und eine in unserem Gebiet ursprünglich ist.

## NAME

*Abies* als botanischer Gattungsname wird erstmals bei Plinius in der „Naturalis historia" erwähnt und leitet sich vielleicht von den griechischen Wörtern „aei" (= immer) und „biein" (= leben) ab. Möglich erscheint auch die Ableitung von der germanischen Wurzel „ab" (= Baum). Der Artname beschreibt die helle Borke. „Tanne" als deutsche Bezeichnung entstammt dem althochdeutschen „Tan" und weiters dem mittelhochdeutschen „Tann", was ursprünglich den Wald im Allgemeinen benannte.

## BIOLOGIE

Die Tanne ist gegenüber Luftverschmutzung sehr empfindlich und war Ende des vergangenen Jahrhunderts Inbegriff des Waldsterbens. Zwar hat sich dieser Zustand durch strengere Emissionskontrollen gebessert, trotzdem wird sie in unseren Wäldern immer seltener. Am Holzmarkt ist die Tanne kaum gefragt, umso mehr aber als Rehwildäsung.

## (§) HEILPFLANZE

Das ätherische Öl der Tanne wirkt auswurffördernd, antimikrobiell und lokal durchblutungsfördernd. So wird es bei Erkrankungen der Atemwege, bei Muskelverspannungen, rheumatischen Beschwerden und Durchblutungsstörungen eingesetzt.

## (→) PRAKTISCHE ANWENDUNG

**Tannen-Erholungsbad**

Eine Handvoll junger Tannentriebe, es können auch Fichten oder Lärchen genommen werden, ins Badewasser geben und gut 15 Minuten darin baden. Die jungen Triebe helfen bei Erschöpfungszuständen, Erkältungen und rheumatischen Beschwerden.

*Zur Midwinterzeit den grünen Zweig eines Nadelbaums als Zeichen des wiederkehrenden Lebens ins Haus zu holen, ist ein uralter Brauch, aus dem sich auch unser Christbaum entwickelt hat. In manchen Gegenden wird noch heute ein aus Stroh geflochtener „Julböck" als Symbol Thors an einen seiner Zweige gehängt.*

*Foto von Michael GIPPERT*

## 🌲 NATURGLAUBE

Die Tanne gilt in der germanischen Mythologie der Göttin Nanna geweiht. Nanna, die Mutige, ist die Göttin der Treue und aufopfernden Liebe. Sie ist die Gattin des Lichtgottes Balder und folgte ihrem Mann aus unerträglicher Trauer in den Tod.

Tannen gelten als Sinnbild für Treue, Lebenswillen, Liebe und wie alle immergrünen Gehölze für Unsterblichkeit. Wie bei den meisten christlichen Festen haben auch beim Weihnachtsfest viele Bräuche ihren Ursprung im Keltisch-Germanischen. In der Zeit um die Wintersonnenwende (21. Dezember) feierten unsere Vorfahren das Julfest. Dazu wurde ein Tannen- oder Fichtenast ins Haus getragen, mit Nüssen und Äpfeln geschmückt und Glückwünsche an die Lieben verteilt. Die übers Jahr handgemachten Geschenke wurden beim Ast zusammengetragen und jeder nahm sich dankend ein Geschenk. Der immergrüne Ast symbolisierte dabei den Sieg des Lebens gegen den todbringenden Winter. „Auf einen grünen Zweig kommen" ist bis heute als Redewendung erhalten geblieben. Die Tage werden ab jetzt länger und es geht langsam wieder bergauf. Unsere Ahnen feierten dieses Fest zwölf Tage und Nächte, beginnend mit der Mütternacht am 21. Julmond (Dezember).

Der Brauch, sich einen Tannenast in die Stube zu stellen, ist uralt und wurde von der Kirche anfangs als heidnisch bekämpft. Erste Nachweise, dass aus dem Ast ein ganzer Baum wurde, finden wir ab dem 16. Jahrhundert, richtig verbreitet hat sich der Baum aber erst Ende des 19. Jahrhunderts.

Der Grundgedanke des germanischen Julfestes zu Mittwinter war die Wiedergeburt der Sonne. Man glaubte, dass die Sonne in der längsten Nacht des Jahres stirbt und dann wiedergeboren mit verjüngtem Licht von neuem den Kreislauf des Jahres beginnt. Das germanische Jahr endete mit der Wintersonnenwende, das neue begann aber erst nach den Raunächten im Hartmond, dem heutigen Januar.

Auch der Weihnachtsmann ist eine urgermanische Figur. Es ist Odin, der durch die Lüfte reitende Gott, der zur Wintersonnenwende die Menschen besucht, um ihnen ihre Wünsche zu erfüllen. Dabei trägt der vollbärtige Odin ein blaues Gewand. Die modernen grellroten Weihnachtsmänner verdanken ihre Farbe einer Werbekampagne der Firma Coca-Cola aus den 1920er-Jahren.

Ein weiterer Brauch aus der Zeit unserer Ahnen, in dem die Tanne eine wesentliche Rolle spielt, hat sich erfreulicherweise ebenfalls bis in die heutige Zeit gehalten – das Richtfest. Ist der Dachfirst beim Hausbau fertig gestellt, wird ein Tannenbäumchen auf dem Giebel befestigt. Dieser soll Haus und Bewohner vor Unheil bewahren, lebt doch in Tannen und Fichten ein freundlicher, dem Menschen wohlwollender Geist. Heute sind es meist Fichten, weil diese viel häufiger zu finden sind, aber damals wie heute wurde zwischen Tanne und Fichte nur selten unterschieden.

Ebenfalls keltisch-germanischen Ursprungs ist das Binden eines Frühlingsmaien, wo aus sieben verschiedenen Zweigen, unter anderem Tanne, Fichte und Salweide ein Kranz gebunden, dieser mit Bändern und bunten Eiern geschmückt an ein Holunderkreuz befestigt und auf einem Haselstecken durchs Dorf getragen wurde. Anschließend bekam der Frühlingsmaien einen Platz in der Nordostecke der Stube, dem heutigen Herrgottswinkel. Bei Unwettern oder Hagel warf man dann einen Teil des Reisigs ins Herdfeuer, um das Unheil zu bannen. Auch diese Tradition hat sich an vielen Orten gehalten. Nur heißt der Frühlingsmaien nun Palmbuschen und dieser soll an den triumphalen Einzug Jesu in Jerusalem erinnern.

# GEFLECKTE TAUBNESSEL

*Lamium maculatum*, Lippenblütler

## GATTUNG

Von den etwa 30 Taubnessel-Arten kommen 13 in Europa und sechs bei uns vor.

## NAME

*Lamium* wird abgeleitet vom griechischen „laimos" bzw. vom lateinischen „lama". Beides bedeutet Schlund bzw. Rachen. Denselben Ursprung hat auch das griechische „lamia" als Bezeichnung für den Hai und mythologische Gestalten.

*Maculatum* als botanischer Artname kommt aus dem Lateinischen, bedeutet gefleckt und bezieht sich auf die Fleckung der Blätter.

Der deutsche Name „Taubnessel" bedeutet so viel wie „taube" (= stumpfe, nicht brennende) Nessel aufgrund der Ähnlichkeit ihrer Blätter mit denen der Brennnessel.

## VOLKSNAMEN

*Nuggelblume* (Wien; Kinder saugen gerne den süßen Nektar aus den Blüten); *Hummel* (Taubnesseln sind Hummelblumen. Bienen erreichen aufgrund ihres kurzen Rüssels den am Grund der Blüte befindlichen Honigsaft nicht).

## ⚕ HEILPFLANZE

In der antiken Volksmedizin wurde die Taubnessel als blutungsstillendes Mittel gegen Nasenbluten und Hämorrhoiden sowie gegen Trauma jeder Art eingesetzt. Heute wird die Pflanze meist nur mehr wegen ihrer normalisierenden Wirkung auf die Talgabscheidung bei fetter Haut verwendet.

## 🍴 WILDGEMÜSE

Die jungen Sprosse und Blätter können zu Salaten, Gemüsegerichten oder Spinat verarbeitet werden. Die süßen Blüten eignen sich für Dessertgerichte, aber auch zur Dekoration in Salaten.

## ➲ PRAKTISCHE ANWENDUNG

### Kandierte Blüten

Taubnessel-Blüten vom bitteren Stielansatz befreien und in Eischnee (geschlagenes Eiklar) tauchen, anschließend auf ein mit Zucker bestreutes Pergamentpapier legen. Zusätzlich werden die Blüten mit Zucker bestreut und im lauwarmen Ofen getrocknet. Aufbewahrt werden die kandierten Blüten in verschließbaren Dosen oder Gläsern.

Alle essbaren Blüten wie Rosen, Ringelblumen, Veilchen, Kapuzinerkresse, Gundermann, Gänseblümchen, Fuchsien usw. können kandiert werden.

## 🌿 NATURGLAUBE

Die Germanen unterschieden die weibliche, unbewehrte Taubnessel, der Freya bzw. Frigga geweiht, von der männlichen, bewehrten Brennnessel, die dem Thor zuerkannt ist. Zwar haben die beiden Pflanzen botanisch nichts miteinander zu tun, erhalten hat sich der Name trotzdem.

Durch den gegenwärtigen Verlust einer innigen Beziehung zwischen Mensch und Pflanze sind wir modernen Menschen arm geworden. Nicht der Sonnenaufgang, eine blühende Taubnessel oder ein abendliches Lagerfeuer, sondern das Flimmern des Bildschirms orakeln Tag für Tag und Abend für Abend. Wer lauscht noch den Pflanzen? Dabei wollen unsere Freunde blühen und grünen, um diese Erde bunter und schöner zu machen. Wir sollten sie mehr beachten und schätzen.

## POESIE

*Die Gefleckte Taubnessel gehört nur selten zu den Arten, die ihrer Schönheit wegen gepflanzt werden. Nichtsdestotrotz steht sie kräftig an ihrem Platz, unbekümmert um die öffentliche Meinung. Ihre Blüten öffnet sie für das Insektenvolk, welches sich reich an ihr laben kann. Wenn dann der Nascher seinen Kopf aus dem Blütenbecher zurückzieht und leise summend von dannen fliegt, dann bewegt sich die Nessel, einverständlich nickend, dem dankenden Gast zum Abschiedsgruß. Vom Frühling bis zum Herbst ist sie bestrebt, unzählige Blüten zu treiben, um dem fahrenden Insektenvolk immer einen gedeckten Tisch kredenzen zu können. Welch Vorbild diese unbemerkte Alltagsblume doch ist.*

*Frigga, germanische Göttermutter, ist die Schutzherrin von Ehe und Mutterschaft. In einem der ältesten althochdeutschen Sprachdokumenten, den Merseburger Zaubersprüchen, wird sie bereits genannt. – Illustration von VOENIX.*

# BERG-ULME

*Ulmus glabra*, Ulmengewächs

## GATTUNG

30 Arten umfasst die Gattung der Rüstern, von denen drei in Europa und bei uns beheimatet sind. Mannigfaltigkeitszentren sind Nordamerika und Ostasien.

## NAME

„Ulme" als deutsche Benennung ist dem lateinischen „ulmus" entlehnt. Doch schon vorher hieß der Baum in deutschen Landen „elm". Womöglich sind beide Namen der indogermanischen Wurzel „el" (= gelb) entlehnt, Bezug nehmend auf die gelbe Farbe des frisch geschlagenen Holzes.

„Rüster" ist ein verhältnismäßig spät entstandener Ausdruck für den Baum, dessen Herleitung unklar ist, von dem aber einige Ortsnamen wie Rust, Rüstern, Rusteck, Rüsterort oder Rustenfelde entspringen. Von „elm" leiten sich Fluss- und Ortsnamen wie Ilm, Ilme, Ilmenau, Elm, Elmau oder Elmbach ab. Dagegen hat der Name der Stadt Ulm nichts mit dem Baum zu tun.

*Flatter-Ulme (Ulmus laevis)*
*Foto (linke Seite) von Harald BETHKE*

## 🍴 WILDGEMÜSE

Ulmenlaub kann zu einer Art Sauerkraut vergoren werden. Das Sägemehl aus Ulmenholz ist in den Jahren 1917 und 1918 in Deutschland und Österreich zu Mehl für die menschliche Ernährung verarbeitet worden. Die Samen schmecken leicht haselnussartig und sind durch ihre eigenartige Form eine interessante Zutat. Geröstet und gesalzen sind sie eine schmackhafte Knabberei.

## 🌳 NATURGLAUBE

Der germanischen Mythologie zufolge sind Frau und Mann aus Ulme und Esche entstanden. Die Frau wurde Embla genannt, was soviel wie Ulme, vielleicht aber auch Erle bedeutet.

Ulmen sind schützende Bäume und standen bei unseren Vorfahren in hohem Ansehen. Die Edda berichtet, dass nach Auffassung der Germanen die Götter in Bäumen wohnten, in den aus Bäumen erbauten Tempeln. Einzelne Bäume oder Waldstücke, die sog. „Heiligen Haine" wurden daher kultisch verehrt. Verschiedene Bäume wurden einzelnen Göttern zugeordnet, so die Birke, an deren Wurzeln der schamanische Fliegenpilz wächst, der Liebesgöttin Freya, oder die Eberesche dem Donnergott und Beschützer der Bauern, Thor.

Dem sich ausbreitenden Christentum galt das als verwerflicher Götzendienst. Schon beim Konzil von Nantes (658 und 659 n. d. Z.) wurde ein rigoroses Vorgehen beschlossen: *„Mit größtem Eifer sollen die Bischöfe und ihre Knechte bis zum letzten darum kämpfen, dass die Bäume, die den Dämonen geweiht sind und die das Volk verehrt, mit der Wurzel ausgehauen und verbrannt werden."*

Doch diese Methode brachialer Gewalt brachte nicht den gewünschten Erfolg und so versuchte man einen anderen Weg – die Christianisierung der germanischen Symbole. Aus der Wotanseiche wurde eine Heilandseiche und aus der Friggalinde eine Marienlinde.

Über Jahrhunderte wurde versucht, die Anbetung der Natur, die Verehrung von Pflanze, Tier und Fels mit allen Mitteln zu unterbinden – und doch entspricht heute eines der mächtigsten christlichen Symbole, der Weihnachtsbaum, dem germanischen Weltenbaum als Symbol der Schöpfung und des sich ewig erneuernden Lebens. Yggdrasil, der Weltenbaum, wird meist als Esche gesehen, könnte aber auch eine Eiche oder eine Tanne bzw. die mit ihr nah verwandte Fichte sein – die Irminsäule, das Baumheiligtum unserer Vorfahren, war jedenfalls eine Fichte.

*Feld-Ulme (Ulmus minor)*

# WALD-VERGISSMEINNICHT

*Myosotis sylvatica,* Raublattgewächs

## GATTUNG

*Myosotis* umfasst etwa 50 Arten, von denen 41 in Europa und 14 im heimischen Gebiet vorkommen.

## NAME

*Myosotis* kommt aus dem Griechischen und bedeutet „Mausohr" (von „myos", die Maus und „ous", das Ohr), was auf die Form der Blätter zurückgeführt. *Sylvatica* leitet sich von lat. „silva" (=Wald) ab.

## VOLKSNAMEN

*Blaue Augen* (Norddeutschland, Holland); *Unser Herrgotts Aug* (Kärnten, Osttirol), *Fischäugl* (Süddeutschland), *Männertreu* (Pfalz).

*Sumpf-Vergissmeinnicht (Myosotis scorpioides)*

## 🍽 WILDGEMÜSE

Die zarten, essbaren Blüten ergeben im Frühjahr eine Zierde für den Tellerrand.

## ➔ PRAKTISCHE ANWENDUNG

**Heublumenbad**

Schon der Kurarzt von Pfarrer KNEIPP, Franz KLEIN-SCHROD empfahl ein Heublumenbad bei Kreuzschmerzen. Das verwendete Heu sollte von einer artenreichen, ungedüngten Bergwiese stammen, keinesfalls von einer gedüngten Fettwiese, da dieses Kraut wirkungslos ist. Zur Anwendung kann das Heublumenbad in verschiedenen Formen kommen. So etwa als Heublumensäckchen, welches eine ¼ Stunde in einem Kessel mit heißem Wasser zieht und der Sud daraus zum Badewasser gegeben wird. Es kann aber auch ein Heublumenleinensäckchen in die Badewanne gegeben werden und etwa 38 °C warmes Wasser darüber laufen oder das Heublumenleinensäckchen wird zehn Minuten über Wasserdampf erwärmt und dann auf schmerzende Körperstellen gelegt.

## 🌳 NATURGLAUBE

In früheren Zeiten redeten die Menschen nicht so viel. Gesten ersetzten die heutigen Wortfluten. So bedeutete etwa das Stecken eines Vergissmeinnichts an den Hut Sympathie für den Werber. Bekam der Antragsteller allerdings einen ganzen Korb mit verschiedenen Kräutern, dem sogenannten Schabab (die Wortbildung stammt vom Verb „abschaben"), dann konnte er sich von seiner Angebeteten schon wieder entfernen. Die Symbolik gibt es heute nicht mehr, den Spruch, „einen Korb bekommen zu haben", immer noch.

## POESIE

*Der liebliche deutsche Name „Vergissmeinnicht"
ist uralt und lässt sich mindestens bis ins
14. Jahrhundert zurückverfolgen. Schon der
Südtiroler Dichter Hans VINTLER, gestorben
1419 erwähnte das Vergissmeinnicht mehrmals
in seinen Poesien. Und bereits im Buch
„Altdeutsche Wälder" aus dem 15. Jahrhundert
finden wir eine Deutung und Erklärung des
Namens. So habe das Blümchen seinen Namen
vergessen, den Gott ihm gegeben hat.
Sterne erklärt den Namen durch eine alte
deutsche Sage: Ein Knabe und ein Mädchen
wuchsen in der Einsamkeit des Waldes
miteinander auf, spielten dort und verliebten
sich später ineinander. Der junge Mann wollte
aber die große Welt sehen und verließ die
Heimat. Unter einer alten Buche verabschiedeten
sie sich bei einer blauen Blume, die sie zuvor
noch nie gesehen hatten. Bei der blauen Blume
gaben sie sich das Versprechen, wo immer sie
blaue Blumen fänden, an den anderen zu
denken. Sie versprachen und hielten es auch und
nach vielen Jahren, beide waren schon
weißhaarig, ging die Frau wieder in den Wald zu
ihrem Baum und der blauen Blume. Ein alter
Mann kam ihr entgegen. Erst als der Mann sich
auch zur blauen Blume bückte, erkannten sie
einander und wussten, dass sie sich wieder
haben. Seit dieser Stunde hat die Pflanze ihren
lieblichen Namen Vergissmeinnicht.
Bei keiner anderen Pflanze kann man die
Volkspoesie besser erkennen als beim
Vergissmeinnicht. Es ist doch erstaunlich, dass
sich über Berge, Täler, Länder und Sprachen
hinweg ein und derselbe Name durchgesetzt hat.*


*Ich ging spazieren an Mutters Hand,
die wunderschönste Blume fand,
die da hieß Vergissmeinnicht,
will sagen „Kind ich liebe dich"!
Niemand wird's je vergessen,
wer Mutterliebe kann ermessen.*

Elvira Christina WESTPHAL

# WACHOLDER

*Juniperus communis, Zypressengewächs*

## GATTUNG

50 Arten umfasst die Gattung *Juniperus*, wovon zehn in Europa und bei uns heimisch sind. Wacholder findet sich wild nur auf der nördlichen Hemisphäre.

## NAME

Der botanische Gattungsname geht vielleicht auf die lateinischen Wörter „iuvenis" (= jung) und „parus" (= gebärend) zurück, als Anspielung auf die abortive Wirkung des Sadebaums, *Juniperus sabina*. Möglich ist auch die Herleitung des Namens vom Umstand, dass am Wacholder bereits junge grüne Beeren erscheinen, während die letztjährigen blauen noch ausreifen.

Auch die Deutung der deutschen Benennung ist unsicher: Sie geht wahrscheinlich auf das althochdeutsche „wachal" (= munter, lebensfrisch) und „tre" (= Baum) zurück. Dafür würde auch die mittelhochdeutsche Benennung „queckolter" (= lebensfrischer Baum) sprechen.

## VOLKSNAMEN

*Kranawitt, Kranawitten* [Bayern, Österreich; wahrscheinlich vom mittehochdeutschen „grann" (= Stachel) und dem althochdeutschen „witu" (= Holz) abzuleiten. Ortsnamen wie Kranawitt und Kranzach in Bayern bzw. Kranebitten und Kramsach in Tirol leiten sich genauso von der Benennung des Wacholders ab wie die Familiennamen Kranewitter oder Kronenbitter.]; *Machandel, Maggandel* (Norddeutschland; bekannt aus dem Grimmschen Märchen vom Machandelbaum, in dem die Seele eines toten Kindes sich als Vogel aus dem Wacholder erhebt; die Namen sind vom Wort Wacholder abgeleitet); *Reckholder, Rauckolder, Ruchholder* (Schweiz; dem Wacholder entlehnt mit Beziehung zum häufigen Gebrauch als Räucherpflanze); *Wodansgerte* (neben Frigga mancherorts auch Wodan [=Odin] geweiht).

## BIOLOGIE

Mit 3.570 Höhenmetern, die er im Wallis erreicht, ist der Zwerg-Wacholder das in Europa am höchsten steigende Holzgewächs. Mit mehreren hundert Jahren ist auch das mögliche Alter des Wacholders beeindruckend. Manche Arten sollen sogar ein Alter von über 1.000 Jahren erreichen.

## ⊘ NUTZEN

Der hohe Zuckergehalt der Beerenzapfen ermöglicht die Vergärung mit anschließender Destillation. Aus Wacholder werden Brände wie Gin, Genever oder Steinhäger gewonnen.

Aus Holz und Wurzel kann Cadeöl extrahiert werden, welches den Weidetieren auf Bauch und Nase gegeben, vor lästigen Bremsen und Fliegen schützt.

## ⊞ WILDGEMÜSE

Wacholderbeeren dienen als Würze für Sauerkraut und schwere Speisen. Die jungen, zarten Triebe im Frühling würzen blanchiert Bratgerichte oder Wurzelgemüse.

## ⚕ HEILPFLANZE

Wacholderbeeren wirken harntreibend. In der Volksmedizin wird die Pflanze als Blutreinigungsmittel, Entfettungsmittel, bei Verdauungsproblemen mit leichten Krämpfen im Magen-Darm-Bereich, Völlegefühl und Aufstoßen eingesetzt. Das ätherische Öl findet sich aufgrund seiner hautreizenden Eigenschaften in Einreibungen und Badezusätzen gegen rheumatische Beschwerden.

## ☯ RÄUCHERPFLANZE

Wacholder ist eines der ältesten bekannten Räucherhölzer. Der Rauch wird zum Konservieren von Lebensmitteln und zum Desinfizieren verwendet. In der Pestzeit versuchten die Menschen mit Hilfe des Wacholders am Leben zu bleiben. Sie aßen die Beeren, räucherten die Häuser aus und entfachten in den Städten rauchende Wacholderfeuer.

Bevor Weihrauch aus dem Orient in die neu christianisierten Gebiete gelangen konnte, bedienten sich die Missionare zu Weihzwecken ebenfalls des Wacholders.

## ➤ PRAKTISCHE ANWENDUNG

### Wacholder-Massageöl

125 Gramm frische Wacholderbeeren, vorzugsweise noch nicht ganz reife, über Nacht in Wasser einweichen, abseihen und die Beeren mit einem Geschirrtuch trocknen. Die Wacholderbeeren zusammen mit 250 ml Olivenöl in einen Topf geben und in einem Wasserbad auf dem Herd etwa 30 Minuten lang erwärmen, bis die Beeren ihre Farbe verlieren und sich das Öl dunkel färbt. Anschließend das Öl abfiltern und in eine Flasche füllen. Kühl und dunkel lagern.

### Luftverbesserer

Bei ungesunder Zimmerluft und ansteckenden Krankheiten räucherten die Ahnen mit einem Wacholderast. Ähnliche Wirkung erzielt man aber auch, wenn man einige Wacholderbeeren auf die heiße Herdplatte legt.

##  NATURGLAUBE

Lange bevor Weihrauch und Myrrhe aus dem Orient zu uns kamen, waren Wacholder, Fichtenharz und etliche andere heimische Pflanzen als Räuchermittel in Verwendung. Den Germanen galt der Wacholder als Lebensbaum, was bereits aus seinen Namen „Weckholder" oder „Queckholder" hervorgeht. Gleichzeitig galt er auch als Totenbaum, mit dem die Ahnen in Kontakt mit den Hinterbliebenen treten. Wacholder kam mit ins Grab oder bei Totenverbrennungen mit ins Feuer und wurde daher gerne am Friedhof als Wahrer der Seele gepflanzt. Die oftmalige Verwendung des Wacholders an den Gräbern heute geht aber durchwegs auf die Anspruchslosigkeit des Gehölzes zurück.

Kranawitt war im germanischen Glauben Überlieferungen zufolge der Erdmutter Frigga geweiht und es wurde auch diese Frau Holle im Wacholder angerufen, wenn sich die Kinder nicht recht entwickeln wollten oder anderes im Argen lag.

Wacholder war Hauptbestandteil der Notfeuer. Diese entzündete man, wenn Viehseuchen aufkamen. Gesunde Tiere wurden zur Vorbeugung und Kranke zur Heilung durchgetrieben. Das Notfeuer wurde aus neun verschiedenen Holzarten errichtet. Vor Sonnenaufgang löschten die Menschen alle Herdfeuer und es herrschte Schweigen und Enthaltsamkeit. Alle einer Gemeinschaft mussten anwesend sein, wenn dieses Feuer, das mehr rauchte als brannte, mit Zunderschwamm und zerriebenen Königskerzenblättern entfacht wurde. Nun jagte man das gesamte Vieh drei Mal durch den heilenden Rauch, um anschließend mit den Scheitern dieses Notfeuers die Herde im Heim wieder feierlich zu entzünden.

# WALNUSS

*Juglans regia*, Walnussgewächs

## GATTUNG

Acht Arten umfasst die Gattung, von denen eine in Europa und bei uns vorkommt. Über den Status der Vorkommen herrschen unterschiedliche Auffassungen.

## NAME

*Juglans* als botanischer Gattungsname ist wahrscheinlich dem griechischen „dios balanos" entlehnt und benennt frei übersetzt die „Früchte des Zeus". Der Artname ist lateinischer Herkunft und bedeutet „königlich". „Walnuss" als deutsche Benennung entstammt der alten Bezeichnung „Welsche Nuss". Welsche ist seit der Zeitwende eine verallgemeinernde Bezeichnung für die Kelten, zurückzuführen auf den keltischen Stamm der Volcae, welcher ein bedeutendes Netz von Handelswegen zwischen dem Mittelmeerraum, den germanischen und den keltischen Gebieten aufgebaut hatte. Im 5. bis 6. Jahrhundert tritt am Niederrhein erstmals das Wort „walhhnutu" auf.

## ⓘ VERBREITUNG

Die Walnuss ist südosteuropäisch-südwestasiatisch verbreitet. Wie weit ihr ursprüngliches Verbreitungsgebiet nach Nordwesten reicht ist durch ihre alte Kultur schwer feststellbar und wird seit Jahrhunderten kontrovers diskutiert. In den Arbeiten von Bertsch und von Werneck werden kleinfrüchtige Formen der Walnuss, die zumeist Steinnuss genannt werden, als in Auwäldern weiter Gebiete Mitteleuropas heimisch genannt. In den steinzeitlichen Pfahlbauten von Wangen und in den bronzezeitlichen Pfahlbauten von Bodman und Haltnau bei Konstanz konnten solche Steinnüsse nachgewiesen werden. Demnach ist der Nussbaum schon mindestens seit der Jungsteinzeit am Bodensee heimisch.

## ⓗ HEILPFLANZE

Walnuss wird äußerlich bei oberflächlichen Hautentzündungen und bei übermäßiger Schweißabsonderung eingesetzt. Homöopathische Zubereitungen werden gegen Leberbeschwerden, Hautausschläge und Kopfschmerzen genutzt.

*Oski, der Wünsche Gewährende, ist eine Erscheinungsform des Gottes Odin und verwandelte sich später in den geschenkebringenden Nikolaus. Illustration von VOENIX.*

PRAKTISCHER NUTZEN

**Nüsse in Agavensirup**

*Zutaten*

- 150 g Walnüsse
- 150 g Macadamianüsse
- 150 g Pinienkerne
- 1 Vanilleschote
- 1 Handvoll frische Minzeblätter
- 2 EL Chiliflocken
- 300 ml Agavensirup (oder natürlich auch Honig)

*Zubereitung*

Wal- und Macadamianüsse in einer Pfanne ohne Fett leicht anrösten, die Vanilleschote der Länge nach aufschneiden und das Mark herauskratzen. Agavensirup, Nüsse, Chiliflocken, die fein gehackten Minzeblätter, Pinienkerne und das Vanilleschotenmark miteinander verrühren, in Gläser abfüllen und gut verschließen.

**Walnussbad**

Das Walnussblätterbad kommt bei vielerlei Hautproblemen wie Schuppenflechte, Ausschlägen, Akne oder Fußschweiß zum Einsatz. Dazu werden die Blätter der Walnuss 20 Minuten lang gekocht, abgeseiht und der Sud als Badezusatz verwendet.

## NATURGLAUBE

Obwohl die Walnuss in unserem Gebiet vielleicht nicht urheimisch ist, kann sie zumindest als alteingebürgert gelten und hat so im Volk mythologisch Bedeutung erfahren. Als fruchttragender Baum war der Nussbaum dem Fruchtbarkeitsgott Freyr geweiht.

Der Brauch, am Nikolaustag Nüsse zu schenken, ist ein Überrest des germanischen Opferfestes zu Ehren des Gottes Odin (= Wodan) in der Gestalt des Oski, was soviel wie „der Wünsche Erfüllende" heißt. Im Zuge der Christianisierung wurde aus Oski der Nikolaus. Auch in vielen anderen Heiligen leben Charaktere des germanischen Volksglaubens in neuem Gewand fort.

## POESIE

*Von deinen Ästen sind viele verdorrt,*
*nur noch mit wenigen grünst du fort.*
*Aber die wenigen sind wie Hände.*
*Sehnend und bitten erhoben ins Licht*
*Gönne mir Zeit, dass sich alles vollende!*
*Eigner des Haines, fälle mich nicht!*

*Ringender Baum, mich erschüttert dein Fleh'n!*
*Fort mit der Säge, ich lasse dich stehn.*
*Mögest als Mahner zur Einkehr du ragen,*
*möge dein einstes Rauschen im Wind*
*wieder und immer wieder uns sagen,*
*dass unsere Jahre nur wenige sind.*

*Aber wir wollen in tiefem Vertrauen,*
*tapfer wie du zur Sonne aufschauen,*
*denn unser kurzes, vergängliches Leben,*
*das noch schön ist im dunkelsten Leid,*
*hat uns allen der Herrgott gegeben,*
*und er nimmt es zur rechten Zeit.*

*Heinrich ANACKER*

# WEGWARTE

*Cichorium intybus*, Korbblütler

## GATTUNG

Von den acht Arten der Gattung sind drei in Europa und eine bei uns heimisch. Das Hauptverbreitungsgebiet liegt im Mittelmeerraum. Südlich reicht die Gattung bis Äthiopien.

## NAME

Der botanische Gattungsname leitet sich vom griechischen „kio" (= gehe) und „chorion" (= Feld) ab. Auch der botanische Artname stammt aus dem Griechischen von „entomos" (= eingeschnitten) wegen der Form der Blätter oder aber vom lateinischen „intubus" (= röhrenförmig), weil der Stängel hohl ist.

„Wegwarte" als deutsche Benennung kennt zweierlei Begründungen: Die prosaische ist der Umstand, dass die Pflanze gerne an Wegesrändern wächst. Bei der poetischen Namenserklärung hingegen verbirgt sich in der Blume eine blauäugige junge Frau, die einst am Wegesrand sehnsüchtig auf ihren Geliebten wartete, welcher in den Kampf ziehen musste und von den Göttern aus Mitleid in eine schöne Blume verwandelt wurde, weil dieser nicht mehr heimkehrte.

## VOLKSNAMEN

*Sonnenwende, Sonnenwedel* (die Blütenköpfe sind lichtempfindlich und drehen sich nach der Sonne); *Faule Gretl* (Steiermark, Oberösterreich; die Blütenköpfe schließen sich um die Mittagszeit).

## BIOLOGIE

Nach der Wegwarte konnte man sich die Uhr stellen. Um fünf Uhr morgens öffnete sie ihre nur einen Tag lang blühenden Augen, um sie um elf Uhr wieder zu schließen. Carl von LINNÉ pflanzte sie daher in seine Blumenuhr in Uppsala.

In West- und Mitteleuropa scheint dieser Rhythmus heute gestört zu sein. Seit einigen Jahren blüht die Pflanze bis in den Nachmittag hinein und auch die Blüten richten sich nicht mehr unbedingt der Sonne zu. Vermutet wird, dass vom Menschen erzeugte elektromagnetische Störungen dafür verantwortlich sind.

## ✓ GEMÜSEPFLANZE

Zichorie ist ein junges Gemüse, welches erst in den letzten 40 Jahren eine wirtschaftliche Bedeutung entwickelt hat. Die Weltjahresernte von etwa 450.000 Tonnen wird zu 98 Prozent in Frankreich, Belgien und den Niederlanden produziert. Zichorie ist reich an gesunden Bitterstoffen.

Die traditionelle Verwendung der Wildform als Salat stammt aus Kalabrien und Kampanien. Als „Erfinder" der Chicoreesprosse gilt der Chefgärtner des Botanischen Gartens Brüssel BRESIER, der 1846 die Sprosse unabsichtlich lichtdicht abdeckte.

Auf die Verwendung der Wegwarte als Kaffee kam Ende des 17. Jahrhunderts Frau von HEINE, die an einem Gallenleiden litt und deswegen nach vielen anderen Versuchen Zichoriensud als Medizin bekam. Um den Geschmack ihrer Medizin zu verbessern, kam sie auf den Einfall, die Wurzel zu rösten – der Zichorienkaffee ward geboren.

## HEILPFLANZE

Wegwarte ist in der Volksheilkunde sehr geschätzt. In der Schulmedizin war sie dagegen nie sehr angesehen und in den Arzneibüchern fehlte sie durchwegs. Wegwarte wird zur Entgiftung der Leber und der Bauchspeicheldrüse eingesetzt. Zichoriensalat entgiftet den Darm – durch Kationenbindung sollen sogar Schwermetalle und Pestizide gebunden werden können.

## WILDGEMÜSE

Die jungen, zarten Blätter können als Salat, Spinat oder bei Gemüsegerichten Verwendung finden. Ältere, schon bittere Blätter sollten blanchiert werden. Die essbaren Blüten sind kandierfähig, machen sich aber auch in Salaten und süßen Desserts gut.

## PRAKTISCHE ANWENDUNG

Die blauen Blüten färben sich rot, wenn man sie in einen Ameisenhaufen wirft, bemerkte schon Otto Brunfels in seinem Kräuterbuch von 1530. Die Ameisensäure verursacht den Farbumschlag der im Zellsaft enthaltenen Anthocyane.

## NATURGLAUBE

Die Wegwarte gehört zu den sagenumwobenen Blauen Blumen der Ahnen, welche durch den romantischen Dichter Novalis wiederentdeckt wurden.
Schon in vorgermanischer Zeit galt die Wegwarte als Verkörperung einer Göttin. Der heute mancherorts noch gebräuchliche Volksname „Hindelauf" versinnbildlicht die Zuordnung der Pflanze zur Sonnengöttin Sol (= Sunna). Der Hirsch war bei Kelten und Germanen ein Sonnensymbol, welchen wir auch heute noch am Etikett des Kräuterlikörs „Jägermeister" finden. Die heidnische Sonne ist allerdings durch das christliche Kreuz ersetzt worden. Der Hirsch war es, der mit seinem Geweih und zusammen mit dem Eber in der Mittwinternacht die Sonne zurückholte und er war es auch, der dem

Menschen Heilpflanzen wie die Wegwarte zeigte. Nach der Christianisierung hatten die Göttermythen im Weltbild des christlichen Mittelalters keinen Platz mehr. Die Wegwarte wurde zu den gallig-bitteren Kräutern gestellt, welche die Passion des Heilands symbolisierten. Und dennoch erzählte man sich im Volk weiter die Legende, nach der in der Blume ein Seelengeist steckt.

### POESIE

*Es steht eine Blume,*
*wo der Wind weht den Staub,*
*blau ist ihre Blüte,*
*aber grau ist ihr Laub.*
*Ich stand an dem Wege,*
*hielt auf meine Hand,*
*du hast deine Augen,*
*von mir abgewandt.*
*Jetzt stehst du am Wege,*
*da wehet der Wind,*
*deine Augen die blauen,*
*vom Staub sind sie blind.*
*Da stehst du und wartest,*
*dass ich komm daher.*
*Wegwarte, Wegwarte,*
*du blühst ja nicht mehr.*

*Hermann LÖNS*

# SILBER-WEIDE

*Salix alba*, Weidengewächs

## GATTUNG

Von den 400 Arten kommen 70 in Europa und 35 im deutschsprachigen Gebiet vor. Verbreitungszentren sind die nördlichen gemäßigten Zonen der Alten und Neuen Welt.

## NAME

*Salix* als botanischer Gattungsname entstammt den keltischen Wörtern „sal" (= nahe) und „lis" (= Wasser). Weide als heutige Benennung geht auf das althochdeutsche „wida" und das mittelhochdeutsche „wide" zurück, welche die indogermanische Wurzel „wi" für biegsam beinhalten. Ebenfalls eine altdeutsche Bezeichnung für die Weide ist „Sale", welche auf das germanische „salo" (= grau, dunkel) zurückgeht und noch heute im Wort „Salweide", *Salix caprea*, zu finden ist.

## VOLKSNAMEN

Im Volksmund unterschied man früher die schmalblättrigen Weiden als *Felber* von den breitblättrigen *Salchen*. Allgemein für die Weide waren Benennungen wie *Wilge* oder *Wichel*. Aus diesen Volksnamen haben sich viele Ortsbezeichnungen wie Weidach, Salbach, Salchen, Felben, Weiding, Seligenstadt oder Salach entwickelt und Familiennamen wie Felber, Felbinger, Weidacher, Wichelhaus, Wichelmann und viele mehr.

## BIOLOGIE

Unter günstigen Verhältnissen keimen die Weidensamen bereits wenige Stunden nach ihrer Landung. So schnell die Keimung erfolgt, so kurzlebig sind auch die Samen.

## ⚕ HEILPFLANZE

Vor allem in der Rinde der Silber-Weide kommt das Glykosid Salicin vor, welches bei der Aufnahme im Körper zu Salizylsäure oxidiert. Aus Weidenrinde und Mädesüß gewann man das Aspirin, das weltweit meisteingesetzte Arzneimittel. Seit 1898 werden die Salizylsäureverbindungen synthetisch hergestellt und heute fällt Aspirin als Rückstand bei der Farbenproduktion an. Weide und Mädesüß haben daher ihre große Bedeutung als Heilpflanzen eingebüßt.

*Mandel-Weide (Salix triandra)*

*Trauer-Weide (Salix alba)*

## ✓ NUTZEN

Fast alle größeren Weidenarten werden technisch zur Hangsicherung, Straßenbefestigung und anderen Sicherungsmaßnahmen genutzt. Die Ruten verschiedener Arten dienen als Binde- und Flechtmaterial sowie zur Gewinnung von Faschinen.

## ➔ PRAKTISCHE ANWENDUNG

**Bäume selbst vermehren**

Die Weiden machen es uns besonders leicht, erfolgreich zu vermehren. Dazu schneidet man im Spätherbst einjährige, verholzte Triebe in etwa 40 cm lange Stücke, wobei unten ein schräger und oben ein gerader Schnitt erfolgt. Zu Bündeln verpackt überdauern diese Steckhölzer den Winter in einem kühlen, dunklen und frostfreien Raum, um im März an Ort und Stelle gesteckt zu werden. Zwei Drittel in die Erde, ein Drittel in die Luft. Weiden eignen sich besonders zur Hangsicherung oder als rasch wachsender, kostengünstiger Sichtschutz.

## 🌳 NATURGLAUBE

Überlieferungen zeigen, dass die Weide bei unseren Ahnen dem Gott der Stille Widar und der Jugend- und Schönheitsgöttin Iduna geweiht war. Iduna ist die Hüterin des Geistes, die Göttin des immer wiederkehrenden Lebens und steht für Eigenschaften wie Lebenskraft und Erneuerung. Weiden symbolisieren durch ihren unbändigen Lebenswillen und der Fähigkeit, aus abgeschnittenen Baumteilen neues Leben entstehen zu lassen, genau die Eigenschaften Idunas. Die Weide galt als mitfühlender Baum, der gleich Iduna sogar menschliches Leid auf sich laden kann. Im Christentum geriet die Weide einerseits in Verruf, weil sich nach manchen Legenden der Verräter Judas an ihr erhängt haben soll, andererseits ersetzen die Weidenkätzchen am Palmsonntag die Palmzweige der Bibel, womit der Baum zu den wenigen Pflanzen wurde, die im Festkreis des Christentums ihren festen Platz haben.

## POESIE

*Weide, silbern Angesicht,*
*weil ich dich von weitem sehe*
*leidet's mich und hält mich nicht*
*bis ich grüßend vor dir stehe.*

*Heut! Und oh, wie manches Jahr*
*kam ich, Weide, dich befragen!*
*denn ich wusste: Frühling war,*
*wenn du wieder ausgeschlagen.*

*Jahr um Jahr dieselbe Tracht.*
*Eh die andern sich bemühen,*
*Weidenbaum bist aufgewacht*
*Und beginnst alsbald zu blühen.*

*Ich verspür die Wandlung kaum,*
*Und sie hat dich schon durchdrungen.*
*Güldern überm Silberflaum*
*künden mir die tausend Zungen.*

*Botschaft, Jahr um Jahr erneut*
*Frühling kam, die Welt geht offen!*
*Weide, die mein Herz erfreut*
*Wer ums Wunder weiß, lernt hoffen.*

*R. A. SCHRÖDER*

*Die Weide hat seit alten Tagen*
*so manchem Sturm getrutzt,*
*ist immer wieder ausgeschlagen*
*so oft man sie gestutzt.*

*Friedrich RÜCKERT*

# LITERATUR

Aeschimann D. & al.; Flora Alpina; 3-bändig; Haupt; Bern/Stuttgart/Wien; 2004

Aigremont Dr.; Ursprüngliche Erotik; Das Hexenwissen von Pflanzen und Menschen; J.G.Bläschke-Verlag, Halle,1908

Arbeitskreis Deutsche Mythologie; Das Erbe der Ahnen; Schütz-Verlag, Coburg, Reprint von 1941

Bächtold-Stäubli, Hanns; Handwörterbuch des deutschen Aberglaubens; Walter de Gruyter, Berlin, 1987

Bader, Marlies; Räuchern mit heimischen Kräutern; Goldmann Arkana, München, 2008

Baumdart, Gert; Handbuch Volksmedizin; Weltbild, Augsburg, 1998

Brenner E. D., Stahlberg R., Mancuso S., Vivanco J. Baluska F. und Van Volkenburgh E.; Plant neurobiology – anintegrated view of plant signaling; Trends in Plant Science, 11; 2006

Bristow, Alec; Wie die Pflanzen lieben; Ullstein, Berlin, 1986

Cowan, Eliot; Pflanzengeistmedizin; Knaur, München, 1984

Damböck, Michael; Das Deutsche Jahr in Brauchtum, Sage und Mythologie – Feste und Feiern im Jahreslauf; Verlag Michael Damböck, Ardagger, 1990

Derolez, R. L. M.; Götter und Mythen der Germanen, Wiesbaden, F. Englisch, 1976

De Vries, Herman; Natural Relations; Verlag für Moderne Kunst, Nürnberg, 1989

Diederichs, Ulf; Germanische Götterlehre – mit mythologischem Wörterbuch; Diederichs-V., Köln, 1984

Dietrich, Dr. Udo Waldemar; Das Runen-Wörterbuch, Marix-Verlag, Wiesbaden 2004, Reprint von 1844

Döbler, Hannsferdinand; Die Germanen; Prisma, Barcelona, 1975

Duerr, Hans Peter; Edda; herausgegeben von F. Genzmer, Eugen Diederichs, Düsseldorf/Köln, 1979

Duden; Familiennamen – Herkunft und Bedeutung, Duden-Verlag, Mannheim, 2005

Duden; Herkunftswörterbuch, Band 7; Duden-Verlag, Mannheim, 2007

Dürr H.-P.; Auch die Wissenschaft spricht nur in Gleichnissen. Die neue Beziehung zwischen Religion und Naturwissenschaften; Herder, Freiburg, 2004

Florek, Reinhard; Das Runen-Handbuch, Winpferd-Verlagsgesellschaft, Aitrang, 1992

Früh, Sigrid; Rauhnächte; Verlag Stendel, Waiblingen, 2000

Gardenstone; Germanischer Götterglaube, GardenStone, Usingen, 2009

Genaust, Helmut; Etymologisches Wörterbuch der botanischen Pflanzennamen, Basel usw.; Birkhäuser, 1996

Genzmer, F.; Edda; Eugen Diederichs, Düsseldorf/Köln; 1979

Golther, Wolfgang; Handbuch der Germanischen Mythologie, Marix-Verlag, Wiesbaden, 2004

Gorsleben, Rudolf-John; Hoch-Zeit der Menschheit; Faskimile-Verlag, Bremen, 1993, Nachdruck von 1930

Grieve, M.; A Modern Herbal; Dover, New York, 1971

Grimm, Jakob; Deutsche Mythologie; Ullstein, Frankfurt am Main, 1981

Grönbech, Wilhelm; Kultur und Religion der Germanen, 12. Auflage, Primus Verlag 1997

Hageneder, Fred; Die Weisheit der Bäume, Franckh-Kosmos-Verlag, Stuttgart, 2006

Handwörterbuch des Deutschen Aberglaubens, 10 Bde., Walter de Gruyter 2000

Hasenfratz, Hans-Peter; Die religiöse Welt der Germanen, Freiburg; Herder, 1992

Haßkerl, Heide; Alte Gemüsearten neu entdeckt, Leopold Stocker Verlag, Graz, 2008

HäuplerH. & Muer T.; Bildatlas der Farn- und Blütenpflanzen Deutschlands; Ulmer, Stuttgart, 2000

Hegi, Gustav; Illustrierte Flora von Mitteleuropa; 23-bändig, Paul Parey, später Blackwell Wissenschafts-Verlag, 1906 - 2012

Heizmann, Wilhelm; Wörterbuch der Pflanzennamen im Altwestnordischen, De Gruyter-Verlag, Berlin 1993

Hermanns, Paul; Deutsche Mythologie im gemeinverständlicher Darstellung, Nachdruck Magnus Verlag. O.J.

Hobhouse, Henry; Fünf Pflanzen verändern die Welt; dtv, München, 1992

Hoffmann, Albert & R. E. Schultes; Pflanzen der Götter, Aarau, AT-Verlag, 1995

Höfler, Max; Volksmedizinische Botanik der Germanen, Berlin, VWB, 1990, Reprint von 1908

Hohberg, Rainer; Ein botanischer Märchengarten – Pflanzenmärchen; Echino-Media, Bürgel, 2006

Hutterer, Claus Jürgen; Die germanischen Sprachen; Drei-Lilien-V., Wiesbaden, 1975

Ingensiep H. W.; Geschichte der Pflanzenseele. Philosophische und biologische Entwürfe von der Antike bis zur Gegenwart; Kröner, Stuttgart, 2001

Jalas J. & Suominen J.; Atlas Florae Europaeae; Verbreitung europäischer Pflanzen; 15-bändig; Botanical Museum Finnish Museum of Natural History, Helsinki, 1972-2012

James, Simon; Das Zeitalter der Kelten; Bechtermünz, Augsburg, 1998

Kaiser, Rudolf; Gesang des Regenbogens; E. Coppenrath, Münster, 1985

Kalweit, Holger; Das Totenbuch der Germanen; AT-Verlag, Aarau, 2001

Kerner D. & I. Kerner; Der Ruf der Rose – Was Pflanzen fühlen und wie sie mit uns kommunizieren; Kiepenheuer und Witsch, Köln, 1992

Knieriemen, Heinz; Die verlorene Ehre der Vogelbeere; AZ-Fachv., Aarau, 1998, in „Natürlich Okt. 98"

Koechlin, Florianne; Zellgeflüster – Streifzüge durch wissenschaftliches Neuland, Lenos, 2010

Kreuter, Marie-Luise; Wunderkräfte der Natur, München, Heyne, 1982

Laudert, Doris; Mythos Baum; BLV, München, 2004

Lengyel, Lancelot; Das geheime Wissen der Kelten; Hermann Bauer, Freiburg i. Br., 1985

Maier, Bernhard; Die Religion der Germanen. Götter, Mythen, Weltbild, München, 2003

Markale, Jean; Die keltische Frau; Goldmann, München, 1986

Mayer, Rudolf; Die Weisheit der deutschen Volksmärchen; Fischer, Frankfurt, 1981

Marzell, Heinrich; Wörterbuch der deutschen Pflanzennamen, Leipzig, S. Hirzel, 1977, Reprint 2000

Messegue, Maurice; Von Menschen und Pflanzen; Ullstein, Wien/München/Zürich, 1988

Müller-Eberling, Claudia & C. Rätsch & W.-D. Storl; Hexenmedizin; AT-Verlag, Aarau, 1999

Narby, Jeremy; Intelligenz in der Natur – Eine Spurensuche an den Grenzen des Wissens, AT-Verlag, Baden

Neményi, Geza von; Die Wurzeln von Weihnacht und Ostern, Kersken-Canbaz-Verlag, Norderstedt, 2006

Neményi, Geza von; Heilige Runen – Zauberzeichen des Nordens; Ullstein-Verlag, München, 2004

Paracelsus, Theophrastus Bombastus von Hohenheim; Vom eigenen Vermögen der Natur; herausgegeben von Gunhild Pörksen, Fischer, Frankfurt, 1988

Paracelsus, Theophrastus Bombastus von Hohenheim; Die Geheimnisse; herausgegeben von Will-Erich Peuckert, Knaur, München, 1990

Perger, Anton Ritter von; Deutsche Pflanzensagen; August-Schaber-Verlag, Stuttgart und Öhringen, 1864

Portmann, A.; Biologie und Geist; Edition Nereide im Ulrich Burgdorf-Verlag, Göttingen, 2000

Raach, Karl-Heinz; Weißt du dass die Bäume reden; Herder, Freiburg 2007

Rätsch, Christian; Enzyklopädie der psychoaktiven Pflanzen; AT-Verlag, Aarau, 1999

Rätsch, Christian; Der heilige Hain – Germanische Zauberpflanzen, heilige Bäume und schamanische Rituale; AT-Verlag, Baden/München, 2006

Rätsch, Christian & Claudia Müller-Ebeling; Weihnachtsbaum und Blütenwunder; AT-Verlag, Aarau/München, 2003

Roth, Dauneder & Kormann; Giftpflanzen Pflanzengifte; Nikol-Verlag, 2008

Rothmaler, W. & E. Jäger; Exkursionsflora von Deutschland; 3-bändig; Elsevier, München, 2005

Scherf, Gertrud; Alte Nutzpflanzen wieder entdeckt, BLV-Verlag, München, 2008

Schneider-Fürchau, Edith; Als Alpenblumen noch Märchenwesen waren; EchinoMedia, Bürgel, 2008

Schönfelder, Ingrid & Peter; Das neue Handbuch der Heilpflanzen; Franckh-Kosmos, Stuttgart, 2004

Schrödter, Willy; Pflanzengeheimnisse; G.E. Schröder, Kleinjörl bei Flensburg, 1981

Schulze B., Kost C., Arimura G. I. und Boland W.; Duftstoffe – die Sprache der Pflanzen. Signalrezeption, Biosynthese und Ökologie. Chemie in unserer Zeit, 40; 2006

Seligmann, Siegfried; Die magischen Heil- und Schutzmittel aus der belebten Natur; Reimer, Berlin, 1996

Sills-Fuchs, Martha; Wiederkehr der Kelten; Knaur, München, 1983

Simek, Rudolf; Lexikon der germanischen Mythologie, Stuttgart 1984

Simek, Rudolf; Religion und Mythologie der Germanen, Darmstadt 2003

Simonis, Werner Christian; Heilpflanzen und Mysterienpflanzen; VMA-Verlag, Wiesbaden, 1991

Simrock, Karl; Die ältere und jüngere Edda und die mythologischen Erzählungen der Skalda, Essen 1986

Sitter-Liver B.; Ehrfurcht und Würde in der Natur; in: Leben inmitten von Leben – die Aktualität der Ethik Albert Schweitzers. S. Hirzel-Verlag, Stuttgart, 2005

Schneider-Fürchau, Edith; Als Alpenblumen noch Märchenwesen waren; Echino-Media, Bürgel, 2008

Spiesberger, Karl; Naturgeister; Richard Schikowski, Berlin, 1978

Steiger, Heidi; Geheimnisse unserer Pflanzen; Mondo, Lausanne, 1990

Steinbock, Fritz; Das Heilige Fest – Rituale des traditionellen germanischen Heidentums in heutiger Zeit; Verlag Daniel Junker, Hamburg, 2008

Sterne, Carus & Aglaia von Enderes; Unsere Pflanzenwelt, Safari-Verlag, Berlin, 1953

Storl, Wolf-Dieter; Von Heilkräutern und Pflanzengottheiten, Braunschweig, Aurum, 1993

Storl, Wolf-Dieter; Heilkräuter und Zauberpflanzen zwischen Haustür und Gartentor, Aarau, AT-Verlag, 1996

Storl, Wolf-Dieter: Kräuterkunde, Aurum-Verlag, Bielefeld, 2009

Storl, Wolf-Dieter; Pflanzen der Kelten, AT-Verlag, Aarau, 2007 (5. Auflage)

Storl, Wolf-Dieter; Mit Pflanzen verbunden, Kosmos, Stuttgart, 2005

Storl, Wolf-Dieter: Pflanzendevas, AT-Verlag, Aarau, Schweiz, 2008 (5. Auflage)

Tacitus; Germania, übersetzt von Manfred Fuhrmann, Reclam-Verlag, Stuttgart, 2009

Tompkins, Peter & Christopher Bird; Das geheime Leben der Pflanzen – Pflanzen als Lebewesen mit Charakter und Seele und ihre Reaktionen in den physischen und emotionalen Beziehungen zum Menschen; Fischer, Frankfurt, 1988

Treben, Maria; Gesundheit aus der Apotheke Gottes, Steyr, Wilhelm Ennsthaler, 1986

Tutin, T. G. & al. Flora Europaea, 5-bändig; Cambridge University Press, 1964-1993

Vescoli, Michael; Der Keltische Baumkalender; Kailash, München, 2004

Voenix (Thomas Vömel); Der Germanische Götterhimmel; Arun-Verlag, Engerda, 2003

Voenix (Thomas Vömel); Der Keltische Götterhimmel; Arun-Verlag, Engerda, 2007

Voenix (Thomas Vömel); Im Liebeshain der Freyja, Arun-Verlag, Engerda, 2006

Voenix (Thomas Vömel); Magie der Runen; Urania, Neuhausen, 1996

Wächter, Oskar; Hexenprozesse, Reprint-Verlag, Holzminden, Nachdruck von 1882

Weber, A.; Alles fühlt. Mensch, Natur und die Revolution der Lebenswissenschaften; Berlin-Verlag, 2007

Weber, Edmund; Runenkunde, Schütz-Verlag Coburg, Reprint von 1941

Wolfram, Herwig; Die Germanen; C. H. Beck, München, 1995

Zacharias, Irmgard; Die Sprache der Blumen; Rosenheimer, Rosenheim, 1982

Zering, Clemens; Lexikon der Pflanzensymbolik; AT-Verlag, Aarau, 2007

Zingsem, Vera; Göttinnen großer Kulturen; DTV, München, 1999